Nelles Verlag

Foto: Paul Hampton (Dreamstime)

Kenia

Autoren:
Philip Okwaro, Zdenka Bondzio, Harald Mielke,
Michie Gitau, Eric Hanna, Rupert Watson,
Eva Ambros, Angela Anchieng, Prof. Osaga Odak,
Jean Hartley, Barbara Credner, Brigitte Henninges,
Clive Mutiso, Clement Obare, Mourine Wambugu

SOUTH SUDAN
Lotuke 2797
Gamud 2486
Lokitaung
Sibiloi Nat. Park
Lake Turkana (Lake Rudolf)
Kalokol
North Horr
B4
CHALBI DESERT
Maikona
Lodwar
A2
Kitgum
Pager
A1
Loiyangalani
Matheniko Game Reserve
South Island Nat. Park
Turkwel
Moroto
Marsabit Nat. Reserve
Lokichar
Keiro
224
Marsab
Lira
UGANDA
South Horr
Baragoi
K
E
Mtelo 3334
South Turkana Nat. Park
Soroti
Losai Nat. Reserve
Lake Kyoka
A104
A1
Mt. Elgon 4321
235
Maralal
Iyingo
Mbale
Kitale
Mt. Elgon Nat. Park
Samburu Nat. Res.
Kamuli
Kaliro
Loruk
L. Baringo
Buffalo Springs Nat. Res.
Archer's Post
Tororo
Webuye
ELDORET
JINJA
Jganga
Bungoma
L. Bogoria
214
Isiolo
A109
Kakamega Forest Res.
KAMPALA
Busia
A104
Mt. Kenya Nat. Park
Meru
B1
Kakamega
Nyahururu
Nanyuki
Mt Kenya 5199
A1
Mau Summit
NAKURU
A2
KISUMU
Ahero
Nyeri
Karatina
B6
Njoro
Embu
Homa Bay
A1
Kericho
Naivasha
Murang'a
A2
Mwea N Reserve
Lake
Ruma Nat. Park
Kisii
184
L. Naivasha
Thika
Kangondi
Migori
Mara
Narok
B3
NAIROBI
Victoria
Masai Mara Nat. Reserve
Tarime
146
Nairobi Nat. Park
Machakos
MUSOMA
Mara
176
Morijo
Sultan Hamud
T4
Athi
Serengeti Nat. Park
Ewaso Ngiro
Magadi
A104
Bunda
Grumeti
Lake Natron
A109
Nansio
Amboseli Game Reserve
Speke Gulf
SERENGETI
Namanga
MWANZA
Ngorongoro Conservation Area
L. Amboseli
RIFT VALLEY
T2
T4
Busisi
Bariadi
Oloitokitok
158
Mt. Kilimanjaro Nat. Park
T36
Kilimanjaro 5895
T8
Maswa Game Reserve
Loolmalassin 3648
Mount Meru 4565
Maswa
ARUSHA
MOSHI
A23
Karatu
T5
Lake Eyasi
Makuyuni
167
Shinyanga
L. Manyara
Kwa Kuchina
Manonga
TANZANIA
Pangani
T2
KENIA
0
100 km
Babati
Tarangire Nat. Park
© Nelles Verlag GmbH
T3
Kiomboi
Hanang 3418
T14
T5

THIOPIA
AWARA
PLAIN
Mandera
SOMALIA
Wajir
Y
A
Habaswein
Lagh Bogal
Lak Dima
Lach Bissigh
Afmadow
Dadaab
Tana
Kora
Nat.
eserve
Garissa
South
Kitui
Nat. Park
Bura
B8
NGANGERABELI
PLAIN
Bur
Gavo
Boni
Nat. Reserve
Dodori
Nat. Reserve
Tana River Primate
Nat. Reserve
Kiunga Marine
Nat. Reserve
Tsavo
East
Nat. Park
Garsen
Tana
Lamu
126
120
Galana
Malindi
INDIAN
Arabuko-
Sokoke
Forest Res.
Malindi Marine Nat. Reserve
Watamu Marine Nat. Park
Kilifi
A109
Shimba
Hills
Nat. Park
96
MOMBASA
OCEAN
Lunga
Lunga
Shimoni
Kisite-Mpunguti Marine Nat. Park
111

Liebe Leserin, lieber Leser,

AKTUALITÄT wird in der Nelles-Reihe groß geschrieben. Unsere Korrespondenten dokumentieren laufend die Veränderungen der weltweiten Reiseszene, und unsere Kartografen berichtigen ständig die auf den Text abgestimmten Karten.
Wir freuen uns über jeden Korrekturhinweis! Unsere Adresse: Nelles Verlag, Machtlfinger Str. 26 Rgb., D-81379 München, Tel. +49 (0)89 3571940, Fax +49 (0)89 35719430, E-Mail: Info@Nelles.com, Internet: www.Nelles.com
Haftungsbeschränkung: Trotz sorgfältiger Bearbeitung können fehlerhafte Angaben nicht ausgeschlossen werden, der Verlag lehnt jegliche Produkthaftung ab. Alle Angaben ohne Gewähr. Firmen, Produkte und Objekte sind subjektiv ausgewählt und bewertet.

LEGENDE

Top-Attraktion *(in Text und Karte)*
sehr sehenswert *(in Text und Karte)*
Orientierungsnummer in Text und Karte
Orientierungsnummer in Text und Stadtplan
Öffentliches bzw. bedeutendes Gebäude
Hotel, Lodge, Camp
Restaurant, Club, Casino
Hospital / Postamt
Botschaft / Markt
Touristeninformation
Polizei / Golfplatz

Malindi *(Ort)* Gedi Ruins *(Sehenswürdigkeit)* in Karte gelb Unterlegtes wird im Text erwähnt
Internationaler Flughafen / Flugplatz, Landepiste
Batian 5199 Berggipfel (Höhe in Meter)
Sele Guble Pass
UNESCO Welterbe
Nationalpark
Strand
Hinduistischer Tempel
Synagoge / Moschee
Kirche / Kloster / Friedhof
Leuchtturm / Fort
Antike Stätte / Aussichtspunkt

Schnellstraße
Fernverkehrsstraße (überwieg. asphaltiert)
Fernverkehrsstraße (überwiegend Schotter)
Hauptstraße (unbefestigt)
Landstraße (teilweise befestigt)
Nebenstraße, Piste, Fahrweg
Eisenbahn
Staatsgrenze
Verwaltungsgrenze
Wasserstelle, Brunnen / Quelle
18 Entfernung in Km.
A14 C108 Straßennummern

IMPRESSUM

KENIA

Druck: Bayerlein, Germany
Einband durch DBGM geschützt

 - F2220 -

6 NAIROBI

7 SÜDLICH VON NAIROBI

8 MASAI MARA

9 GREAT RIFT VALLEY

10 ZENTRALES KENIA

11 TURKANA-SEE

12 WESTLICHES KENIA

13 REISE-INFORMATIONEN

Dietmar Rößler

Am Shanzu Beach, nördlich von Mombasa

Kenya Tourist Board

Masai beim Tanz

Ein Gepard hält von einem Termitenhügel Ausschau nach Beute im Masai Mara National Reserve

HÖHEPUNKTE

★★**Diani Beach** (S. 109): Ein kilometerlanger weißer Bilderbuch-Palmenstrand säumt den Indischen Ozean.

★★**Kisite-Mpunguti Marine National Park** (S. 111): Hauptattraktionen sind die **Korallenriffe**, die zu den schönsten Tauch- und Schnorchelrevieren Kenias zählen.

★★**Watamu Marine National Park** (S. 122): Mit Glück sieht man hier gigantische Walhaie, und der Badeort Watamu bietet die wohl schönste ★★**Küstenlandschaft** Kenias.

★★**Malindi Marine National Park** (S. 124): Fantastische Unterwasserwelt am Steinkorallenriff, die sich bei einer Fahrt mit dem Glasbodenboot oder beim Schnorcheln erschließt.

★★**Lamu** (S. 127): Ein Spaziergang durch die ★★**Altstadt von Lamu**, die zum UNESCO-Welterbe zählt, vermittelt den Eindruck, in einer anderen Zeit angekommen zu sein. Die autofreien Koralleninseln des Lamu-Archipels bieten herrliche Strände.

★★**Strand von Shela** (S. 129): Traumhaft schöner Sandstrand der Insel Lamu, von hohen Dünen gesäumt und 12 km lang.

★★**Amboseli National Park** (S. 160): Das Fotomotiv „Giraffe mit schneebedecktem Kilimandscharo" (der in Tansania liegt) ist der größte Anreiz für einen Besuch.

★★**Tsavo West National Park** (S. 166): Von diesem wildreichen und landschaftlich vielfältigen hügeligen Savannengebiet blickt man auf den vergletscherten Kilimandscharo und den Mount Kenya.

★★**Masai Mara National Reserve** (S. 176): Die Fortsetzung des tansanischen Serengeti-Nationalparks in Kenia – wogendes Grasland mit sanften Hügeln und Akazienwäldern –, durch das sich die Flüsse Mara und Talek schlängeln. Wenn die riesigen Tierherden über die weiten Ebenen wandern, versetzt das jeden Besucher in ehrfürchtiges Staunen.

★★**Lake Bogoria National Reserve** (S. 194): Hier im Ostafrikanischen Graben bricht der Kontinent auseinander; Flamingos lieben das salzige Nass des Sees, Geysire speien heißes Wasser.

★★**Aberdare National Park** (S. 205): Wilde Berglandschaft lockt – steile Hänge, grüne Täler, hoher Bambus, Bergregenwald, wilde Tiere und rauschende Wasserfälle.

★★**Mt. Kenya National Park** (S. 208): An Kenias schneebedecktem, mit 5199 m höchsten Berg gedeihen Riesenlobelien und Riesenkreuzkraut. Mit guter Kondition kann man in 3-4 Tagen den **Point Lenana** auch ohne große Bergsteigererfahrung meistern.

★★**Samburu National Reserve** (S. 213): Wie ein breites grünes Band ziehen sich die Bäume an den Flussläufen entlang. Das Reservat ist relativ klein, seine Anziehungskraft besteht vor allem in der Dichte des großartigen Wildbestandes.

★★**Laikipia Plateau** (S. 216): Ein Besuch einer der privaten Ranches hier bietet die ideale Gelegenheit, abseits der Touristenströme der großen Parks, Kenias Natur und Wildtiere zu erleben und Elefanten, Grevy-Zebras und Spitzmaulnashörner zu beobachten. Diese Gegend in 1700 - 2000 m Höhe gilt als malariafrei und weist die größte biologische Vielfalt Kenias auf.

Rechts: Glühender Abendhimmel über der Savanne.

Foto: Artush (Shutterstock.com)

EINSTIMMUNG

Glutrot versinkt die Tropensonne hinter der mächtigen Akazie, während hoch oben auf einem Ast ein Leopard erwacht; am Horizont erspäht der muskelbepackte Jäger Gnus und Zebras, die im hohen Savannengras weiden. Auch das Löwenrudel auf der benachbarten Granitkuppe hat schon ein Auge auf die appetitlichen Huftiere geworfen...

Aber außer fotogenen wilden Tieren in riesigen Herden hat Kenia seinen Gästen noch mehr zu bieten: Bilderbuchsandstrände am blauen Indischen Ozean, faszinierende Korallenriffe, Steppen und Wüsten, Schnee am Mount Kenya, Bergwälder, Kaffeeplantagen, Seen, den Großen Grabenbruch, kurz: Großartige Natur, die schon viele Filmemacher und Schriftsteller begeistert hat, allen voran Ernest Hemingway. Doch jagt der Safariteilnehmer von heute nicht wie jener die Big Five mit dem Gewehr, sondern mit der Kamera. Er muss sich auch nicht mehr zu Fuß durch die Dornbuschsavanne kämpfen, sondern wird im Geländewagen recht bequem durch die berühmten Nationalparks geschaukelt, die ein respektables Zehntel des Staatsgebiets bedecken.

Überhaupt schneidet die touristische Infrastruktur Kenias im afrikanischen Vergleich hervorragend ab: Luxushotel oder Baumhaus, Savannen-Camping oder Edellodge gefällig? Dazu kommen unterschiedlichste Religionen, Kulturen und Ethnien, unter denen die rotgewandeten Masai bereits körperlich herausragen. Die stolzen Hirtenkrieger aus der Steppe müssen sich mit der heutigen Zeit arrangieren; ganze Familien arbeiten nun im Tourismus.

Kenia ist kein Disneyland und kein Safari-Zoo, sondern ein echtes schwarzafrikanisches Land, und wie in vielen Entwicklungsländern treten ab und zu Spannungen und Konflikte auf. Bringen Sie Toleranz für Unzulänglichkeiten und Pannen sowie Geduld mit. Bedenken Sie im Nationalpark: Die wilden Tiere sind hier wirklich wild. Und die afrikanische Tropensonne hat viel Kraft – also nicht an der Sonnencreme sparen!

4 Millionen v. Chr. Vormenschen wie *Australopithecus anamensis* und *Kenyanthropus platyops* leben in Ostafrika am Turkana-See; Knochenfunde des *Orrorin tugenensis* sollen 6 Mio. Jahre alt sein. Um 1,8 Mio. v. Chr. leben *Homo habilis* und *Homo erectus* in Kenia.

10 000-1000 v. Chr. Buschleute jagen am Viktoria-See.

Ab 1000 v. Chr. Bantu-Stämme und nilotische Völker dringen, vor allem von Norden, in das Gebiet des heutigen Kenia ein.

7.-15. Jahrhundert Unter dem Einfluss arabischer Seefahrer und Händler, vor allem aus Oman, entsteht in den von ihnen gegründeten Hafenstädten der Küste die islamische afro-arabische Suaheli-Kultur.

1498 Der portugiesische Entdecker Vasco da Gama landet auf seiner Suche nach dem direkten Seeweg nach Indien – man will das arabische Gerwürzhandelsmonopol brechen – am 7. April in Malindi.

1593-1596 Die Portugiesen lassen in Mombasa das Fort Jesus als wichtigen Gewürzhandelsstützpunkt errichten.

1698 Die Omanis erobern Mombasa und beenden die portugiesische Dominanz an Ostafrikas Küste; die portugiesische Rückeroberung 1728 ist nicht von Dauer.

18.-19. Jahrhundert Muslimische Sklavenjäger werden zur Plage für das Hinterland, in den Hafenstädten blüht der Sklavenhandel. Käufer sind neben Arabern auch christliche Seefahrer aus Amerika.

1840 Der Sultan von Oman kontrolliert von seiner neuen Residenz in Sansibar die Suaheli-Küste und den Sklavenhandel. Die Briten beginnen, politischen Einfluss zu nehmen.

1846 Deutsche Missionare landen im englischen Auftrag in Mombasa, um im Hinterland zu missionieren; dazu standardisiert Johann Ludwig Krapf die Suaheli-Sprache, die später zur Amtssprache wird. Missionarsberichte über Schneeberge in den Tropen werden jedoch in London als Halluzinationen abgetan.

1890 Das Deutsche Reich tritt sein Schutzgebiet Witu bei Lamu im Tausch gegen Helgoland an die Briten ab.

1896-1920 Die Briten lassen 30 000 Inder die Uganda-Eisenbahn bauen. Das durch die Bahn erschlossene fruchtbare Hochland kolonisieren britische Farmer, die einheimischen Kikuyu werden enteignet und zu Farmarbeitern. 1920 wird das Britische Schutzgebiet zur Kronkolonie Kenya.

Foto: Kenya Tourist Board

Muslimische Suaheli-Familie in der Altstadt von Mombasa.

1952-1957 Unabhängigkeitskampf mit Angriffen gegen weiße Farmen, Mau-Mau-Aufstand, 13 000 schwarze Kenianer kommen dabei um.

1963 Unabhängigkeit. Jomo Kenyatta regiert als erster Präsident zunehmend diktatorisch. Im Kalten Krieg orientiert er sich mehr am Westen als an der Sowjetunion. Wirtschaftlich geht es voran. Bei der Umverteilung weißen Farmlands bevorzugt Kenyatta jedoch seine eigene Ethnie, die Kikuyu.

1978 Kenyatta stirbt, Daniel arap Moi wird sein Nachfolger – auch in Bezug auf Menschenrechtsverletzungen und Korruption.

1981 wird Kenia offiziell zum Einparteienstaat mit der Kenya African National Union (KANU) als Staatspartei, was diese im Grunde schon seit 1964 war.

1982 Putschversuch gegen Moi, in den der spätere Ministerpräsident Odinga verwickelt ist. Inhaftierung Oppositioneller, Todesurteile und Morde.

Foto: Birger Meierjohann

Denkmal für Jomo Kenyatta, Kenias ersten Präsidenten, auf Nairobis City Square.

1991 Ende des Einparteiensystems, Öffnung für den Weltmarkt. Die erste freie Wahl 1992 gewinnt die Regierungspartei KANU, Moi bleibt Präsident.

1998 Al-Qaida-Terroranschlag auf die US-Botschaft in Nairobi mit 224 Toten.

2002 Das Paradise-Hotel an der Küste bei Mombasa wird Ziel eines Al-Qaida-Anschlags. Nach 24 Jahren endet die Präsidentschaft Mois. M. Kibaki, Vorsitzender der Regenbogenkoalition, wird Staatschef.

2007 Präsident Mwai Kibaki, ein Kikuyu, löst das Parlament auf. Bei Neuwahlen im Dezember beträgt die Wahlbeteiligung in einem Wahlkreis 115%. Kibakis Gegner Raila Odinga vom Stamm der Luo unterstellt Wahlbetrug. Ethnische Konflikte führen zu 1100 Toten, v.a. unter den Kikuyu, und 600 000 Vertriebenen. Kofi Annan vermittelt, Oppositionsführer Odinga wird daraufhin 2008 als Ministerpräsident einer großen Koalition an der Regierung beteiligt. Stellvertreter Odingas werden Uhuru Kenyatta von Kibakis Wahlbündnis der Nationalen Einheit (PNU) und Musalia Mudavadi von der Orangen Demokratiebewegung (ODM) Odingas.

2010 Neue Verfassung: Die Macht des Präsidenten wird beschnitten, Parlament und Regionen gestärkt. Die Beschneidung von Mädchen wird verboten, aber v. a. im Norden weiterhin praktiziert.

2011 Dürre in Ostafrika. 450 000 Somalier fliehen vor Hunger u. Terror in das Lager Dadaab in Nordostkenia. Nach Entführungen von Ausländern durch somalische Shabaab-Islamisten marschieren kenianische Truppen in Somalia ein.

2013 Uhuru Kenyatta, ein Kikuyu, ältester Sohn des 1. Präsidenten, wird Präsident. In Den Haag läuft ein Verfahren gegen ihn wegen der Morde und Vertreibungen in Zusammenhang mit den Wahlen 2007. Im September Anschlag auf das Westgate-Einkaufszentrum in Nairobi; 72 Menschen sterben – die Rache somalischer islamistischer Al-Shabaab-Terroristen für Kenias Militäreinsatz in Südsomalia. Muslime zünden eine Kirche in Mombasa an.

2014 Al-Shabaab-Anschläge in Nairobi und Mombasa. In den Parks bleibt die Wilderei ein Problem.

2015 Anschlag somalischer Islamisten auf die christliche Universität in Garissa mit 148 Toten.

2016 In Turkana beginnt die Erdölförderung.

2017 Plastiktütenverbot (bis zu 37 000 Euro Strafe). Präsident Kenyatta wird wiedergewählt.

2018 „Handshake" zwischen Präsident Kenyatta und dem rivalisierenden Oppositionsführer Odinga.

2019 Terror-Angriff der somalischen Al_Shabaab auf das Dusit-Hotel in Westlands/Nairobi.

Martin Thomas

Hütten der Samburu-Ethnie im Samburu National Reserve

Aas fressende Geier sind die „Gesundheitspolizei" der Savanne

Foto: PhotoPress

FLORA UND FAUNA

Die Hauptattraktionen Kenias sind die faszinierende Natur und die Tierwelt, die man in dieser Artenvielfalt kaum irgendwo sonst findet. In den verschiedenen Vegetationsformen – von offener Savanne über trockene Wüste, fruchtbare Ebenen und Seelandschaften bis zu alpinen Berglandschaften – finden Tiere die unterschiedlichsten Lebensräume.

Lange Sandstrände mit Kokospalmen, Flussmündungen, Mangrovensümpfe und Korallenbänke prägen die 480 km lange Küstenlinie am Indischen Ozean. Ein fruchtbarer grüner Streifen mit ausreichend Regen und hoher Luftfeuchtigkeit lässt Orangen, Limonen, Mangos und tropische Blumen gedeihen und beherbergt unzählige Vogel- und Insektenarten. Das Meer und das der Küste vorgelagerte Riff sind Lebensraum für Fische und Korallen.

Hinter der Küste geht das satte Grün in trockenen Busch und Savanne über. Dornbüsche, Schirmakazien und Baobabs (Affenbrotbäume) können auch lange Trockenzeiten gut überstehen.

Von den Trockensavannen steigt das Land in Richtung Nordwesten an bis hin zu den schneebedeckten Gipfeln des Mount Kenya (5199 m), der Aberdares und des Kilimandscharo (5895 m), dessen Gipfel bereits in Tansania liegt. An den Hängen wechseln in den unterschiedlichen Höhen immergrüne Regenwälder mit Hochmooren und Geröllhalden. Der tropische Bergwald, verhangen von Lianen und Farnen, erinnert an Tarzan-Filme.

Ein besonderes erdgeschichtliches Phänomen stellt das Rift Valley, der Ostafrikanische Grabenbruch, dar. Auf 6000 km Länge – von Mosambik bis zum Toten Meer – brach vor Millionen von Jahren die Erdkruste auf und hinterließ eine 700 m tiefe Spalte, die bis zu 300 km breit ist. In Kenia liegt in dieser Ebene eine Seenkette. Von Norden nach Süden sind dies: Turkana-, Baringo-, Bogoria-, Nakuru-, Elmentaita-, Naivasha-

Oben: Kämpfende Burchell-Zebras.

und Magadi-See, die – abgesehen vom Baringo- und Naivasha-See – Salzseen sind. Alle sind wahre Vogelparadiese.

Die *„White Highlands"*, in denen sich die europäischen Siedler einst niederließen, sind landwirtschaftlich intensiv genutzt und dicht besiedelt. Sie umfassen die Gegend um das Rift Valley und ziehen sich bis zum Viktoria-See hin. Angebaut werden vor allem Kaffee, Tee, Gemüse, Blumen und Sisal.

Der zweitgrößte Süßwassersee der Welt ist der Viktoria-See mit kleinen Inseln, Papyrussümpfen und riesigen Fischbeständen. Seine Ufer grenzen an Kenia, Uganda und Tansania. Dank der Wasserverdunstung gibt es in seiner Umgebung reichlich Niederschläge.

Nördlich des Viktoria-Sees liegt eines der einsamsten Gebiete Kenias, das Massiv um den Mount Elgon. Die Hänge des erloschenen Vulkans sind von Regenwald, Bambusdschungel und Hochmoor bedeckt.

Faszinierende Halbwüste und Wüste lernt der Besucher im Norden Kenias kennen. Heiße Winde fegen über das Land am Turkana-See und lassen nur wenige Pflanzenarten überleben. Die Vulkaninseln des Sees sind Nistplätze vieler Vogelarten. Das lebensfeindlichste Gebiet ist die Chalbi-Wüste östlich des Sees. Nur nach den seltenen heftigen Regenfällen entfalten sich für kurze Zeit die herrlichsten Blumen.

Auch wenn man überall in Kenia wilde Tiere findet, so sind doch die Nationalparks und Reservate am ergiebigsten für die Tierbeobachtung. Schon seit 1977 herrscht Jagdverbot im Land.

Die wichtigsten Tierarten

Büffel – weit verbreitet in Savannen und Wäldern. Büffel sind Herdentiere. Einzeln lebende Bullen galten früher bei Großwildjägern als gefährlichstes Wild.

Dikdik – bevorzugt dichtes Buschland. Die kleinste Antilopenart wird nur 40 cm hoch und wirkt eher wie ein großer Hase.

Elefant – lebt in Wäldern oder Savannen und ist das größte Landsäugetier. Elefanten sind Herdentiere, die ihre Kinder in Familienverbänden aufziehen. Die Dickhäuter sind friedlich – außer sie müssen ihren Nachswuchs verteidigen.

Elenantilope – ist in der Savanne weitverbreitet. Das gesellige Tier mit den schraubenartigen Hörnern und der Wamme an der Kehle lebt in Herden.

Flamingo – ist in großen Kolonien in der Seenkette des Rift Valley zu sehen. Die Vögel ernähren sich von kleinen Pflanzen und Tieren im seichten Wasser.

Flusspferd oder *Nilpferd* (Hippo) – ist in allen Flüssen und Seen zu finden, die von Grasland umgeben sind. Das Schnauben der Hippos beim Auftauchen ist oft zu hören, bevor man sie sieht. Morgens und abends kann man sie am Ufer bei Fressen beobachten – Vorsicht: Abstand halten, Lebensgefahr!

Gepard (Cheetah) – lebt in der offenen Savanne. Die hochbeinige Katze ist der schnellste Läufer unter den Säugetieren und erreicht Geschwindigkeiten bis zu 80 Stundenkilometern. Geparden leben einzeln oder in kleinen Familien.

Gerenuk – im trockenen Busch verbreitet. Wegen des langen Halses heißt sie auch Giraffengazelle. Einzigartig ist ihrer Art, auf den Hinterbeinen stehend Blätter von Büschen zu fressen.

Giraffe – grast am liebsten in Savannen und lichten Waldungen mit Akazienbäumen. Die häufigste in Kenia vorkommende Art ist die Masai-Giraffe, die südlich des Tana-Flusses lebt. Die kleinere, seltenere Netzgiraffe ist im Norden zu finden.

Gnu – ist in der Savanne weit verbreitet. Lebt in sehr großen Herden, die man bei ihrer Wanderung in der Masai Mara und in anderen Naturschutzgebieten beobachten kann.

Grant-Gazelle – ist im Grasland ebenso wie in der Buschsavanne zu finden. Sie ist etwas größer als ihre nächste Verwandte, die *Thomson-Gazelle*, und hat keinen schwarzen Streifen an der Flanke.

Foto: EastVillageImages (Fotolia)

Hyäne – weit verbreitet. Die beiden bekanntesten Arten sind die getüpfelte und die gestreifte Hyäne. Ihre Nahrung besteht nur zum Teil aus Aas; Tüpfelhyänen etwa jagen auch – beispielsweise Zebras.

Impala – weit verbreitet in der Akaziensavanne und im Busch. Die Antilope ist ein Herdentier, das bei der Flucht bis zu zehn Meter weit springen kann.

Kongoni oder *Coke's Kuhantilope* – lebt in der Savanne südlich des Tana River im offenen Grasland.

Krokodil – ist in den meisten Flüssen Kenias zuhause. Meist sieht man es an den Flussufern auf Sandbänken dösen. Die gefährlichen Nilkrokodile werden bis zu sechs Meter lang.

Kudu – lebt in dichten Waldungen und Buschwerk, meidet offene Landschaft und ist nur schwer zu sehen. Man unterscheidet den Großen (160 cm Schulterhöhe) und den Kleinen Kudu (Schulterhöhe 100 cm). Beide sind gestreift und haben gewundene Hörner.

Leopard – lebt in jeder Art von Gelände, besonders gern in Wäldern, Dickicht und Felsenhöhlen. Das nachtaktive Tier ist nur schwer zu entdecken. Allein im Großraum Nairobi sollen 1600 Leoparden existieren; ca. 40 davon werden in Hinterhöfen und abgelegenen Teilen der Großstadt vermutet.

Löwe – weitverbreitet in der Savanne, im Busch und in lichten Wäldern. Der „König der Tiere" ist das einzige in Gruppen lebende Katzentier. Während des Tages findet man Löwen meist schlafend, an Kopjes, unter Büschen und Bäumen.

Mungo – kommt in Kenia in verschiedenen Arten vor. Einige davon sind leicht zu zähmen und leben auch in Wohngegenden, Lodges oder Camps. Die kleinen Tiere sind sehr possierlich und lassen sich gut beobachten. Bei Gefahr warnen sie sich gegenseitig mit lautem Pfeifen und Zwitschern.

Nashorn – hält sich in Savanne, Moor und Wäldern auf. Nashörner sind die am stärksten bedrohte Tierart Afrikas.

Oben: Ein Löwe an der Tränke. Rechts: Topis (Leierantilopen) in der Savanne Südwestkenias.

Es gibt zwei Arten: Das Schwarze oder Spitzmaulnashorn und das Weiße oder Breitmaulnashorn.

Oryx – auch als Spießbock bekannt, bevorzugt trockenes Buschland. In Kenia gibt es den Eritrea- und den Büschelohr-Spießbock. Ersterer ist grau und lebt nördlich des Tana River, zweiterer ist tiefbraun, hat Ohren mit Haarbüscheln und ist in Südkenia zu Hause.

Pavian – ist oft in Galeriewäldern und auf Lavafeldern zu finden. Paviane leben in großen Familienverbänden und sind äußerst aggressiv. Mit ihren scharfen Eckzähnen können sie auch unbewachte junge Gazellen töten.

Sekretärsvogel – kommt vor allem in der Savanne vor. Er ist gut an den abstehenden Federn am Hinterkopf und seinem gezierten Gestelze zu erkennen.

Strauß – ist in der Savanne und im Grasland zu finden. Trotz seiner Federn kann er nicht fliegen, wird aber mit seinem merkwürdigen Laufstil bis zu 70 km pro Stunde schnell. Straußeneier und Straußenfedern waren früher überaus begehrte Jagdtrophäen.

Topi oder *Leierantilope* – lebt in der offenen Savanne Südwestkenias. Oft entdeckt man die großen, blauschwarzen bis braunen Antilopen auf einer kleinen Bodenerhebung stehend, wachsam die Umgebung betrachtend.

Warzenschwein – lebt am liebsten in der Savanne in Wassernähe. Die grauen Warzenschweine sind unverkennbar, wenn sie mit senkrecht aufgestellten Schwänzen die Flucht ergreifen. Sie leben in kleinen Familienverbänden.

Wasserbock (Waterbuck) – bevorzugt lichte Wälder und steiniges Hügelland in der Nähe des Wassers. Die kräftige Antilopenart hat ein zottiges graubraunes Fell.

Zebra – lebt in offener Savanne und Grasland, mit zwei Untergattungen: Das Steppenzebra mit breiten Streifen sieht man v. a. im südlichen Kenia und bei der Tierwanderung in der Masai Mara. Das seltenere Grevy-Zebra ist an den schmalen Streifen zu erkennen, die seitlich über dem Bauch enden. Grevy-Zebras kommen in den Schutzgebieten um Meru und Samburu vor.

Foto: Herbert Schaible

EIN PARADIES – WIE LANGE NOCH?

„Wir werden nicht mehr dieselben sein, wenn wir es zulassen, dass die letzten noch in freier Wildbahn lebenden Tiere aussterben und nur noch ein paar Exemplare in Zoos zu bestaunen sind, wenn wir uns der Möglichkeit berauben, uns als Teil der Erde, Umwelt, Natur und als Brüder der Tiere zu verstehen, um in ihr den uns zukommenden Platz einzunehmen. Wir brauchen dieses wilde Land, selbst wenn wir nichts anderes täten, als dorthin zu fahren und es anzuschauen, da es dazu dient, uns von unserer gesunden Daseinsberechtigung als Kreatur, als Teil der Hoffnung der Welt zu überzeugen."

So treffend beschreibt Professor Wallace Stignor von der Stanford University die Bedeutung, die der Erhaltung der in freier Wildbahn lebenden Tiere zukommt.

In Freiheit lebende Tiere zu beobachten, ist meist der Höhepunkt einer Kenia-Reise. Selbst der kürzeste Trip verleiht dem „Human Zoo" eine ganz und gar neue Dimension: Nashörner und Elefanten könnten angreifen, Giraffen, Zebras, Büffel und andere Tiere beäugen die Menschen neugierig oder ignorieren sie gänzlich, denn die Tiere sind es, die hier ihre Heimat haben. Der Mensch dagegen ist nur Besucher und wird es bleiben – in seinem Käfig, dem Auto.

Bei den meisten Touristen, die einmal die Natur so erleben, stellt sich ein ganz neues Gefühl ein: das Gefühl, dass eine solche Welt einfach besser, natürlicher ist, und nach der Ankunft zu Hause wirkt dort alles schmerzlich leer. Vielleicht wird einem dann bewusst, was mit dem Wildtierbestand Europas und Nordamerikas geschah.

Auch in Kenia drohte diese Gefahr. Nachdem die Eisenbahnbauer um die Jahrhundertwende noch auf Tausende frei lebender Tiere im heutigen Industriegebiet von Nairobi gestoßen waren, sollte es nur 90 Jahre dauern, um riesige

Oben: Büffel in der Masai Mara. Rechts: Wildhüter auf Beobachtungsposten.

Foto: Bodo Bondzio

Tierbestände, darunter beispielsweise auch die Cape-Löwen, fast bis zum Aussterben zu dezimieren. Unverständlich ist, womit dieses tragische Massenschlachten, das dem großen Geschäft mit Leopardenfellen oder Elefanten-Stoßzähnen dient, gerechtfertigt wird und warum aufgrund der törichten Meinung, das Horn des Nashorns wirke als Aphrodisiakum, der Handel damit blüht.

Die Gründe der Bauern und Viehzüchter, gegen die frei lebenden Tiere vorzugehen, mögen vielleicht eher Anerkennung finden. Denn wilde Tiere zertrampeln und fressen ihre Ernten oder infizieren ihre Herden mit Rinderpest, Zecken und der Fieberkrankheit.

Doch die Zukunft des Tier- und Naturschutzes haben letztendlich wir alle in der Hand. Zwischen der Erhaltung der Wildtiere und dem wirtschaftlichem Überleben Kenias besteht ein direkter Zusammenhang. Um so mehr, als der Wirtschaftszweig Tourismus dem Kaffeeanbau als Devisenbringer ebenbürtig ist.

Wildschutzgebiete

Die ersten Wildschutzreservate entstanden in den 40er Jahren. 1946 wurde der Nairobi National Park eröffnet, ihm folgten der Amboseli, der Tsavo und das Masai Mara-Tierreservat. Bis heute ist die Zahl der Schutzgebiete auf 50 angewachsen, sie nehmen sieben Prozent der Fläche Kenias ein.

Ein wichtiger Schritt zur Erhaltung der Wildtiere war 1976 die Verabschiedung des *Wildlife Conservation and Management Act*, dem 1977 ein allgemeines Jagdverbot folgte. Vorher waren Genehmigungen zum kontrollierten Abschuss bestimmter Tierarten und Stückzahlen in einigen Gebieten erteilt worden. Doch auch Jäger wurden gelegentlich zu Wilddieben oder überschritten ihre genehmigten Quoten.

Mit dem Jagdverbot einher ging das Verbot, Jagdtrophäen zu besitzen oder zu verkaufen. Bis zum Inkrafttreten dieses Verbotes wurden Elfenbein, Horn, Klauen und Häute im ganzen Land zum Kauf angeboten, und es war ein offenes

Foto: Kenya Tourist Board

Geheimnis, dass auch die von Wilddieben erbeuteten Trophäen öffentlich gehandelt wurden.

Nach Verhängung des Jagdverbotes wurde klar, dass Wilddiebe die größte Bedrohung für die in Kenia in freier Wildbahn lebenden Tiere darstellten. Das Problem wird dadurch noch verschärft, dass viele ethnische Gruppen, insbesondere die Somali und Boran, Jagen als die ehrenvolle Aufgabe eines künftigen Kriegers ansehen.

Gelegentlich war es auch das Geschäft mit den Kenia-Reisenden, das sich auf die Erhaltung des Wildbestandes negativ auswirkte. In touristisch besonders attraktiven Gegenden wurden – vor allem in der Nähe der Lodges – künstliche Wasserlöcher angelegt, die stets viele Tiere anziehen. In Dürreperioden, die die Nationalparks nicht verschonen, strömen Tiere in Massen zur Tränke. Die Überfüllung der Wasserlöcher zog oft die Verbreitung von Krankheiten und den Tod so mancher Tiere nach sich.

Ein besonderes Problem stellen die vielen Elefanten dar. Werden die Dickhäuter zu zahlreich, entstehen enorme Fraßschäden an Bäumen und Büschen, und das ökologische Gleichgewicht wird nachhaltig gestört. Hier ist ein ungewöhnliches Phänomen festzustellen: Der Mangel an großen Wildtieren außerhalb der Parks wird durch eine Überfüllung der Schutzgebiete mit eben diesen Tieren ausgeglichen. Der ursprüngliche Gedanke, einen Landstrich im ökologischen Gleichgewicht und mit intaktem Wildtierbestand erhalten zu können, erscheint immer weniger erreichbar.

Ein weiterer Zankapfel sind kollidierende landwirtschaftliche Interessen. Die Nationalparks nehmen große Weideflächen für sich in Anspruch, während die umfangreichen Wildbestände wiederum das angrenzende, intensiv für den Ackerbau genutzte Land schädigen. Dies ist beispielsweise an den Hängen der Aberdares und des Mount

Oben: Somalische Wilderer stellen eine Gefahr für Kenias Elefanten dar.

Kenya sowie in der Gegend von Laikipia der Fall. Diese Regionen wurden wiederholt von umherziehenden Elefantenherden verwüstet, und die aufgebrachten Farmer haben lange Zeit damit gedroht, die Tiere einfach zu vergiften.

Das rasche Bevölkerungswachstum Kenias verschärft das Nutzungskonfliktpotenzial, wenn es um Agrar-, Wohn- oder Industrielandbedarf in der Nähe von Naturschutzgebieten geht. Beispiele für den Mensch-Tier-Konflikt sind besonders am Nairobi-Nationalpark deutlich zu erkennen: Im letzten Jahrzehnt rückte die Häusersilhouette von Langata und der Mombasa Road her immer näher an die Wildnis heran. In Tansania wird sogar der Bau eines Highway mitten durch die Serengeti erwogen (siehe www.savetheserengeti.org). Dies hätte wegen der Behinderung der großen Tierwanderung vermutlich auch für den Wildbestand in Kenias Masai Mara fatale Folgen.

Zahlreiche Bauprojekte chinesischer Firmen brachten in den letzten Jahren viele Asiaten in das Land. Auch dadurch steigerte sich die Nashorn- und Elefantenwilderei erneut.

Einen Beitrag zur Erhaltung des Wildbestands leisten Parkbesucher durch die hohen Eintrittsgebühren; Tierfreunde können durch Mitgliedschaft in der *East African Wildlife Society* (www.eawildlife.org) Gutes tun.

Geschichte und Geschichten

Die ersten modernen Gesetze zum Schutz der in freier Wildbahn lebenden Tiere wurden von einer Spezialabteilung der Regierung, deren Chef ein Wildhüter war, durchgesetzt. Ein eigenständiges Ministerium wurde erst nach 1920 gebildet. Zur damaligen Zeit galten die ins Land kommenden weißen Siedler als die größte Bedrohung für die Wildtiere. Man glaubte, ihre Art der Nutzung großer landwirtschaftlicher Flächen, die sich von den Methoden der Einheimischen so sehr unterschied, würde die frei lebenden Tiere in die entlegenste Wildnis vertreiben. Nur wenige waren der Auffassung, dass ein großer Tierbestand in der Nähe von Nairobi überleben könnte.

1912 hielt der Hilfswildhüter Martin Seth-Smith in seinen Aufzeichnungen fest, welche Tiere im 16-km-Umkreis um Nairobi anzutreffen waren. Er war davon überzeugt, dass die meisten Arten bald ausgestorben und seine Notizen dereinst einmal lediglich ein historisches Dokument sein würden. Über die Nashörner vermerkte er, dass sie nur noch in sehr begrenzter Zahl aufträten. Seit 1904 war ihr Bestand rapide zurückgegangen, bis es 1914 in der Umgebung von Nairobi wahrscheinlich keines der Tiere mehr gab. Zu Beginn der 1960er Jahre wurden die Nashörner jedoch wieder im Nairobi National Park angesiedelt und haben sich seitdem in ihrem Bestand gut entwickelt. Folglich gibt es die Dickhäuter rund um Nairobi auch heute noch oder besser gesagt wieder – entgegen den Befürchtungen von Martin Seth-Smith.

Mit den Büffeln war es ähnlich. Seth-Smith: „Büffel werden manchmal in geringer Zahl im Kikuyu Forest auf der Ngong-Seite der Bahnstrecke gesichtet. Hierbei handelt es sich wahrscheinlich um Randgruppen der Herden in den Ngong Hills, obwohl es auch durchaus denkbar ist, dass ein paar alte Bullen ständig in diesem Wald leben." Nachdem die Büffel lange Jahre aus dem direkten Umkreis der Hauptstadt verschwunden waren, wurden sie um 1963 wieder im Nairobi National Park angesiedelt und sind heute sogar zahlreicher als zur Zeit des Chronisten Seth-Smith vertreten.

Im Aufzeichnungsjahr 1912 lebte in Nairobi eine Handvoll Menschen. Heute hat die Stadt ca. 3,7 Millionen Einwohner. Seth-Smiths Prognosen, zur damaligen Zeit wohlbegründet, wurden von der Geschichte widerlegt: Das Tierschutz-Konzept funktioniert.

Foto: Susan Robinson (Dreamstime)

Ohne den übrigen Tierschutz zu vernachlässigen, galten die besonderen Anstrengungen stets der Erhaltung der bedrohtesten Tierarten, wie etwa des Nashorns, der Rothschild-Giraffe und des Elefanten. Kenias Regierung hat eine umfassende Kampagne zur Rettung des Schwarzen Nashorns gestartet, das von Wilddieben so erbarmungslos gejagt wurde, dass der heute in Kenia noch erhaltene Bestand nicht einmal zur Deckung des Jahresbedarfes des Nordjemen ausreichen würde. Die gerade noch vor dem Aussterben geretteten Breitmaulnashörner trifft man im Nakuru National Park wieder in großer Zahl an. Doch insgesamt gibt es heute weniger als 400 Breit- und 600 Spitzmaulnashörner, obwohl man noch 1970 allein 65 000 Spitzmaulnashörner zählte.

Aktuell machen chinesische und andere asiatische Wilderer Schlagzeilen. Noch strengere Kontrollen am Internationalen Flughafen sollen helfen.

Oben: Purpurhuhn zwischen Wasserhyazinthen im Naivasha-See. Rechts: Der Nashornbestand ist durch Wilderei bedroht.

Rettung des Nashorns

Kenias Nashörner wurden bis 1977 unerbittlich gejagt. Der Grund für die fast völlige Ausrottung eines der eindrucksvollsten Tiere Afrikas war die starke Nachfrage nach dem Horn der Tiere. Es besteht aus Keratin, dem Hornstoff, aus dem auch die Fingernägel sind. In Fernost, besonders in Vietnam und China, ist es wegen seiner Verwendung in der Traditionellen Chinesischen Medizin – obwohl eine medizinische Wirkung nicht nachweisbar ist – sehr begehrt, und im Nordjemen wird es zur Herstellung von teuren Dolchgriffen als Statussymbol verwendet.

Eine Folge des 1977 in Kenia verhängten Jagdverbots war der dramatische Anstieg des Wilderei, der zur beschleunigten Dezimierung des Nashorns führte. Das Fleisch des massigen Tieres lassen die Wilddiebe nach dem Erlegen einfach verwesen; nur das Horn wird mitgenommen und illegal exportiert.

1985 billigte die Regierung das *Kenya Rhino Rescue Project*, das innerhalb von fünf Jahren mit großangelegten Rettungsmaßnahmen die bedrohten Tiere vor dem Aussterben bewahren sollte. Das Projekt umfasste die Einrichtung vier spezieller Nashorn-Reservate und Überwachungseinheiten in den Nationalparks. Darüber hinaus wurden im ganzen Land verschärfte Vorkehrungen gegen Wilddiebstahl getroffen und sämtliche Nashornherden registriert. Um sie zu schützen und geeignete Zuchttiere zu finden, wurden verstreut lebende Tiere eingefangen und in sichere Reservate gebracht.

Großzügige Spenden gingen von engagierten Kenia-Touristen ein, und in vielen Hotels gibt es noch immer an der Rezeption Spendenboxen für den *Save the Rhino Fund* (www.rhinoark.org).

Als erstes wurde im Nakuru-Natio-

Foto: 2630ben (iStockphoto.com)

nalpark eine besondere Schutzzone für Nashörner, das *Rhino Sanctuary*, eingerichtet. Es besitzt einen mit Sonnenenergie gespeisten 5000-Volt-Elektrozaun, der bei einer Länge von 74 km eine Fläche von 140 km^2 einfasst. Diese Maßnahme war anfangs sehr erfolgreich, doch 2014 wurden mehrere Rhinos wegen ihrer Hörner massakriert – und zwar unweit des KWS-Sicherheitspersonals, das daraufhin ausgewechselt wurde.

In Südafrika brachten Wilderer allein im Jahr 2013 mehr als 1000 Nashörner um. Künftig will man in Kenia in alle Rhino-Hörner Microchips einpflanzen, um geraubten Hörnern auf der Spur zu bleiben; das dafür gebohrte Loch soll von selbst wieder zu wachsen.

Die Wildlife-Bewegung in Kenia ist auf das Engagement von Einzelpersonen zurückzuführen, wie etwa beim *African Fund for Endangered Wildlife* (AFEW), den 1978 Jock und Betty Leslie-Melville zur Rettung der vom Aussterben bedrohten Rothschild-Giraffe gründeten.

Die Früchte der Bemühungen um den Tier- und Naturschutz genießen die Besucher der Nationalparks, entsprechend rücksichtsvoll sollten sie sich verhalten. Die Vorschriften in den Parks, die von 6-18 Uhr geöffnet sind, sind unbedingt zu beachten. So ist es in Schutzgebieten meist verboten, die Fahrwege zu verlassen und an anderen als den gekennzeichneten Aussichts- und Picknick-Plätzen aus dem Auto zu steigen. Außerdem gelten in den Parks Geschwindigkeitsbegrenzungen.

Nie darf man vergessen, dass die friedlichen Elefanten und die trägen Löwen wilde Tiere sind, die ein Recht darauf haben, unbehelligt zu bleiben. Zu nahes Heranfahren und laute Begeisterungsrufe bei offenem Wagenfenster oder -dach empfinden die Tiere oft als Bedrohung. Gepardenmütter etwa fühlen sich manchmal durch Safariwagen derart erschreckt, dass sie ihre Jungen verlassen.

Tragen Sie durch ihr Verhalten dazu bei, dass die Tiere in den Nationalparks nicht unnötig gestört werden.

Foto: Bodo Bondzio

GEORGE ADAMSON

George Adamson, von den Einheimischen „Baba ya Simba“ genannt (Vater der Löwen), wurde 1906 im indischen Rajasthan geboren und gehörte schon zu Lebzeiten zu den Legenden Afrikas. 1924 kam George Adamson erstmals nach Kenia. Nach vielen Abenteuern (er versuchte sich auch als Goldschürfer) wurde er 1938 „Aushilfs-Wildhüter“. Weihnachten 1942 traf er seine spätere Frau Friederike Victoria (eine hoch gebildete, künstlerisch begabte Schlesierin), die er 1944 heiratete. Sie wurde später als Joy Adamson bekannt.

Als George Adamson 1956 eine ihn anfallende Löwin erschoss, bedeutete dies einen Einschnitt in seinem Leben. Joy und George zogen die drei Jungen der Löwin auf, wobei eines davon, *Elsa*, durch Joys Romane und den Kinofilm *Frei geboren* weltberühmt wurde. Sein Amt als Wildhüter legte George Adamson 1963 nieder. Sein Leben widmete er von nun an seinen Löwen. Er lebte seit 1971 in Kora, während Joy nach Shaba zog, um sich mit Leoparden zu befassen. Der Tod Joys (sie wurde 1980 von einem Küchenjungen ermordet) überschattete Adamsons weiteres Leben; er lebte sehr zurückgezogen in seinem „Kampi ya Simba“ in Kora.

Der Kora-Nationalpark liegt 150 km östlich des Mount Kenya in trockenem Buschland. Das Camp „Kampi ya Simba“ lag im Schatten des Kora Rock, etwa 6 km vom Kora Airstrip entfernt. Als die Autoren ihn 1989 besuchten, war George Adamson in guter körperlicher Verfassung. Das Camp bestand aus zwölf Hütten. Die größte Hütte bildete das Zentrum. Hier empfing George seine Gäste. An den Wänden hingen Bilddokumente aus seinem Leben und seiner Arbeit. Mit einem Funkgerät hielt er Kontakt zur Außenwelt, und über ein Aggregat wurde der Kühlschrank betrieben, in dem das lebensrettende Schlangenserum lagerte.

Oben: George Adamson lebte im Kora National Park. Rechts: Löwen waren der Lebensinhalt von George und Joy Adamson.

Foto: gudkovandrey (stock.adobe.com)

Adamsons Löwen registrierten unsere Ankunft mit Ruhe und Vertrautheit. Sie lagen unter einem Baum – direkt an der Umzäunung des Camps. Langsam verschwanden die einjährigen Löwen, um die sich George Adamson noch ein Jahr lang kümmern wollte, in der Weite des Kora. Mittels eines Megaphons und einer besonderen Sprache rief George die noch geflockten Löwen für uns zum Camp zurück. Der 83jährige ging zu seinen Tieren; die Löwen umspielten seine Beine und suchten den Körperkontakt.

Kurz vor Mittag kamen Adamsons Mitarbeiter mit Gästen aus Großbritannien von einer Inspektionsfahrt aus dem Reservat zurück. George ließ sich Bericht erstatten. Hamisi Farah, sein Koch, bereitete in der Zwischenzeit über offenem Feuer das Mittagessen zu. Wir saßen alle zusammen am gedeckten Tisch. Auch Georges „Haustiere“ (Glanzstare, Hornvögel und Erdmännchen) kamen an den Tisch.

Zum Tagesablauf des Camps gehörte die Fütterung der Löwen. In Käfigen, die an das Camp angrenzten, wurden die Tiere gefüttert. Für plötzliche Aufregung sorgte einer der Löwen, der durch ein Loch in den Wohnbereich kletterte. Aber in Anwesenheit Adamsons entstand keine Panik. Die Helfer trieben den Löwen in den Verschlag zurück.

Die Beschaffung des Futters für die Tiere war das größte Problem. Von den Somalis bezog er Kamele; um aber nicht davon abhängig zu werden hielt er im Camp selbst Ziegen.

Als wir George verließen, stand er am Tor seines Camps und sah immer noch stark und gesund aus ... Am 20. August 1989 wurde Adamson von somalischen Wilderern erschossen, als er Gästen und Mitarbeitern zu Hilfe kommen wollte.

Adamson wurde unter Salutschüssen am 2. September 1989 im „Kampi ya Simba“ neben seinem Bruder Terence, der im April 1986 gestorben war, und seinem Lieblingslöwen Boy begraben.

George Adamson hatte auch am Seeufer des Lake Naivasha ein Zuhause. Dort befindet sich heute das **Elsamere Conservation Centre** mit Gästehaus (www.elsamere.com).

Foto: Hans Harald Koschany

RICHARD LEAKEY

Ein Archäologe, der Minister wurde

Untrennbar ist der Name Leakey seit Jahrzehnten mit den prähistorischen Ausgrabungen in Kenia verbunden. Und seit den 1990er Jahren machte zudem ein Mitglied der berühmten Ausgräberfamilie auch als Naturschützer von sich reden. Richard Leakey wurde 1944 in Nairobi als Sohn des britischen Forscherehepaars Louis Seymour Bazett und Mary Leakey geboren. Schon früh begann er, sich für die Arbeit seiner Eltern zu interessieren, die sich seit den 1930er Jahren der Suche nach dem Urmenschen verschrieben hatten. Die Expeditionen führten den jungen Richard auch nach Tansania, wo in der Olduvai-Schlucht die ersten fossilen Überreste eines Hominiden gefunden wurden, der später unter dem Namen *Homo habilis*, „geschickter Mensch", als eines der wichtigsten Glieder in die Abstammungslinie des Menschen einging.

Ende der 60er Jahre begann Richard Leakey mit einem Stipendium der *National Geographic Society* eigene Ausgrabungen in Koobi Fora am Ostufer des Turkana-Sees. Schnell wurden Richard Leakeys Annahmen bestätigt: Nur drei Wochen nach Beginn der Arbeiten wurde der erste Hominide gefunden. Der entscheidende Fund aber kam 1972, als die Überreste eines fast vollständigen Schädels mit einem Alter von etwa 2,2 Millionen Jahren zutage kamen.

Dieser Schädel lieferte den Beweis für die Existenz des Urmenschen *Homo habilis*, den bereits Louis Leakey postuliert hatte. Als man Jahre später in Koobi Fora auch Fossilien unseres unmittelbaren Vorfahren, des „aufrechtgehenden Menschen", *Homo erectus*, fand, war nicht mehr zu bestreiten, dass die „Wiege der Menschheit" einst in Ostafrika gestanden haben muss, und nicht, wie

Oben: Richard Leakey mit dem Schädel eines Urmenschen (Homo habilis). Rechts: Die Entstehung des aufrechten Gangs – Kunstwerk vor dem Kenya National Museum in Nairobi.

Foto: Images of Africa Photobank / Alamy (mauritius images)

lange vermutet worden war, in Asien.

Die Wende der Archäologen-Karriere Richard Leakeys kam Ende der 1980er Jahre: Nachdem in den Nationalparks wieder und wieder Elefanten und Nashörner von Wildererbanden abgeschlachtet worden waren, ohne dass jemand dagegen wirksame Maßnahmen ergriffen hätte, veröffentlichte das Ministerium für Tourismus und Naturschutz das Ergebnis einer Elefanten-Zählung. Leakey, damals Direktor des Nationalmuseums in Nairobi, beschuldigte das Ministerium, das Abschlachten zu dulden. Daraufhin rief der Minister ihn zur Ordnung. Doch unerwarteterweise wurde nun der Minister von Präsident Moi abgesetzt und Richard Leakey auf dessen Posten berufen.

Mit Hilfe der Regierung ließ Leakey die bisherigen, bestenfalls der Imagepflege dienenden Maßnahmen durch erfolgversprechendere ersetzen. Er verstärkte und bewaffnete die Sicherheitskräfte in den Parks und ließ sie Waffen und Jagdtrophäen der Wilderer konfiszieren. Die Verbrennung von 2000 konfiszierten Stoßzähnen im Wert von 3 Mio. Dollar am 18. Juli 1989 war ein Höhepunkt im Kampf gegen den Elfenbeinhandel. Tragischerweise verlor Leakey 1993 bei einem Flugzeugabsturz beide Unterschenkel; Sabotageverdacht wurde laut.

Wegen angeblicher Korruptionsaffären im Wildlife Ministerium trat Leakey 1994 als Minister zurück und wurde Parlamentsmitglied. 1998 amtierte er noch einmal als Direktor des Kenyan Wildlife Service (KWS); 1999 wurde er, der sich immer gegen Korruption engagiert hatte, auf internationalen Druck von Geberländern hin Direktor des Civil Service (bis 2001). Seit 2002 unterrichtet er als Anthropologie-Professor in Stony Brook/New York. Im Jahr 2004 gründete er, zusammen mit Naturschützern aus der ganzen Welt, WILDLIFEDIRECT, eine gemeinnützige, internetgestützte Organisation (www.wildlifedirect.org).

In seinem Buch *Wildlife Wars* erzählt er von seinem schwierigen Kampf als Leiter des KWS für den Schutz und Erhalt der kenianischen Elefanten.

TAUCHURLAUB IN KENIA

Im Osten Afrikas warten mehr als palmengesäumte Traumstrände und endlose Savannen. Auch unter Wasser lockt eine riesige Vielfalt von Großtieren, die Taucher- und Schnorchlerherzen höher schlagen lassen.

Kenia muss sich in Bezug auf taucherische Möglichkeiten nicht hinter den Malediven oder dem Roten Meer verstecken. Nur in Sachen Korallenbewuchs hinkt der Indische Ozean vor Ostafrika ein wenig hinterher. So sucht man großformatige Weich- und Hornkorallen an den sanft abfallenden Saumriffen meist vergebens. Dafür ist das, was an den 20 bis 25 Meter tiefen Wänden wächst, in auffallend gutem Zustand. Den verdankt die Region den kühlen, vom Pemba-Kanal kommenden Tiefenströmungen, die während des El-Niño-Phänomens der Korallenbleiche entgegenwirkten. Verankerte Bojen zum Festmachen der Tauchschiffe leisten einen zusätzlichen Beitrag.

Südlich der kenianischen Großstadt Mombasa kann man zum Wrack der „MFV Alpha Funguo" in 30 Meter Tiefe abtauchen. Seit 2002 dient der etwa 45 Meter lange Stahlkoloss dort als künstliches Riff. Neben einem immer dichter werdenden Bewuchs aus Weichkorallen beheimatet er Süßlippen, Fledermaus- und Glasfische, hin und wieder ziehen Mantas oder Walhaie an dem alten Thunfischtrawler vorbei; ein Schauspiel, das während der Planktonsaison zwischen Dezember und Februar keine Seltenheit darstellt. Aber nicht nur wegen der „Ozeanriesen" lohnt es sich, das Tauchzeug in den Koffer zu packen. Denn an der 480 Kilometer langen Küste finden sich zahlreiche ganzjährige Topspots. So locken die Tauchplätze „Shark Alley", „Galu" oder „Kinondo" beispielsweise mit Gitarrenhaien, Schaukelfischen oder kapitalen Zackenbarschen. Die Vuma Caves lassen durch ein beeindrucken des Labyrinth aus Überhängen und Grotten auch Höhlenfans auf ihre Kosten kommen.

Nordlichter

Die Region im Norden Mombasas kann nicht nur mit den weltberühmten, fast schneeweißen Stränden Nyali, Bamburi und Shanzu, sondern auch mit einem vollkommen intakten Meeresschutzgebiet und dem eigens für Taucher versenkten 75-Meter-Wrack „MV Dania" prunken. Sogar ein mehr als 2 Meter langer Zackenbarsch hat sich dort angesiedelt. Der bekennende Umweltschützer Bruce Phillips – Eigner des Wracks und auch der Tauchbasis „Buccaneer Diving" – ist mächtig stolz auf seinen Top-Spot. Sogar ein eigens angestellter Meeresbiologe steht seinen Gästen mit gutem Rat zur Seite. Ausführliche Briefings, gepflegte Leihausrüstung und sympathische und hilfsbereite Mitarbeiter sind für Bruce selbstverständlich. Kein Wunder also, dass sich die Taucher auf seiner Basis rundherum wohl fühlen und für die fast schon familiäre Betreuung gerne einen im internationalen Vergleich etwas höheren Preis zu zahlen bereit sind.

Anfängerfreundlich

Auch wenn die großen Planktonfresser auf eher unwegsame Gewässer mit starker Strömung und großen Tiefen schließen lassen: Kenia ist nicht nur für Profitaucher geeignet, im Gegenteil. Zumeist fallen die Korallengärten sanft bis in eine Tiefe von 20 bis 25 Metern ab, um dort in eine Sandfläche überzugehen. In Bezug auf Orientierung und Tiefe stellen die Spots also keine allzu großen Anforderungen. Auch Anfänger finden sich gut zurecht, selbst wenn wegen der gelegentlichen Strömung auch mal der eine oder andere Drifttauchgang durchgeführt wird.

Ausfahrten finden in der Regel vor-

Rechts: Ein Schwarm Soldatenfische vor Kenias Küste.

Foto: Harald Mielke

mittags im Two-Tank-Modus statt. Das bedeutet, dass jeweils zwei Tauchplätze bei einer Ausfahrt angepeilt werden, und die Gäste bis spätestens Mittag wieder festen Boden unter den Füßen haben. Für so ein abwechslungsreiches Land wie Kenia ist das natürlich von Vorteil: Auch Taucher können so am Nachmittag noch ein „normales" Urlauberdasein genießen.

Tauchen kann man in fast jedem Alter erlernen. Kinder sollten aber so alt sein, dass sie die theoretischen Anweisungen verstehen können. Wo ist die Altersgrenze nach oben? Festgelegt ist sie nicht, sie hängt hauptsächlich von der persönlichen Verfassung ab. So lernte die bekannte Fotografin Leni Riefenstahl erst mit über 70 in Kenia tauchen. Bei der Anmeldung schummelte sie allerdings und machte sich über zehn Jahre jünger. Ihre Begeisterung über die Farbenpracht der Unterwasserwelt war so groß, dass sie eine passionierte Unterwasserfotografin wurde. Ihre faszinierenden Aufnahmen sind in mehreren Bildbänden zu sehen.

Wer sich in Kenia als Unterwasserfotograf betätigen will, wird viele lohnende Motive finden, wie den bunten Engelsfisch oder den Schmetterlingsfisch. Besonders spektakulär ist der langsame Löwenfisch mit seinen roten, weißen und schwarzen Streifen und den langen federartigen Flossen. Vorsicht aber vor einer Berührung: die Rückenflossen des Löwenfischs enthalten ein sehr schmerzhaftes Gift. Es gibt zwar wenige gefährliche Riffbewohner in Kenia, aber vor Seeschlangen und dem hochgiftigen Steinfisch sollte man sich auch in Acht nehmen: Das Mitglied der Familie der Skorpionfische hat Giftsäcke unter jeder Rückenflosse. Bestens getarnt liegt er meist auf sandigem oder felsigem Grund und wartet dort auf Beute.

Um so harmloser sind die meisten anderen Meerestiere, die man bei einem Tauchgang trifft – die Papageienfische oder Dornsternfische, die Einsiedlerkrebse, die Muscheln oder auch die Schildkröten, die man aus tierschützerischen Gründen unbedingt in Ruhe lassen sollte.

SAFARI AUF DEM MEER

Kenia bietet ideale Voraussetzungen zum Hochseefischen, denn vor seiner Küste gibt es eine große Vielfalt an Raub- und Schnabelfischen. Der berühmteste Fischer, der Kenias Ruf als gigantischen Fischgrund in den 1950er Jahren begründete, war Ernest Hemingway. Und die Inspiration für seinen Klassiker *Der Alte Mann und das Meer* hätte eigentlich auch von hier stammen können.

Ein wahres Paradies für Hochseefischer ist Shimoni. Dort treffen sich die reichen weißen Geschäftsleute aus dem Hochland Kenias, um ihren Urlaub beim Hochseefischen zu verbringen. Doch man kann auch in den anderen Wassersportzentren der Küste zwischen Shimoni und Lamu gut ausgerüstete Boote mit Crew für eine Tagesfahrt mieten. Erfahrene Hochseefischer begleiten die Tour und zeigen auch dem Neuling alles Wesentliche. Saison ist von November bis März, außerhalb dieser Zeit sollten nur wirklich Seefeste es wagen, an einer Hochseefisch-Safari teilzunehmen.

Oben: Auf Hochseesafari. Rechts: Heimkehr einheimischer Fischer in Lamu.

Die Fahrt aufs offene Meer beginnt in den Morgenstunden, und nie weiß man, was der Tag bringen wird – den größten Fang der Saison oder nur ein paar Bonitos, die man vielleicht sogar nur als abgenagtes Gerippe aus dem Wasser zieht, wenn ein Hai dem Schiff gefolgt ist. Die großen Fänge sind ein Zweikampf zwischen Fischer und Fisch. Wenn ein Marlin mit mehreren Zentnern Gewicht an der Angel hängt, bleibt immer die bange Frage, ob die Leine hält. Taucht der Fisch wieder hinunter in die Tiefen des Indischen Ozeans oder kann er an Bord geholt werden? Angeschnallt an den „Kampfstuhl", versucht der Fischer sein Bestes. Und oft dauert es mehrere Stunden, bis der Sieger feststeht.

Nicht jeder Hochsee-Ausflug ist von einem rekordverdächtigen Erfolg gekrönt. Gehört man aber zu den Glücklichen, wird man sich noch lange an dieses Erlebnis erinnern. Besonders gute Fischgründe gibt es in Malindi. Afrikas wohl bester Platz für Fächerfische ist der Pemba Channel bei Shimoni, der für die große Anzahl Gestreifter Marlins, Gelbflossiger Thunfische und Haie bekannt ist.

Die Liste der Angelrekorde in Kenia gibt eine Vorstellung davon, was einen hier erwarten kann: Tigerhai: 394,4 kg, Schwarzer Marlin: 363,6 kg, Blauer Marlin: 251,4 kg, Hammerhai: 211 kg, Gelbflossiger Thunfisch: 87,5 kg, Fächerfisch: 65,9 kg, Bonito: 10,4 kg.

Ein billiges Vergnügen ist das Hochseefischen allerdings nicht. Ein gut ausgerüstetes Boot mit Mannschaft kostet pro Tag für vier Personen etwa 300 US$. Wer bescheidenere Angelwünsche hat, der kann sie sich in den Bächen und Seen von Kenias Hochland zu günstigen Preisen und bei großen Erfolgsaussichten erfüllen.

Foto: Jen Watson (Shutterstock.com)

Fischreiche Seen und Flüsse

In Höhen über 2200 m gibt es viele Forellenbäche, in denen man mit einem Angelschein für wenig Geld fischen kann. Die Forellen wurden Anfang des 20. Jahrhunderts aus Europa eingeführt und fühlen sich in den kalten Bächen der Aberdares und des Mount Kenya sehr wohl. Einer der besten Fangplätze ist Ngobi, wo es auch eine Fischfarm gibt. Gute Fischgründe sind auch die beiden Süßwasserseen im Rift Valley. Beliebter als der Baringo-See ist bei Anglern der Naivasha-See, wo es Schwarzen Flussbarsch und Tilapia (Buntbarsch) gibt.

Eine größere Herausforderung ist der Große Nilbarsch im Viktoria- und Turkana-See; Prachtexemplare wiegen über 200 kg und sind sehr schmackhaft. Zum Glück sind sie keine Kämpfer. Viel aggressiver ist der Tigerfisch, den man sogar vom Ufer aus angeln kann. Der Viktoriasee ist das fischreichste Gewässer Ostafrikas; für Besucher des Masai-Mara-Reservats kann ein Tagesausflug zum Fischen arrangiert werden.

Kommerzieller Fischfang

Der in allen guten Fischrestaurants servierte Tilapia kommt v. a. aus dem überfischten, ökologisch gefährdeten Viktoria-See. Dieser zweitgrößte Süßwassersee der Welt zählt zum Lebensraum der Luo-Ethnie. Der Nilbarsch (Viktoriabarsch), in den 1960ern im Viktoriasee eingesetzt, hat etwa 200 andere Fischarten aus dem See vertrieben. Russische Flugzeuge exportieren den Fisch tonnenweise. Die traditionelle Fischerei am Viktoriasee ist davon stark beeinträchtigt, und die Sozialstruktur am See hat sich ungünstig verändert.

Auch am Turkana-See, dessen Wasserstand sinkt, ist kommerzieller Fischfang ein großes Geschäft. Nach einer Hungersnot in Nordkenia in den 1960ern wurden viele Turkana-Familien an den See umgesiedelt. Ausgestattet mit modernen Booten, konnten sie sich nun von Fischerei ernähren. Der Fang – v. a. Nilbarsch, Tilapia und Tigersalmler – wird getrocknet oder gefroren in den Städten im Süden des Landes verkauft.

Foto: Alexander Fortelny (iStockphoto)

BERGABENTEUER

Wer von einer Kenia-Reise hört, denkt an Badeurlaub am Indischen Ozean, an Tiersafaris, tropische Hitze, Savannen, Buschland, Wüste und Dschungel, aber nicht an schneebedeckte Gipfel und Bergsteigen oder Mountainbiken. Der berühmteste und höchste Gipfel Afrikas, der Bergbegeisterte aus aller Welt anlockt, der Kilimandscharo, liegt in Sichtweite im Nachbarland Tansania, nahe der Grenze zu Kenia. Zur Einreise nach Tansania erhält man am tansanischen Flughafen / Grenzübergang gegen Gebühr ein Visum; manchmal wird der Nachweis einer Gelbfieberimpfung gefordert.

Ob Sie sich für eine Bergtour zum „Kili", zu den Aberdares oder zum Mount Kenya, Kenias höchstem Berg, entschließen – Sie werden begeistert von der Natur sein. Bergsafaris kann man in Reisebüros in Mombasa und Nairobi als auch bereits zu Hause bei Spezialveranstaltern buchen. Gute Tipps für Touren gibt der *Mountain Club of Kenya* in Nairobi unter www.mck.or.ke).

Oben: Immer beliebter – Biken am Mount Kenya.
Rechts: Aufstieg zum Mount Kenya.

Mount Kenya und die Aberdares

Um den Mount Kenya (5199 m) erstreckt sich ein 492 km² großer Nationalpark. Afrikas zweithöchster Berg liegt direkt am Äquator und ist eine Attraktion für Bergsteiger. Die Landschaft variiert vom Farmland zur Savanne über dichten Wald und Bambusdschungel bis hin zu Hochmoor.

1887 kletterten Graf Sámuel Teleki von Szék und Ludwig von Höhnel hinauf, bis 915 m unter den Gipfel. Zwölf Jahre später erreichte der Engländer Halford Mackinder als erster Weißer den Gipfel. Heute gibt es viele Wanderwege zum Gipfel und einige kleinere Kletterrouten. Zunächst sind am Nationalpark-Gate die recht hohen Eintrittsgebühren zu bezahlen. Wanderer dürfen den Park auch ohne Führer, dann aber mindestens zu zweit und nur für einen (um

16 Uhr endenden) Tagesausflug betreten. Startpunkt für die meisten Mount-Kenya-Besteigungen, im Rahmen einer 3-4 tägigen Tour, ist die Naro Moru River Lodge; mit Geländewagen kann man von hier auch bis zur Met Station Hut im Park fahren (3000 m ü. M.).

Vom Naro-Moru-Gate geht es durch Wald und morastiges Heideland bis zum Mackinder's Camp / Teleki Lodge (4160 m). Dies ist der Ausgangspunkt für die Wanderung des zweiten Tages, die einen via Austrian Hut zum Point Lenana (4986 m) hinauf und wieder zurück bringt. Um den Point Lenana zu besteigen, bedarf es (bis auf den letzten steilen, oft vereisten Anstieg) keiner bergsteigerischen Fähigkeiten, doch eine gute Kondition ist Voraussetzung. Wer Höhenkrankheitssymptome verspürt (beginnend mit Kopfweh und Übelkeit), sollte sofort absteigen.

Der Aberdares-Nationalpark eignet sich vor allem für mehrtägige Wanderungen. Es gibt Hütten, wo man übernachten kann (www.kws.org); Campen ist wegen der Löwen nicht zu empfehlen. Am besten lässt man sich von einem ortskundigen Führer begleiten.

Kilimandscharo

Mit dem Uhuru Peak (5895 m) ist der tansanische Vulkan Kilimandscharo der höchste Berg Afrikas. Der Aufstieg bis zum Gilman's Point (5680 m) ist für jeden ausdauernden Bergwanderer möglich – problematisch ist aber die Gewöhnung an die große Höhe in kurzer Zeit. Zur Höhenanpassung sollte man den Aufstieg auf möglichst viele Etappen verteilen und langsam gehen. Bergtouristen müssen Bergführer und Träger einer einheimischen Agentur engagieren oder sich einer organisierten Gruppe anschließen. Unterwegs übernachtet man in Hütten – falls man nicht eine der beliebten „Camping-Routen" wählt, für die zusätzliche Träger für Ausrüstung und Zelte nötig sind, die aber bessere Höhenanpassung ermöglichen. Auf der

Foto: cunfek (iStockphoto)

viel begangenen Hüttenroute erreicht man am ersten Tag auf einem leicht ansteigenden Weg durch Plantagen, dann durch Regenwald die Mandara-Hütte. 1000 Höhenmeter gilt es am zweiten Tag zu überwinden. Die Landschaft geht in beeindruckende Hochgebirgsvegetation mit Lobelien und Senecien über. Der nächste Tag auf der Horombo-Hütte dient der Höhenanpassung. Am folgenden Tag überwindet man weitere 1000 m Höhe bis zur Kibo-Hütte. Die Nacht dort endet schon um 2 Uhr, um die Schlussetappe zu schaffen: Fünf Stunden zum Gilman's Point, dann noch zwei bis zum höchsten Gipfel, dem Uhuru Peak (Kibo; bis 1918 Kaiser-Wilhelm-Spitze), wo man die abschmelzenden, nach deutschen Geografen des 19. Jh. benannten Gletscher erblickt.

Am Kilimandscharo gibt es auch Klettermöglichkeiten mit Schwierigkeitsgrad II- VII. Ausrüstung leihen ist möglich, sie ist jedoch oft in schlechtem Zustand. Für eine Besteigung sind Bergstiefel, Daunenjacke, Handschuhe, Regenzeug und warmer Schlafsack nötig.

Foto: Martin Ngugi (iStockphoto.com)

KENYA RAILWAYS

Zwischen Nostalgie und Moderne

Erinnern Sie sich an die berühmte Filmszene in *Jenseits von Afrika*, als Dennis Finch Hatton alias Robert Redford den Zug mitten auf der Strecke anhält, um seine Jagdbeute zu verladen und dabei die schöne Baronin Blixen kennenlernt? Großwildjäger trifft man zwar nicht mehr, aber noch bis 2017 zockelte eine Diesellok von Mombasa in die fast 500 km entfernte Hauptstadt Nairobi, durch menschenleere Wildnis und die Tsavo-Parks, wo man Giraffen und Impalas vom Waggonfenster aus sieht.

1896 begannen die Briten, von der Hafenstadt Mombasa eine Bahnlinie bis nach Uganda zu errichten. Kein einfaches Unterfangen, musste man doch die 930 km Schienen der „Eisernen Schlange" durch gefährliche Wildnis legen, die Kikuyuberge und den Steilabbruch des Rift Valley (2545 m ü.M.) bei Mau überwinden.

Die Briten holten 30 000 Inder Arbeiter ins Land, um das Bauvorhaben zu verwirklichen. Viele ließen dabei ihr Leben; Seuchen rafften sie dahin, rebellische Einheimische überfielen sie. Raubtiere stellten eine weitere Gefahr dar: Weltberühmt wurden die *Man-eaters of Tsavo* (Titel des Romans ihres Bezwingers J. H. Patterson): Dutzende Inder und Afrikaner sollen in zehn Monaten von riesigen Löwen gefressen worden sein – teils direkt aus dem Zug geholt (im Eisenbahnmuseum ist noch der Original-Arbeitszug zu besichtigen). Da das Projekt zudem extrem teuer schien, nannte ein britischer Parlamentarier es 1896 *Lunatic Line*. Doch die „Uganda-Bahn" trug entscheidend zur Erschließung des kenianischen Hochlands und Ugandas bei. Nairobi etwa, heute das Wirtschaftszentrum Ostafrikas, entstand aus einem Bahndepot, ebenso Nakuru und Kisumu. Hatte es früher Monate gebraucht, den Viktoria-See zu erreichen, dauerte seit 1901 die Reise Mombasa-Kisumu nur noch sechs Tage.

Im 1. Weltkrieg drangen Kommandos der Deutschen Schutztruppe unter Paul von Lettow-Vorbeck von Tansania (damals Deutsch-Ostafrika) an den Tsavo vor und zerstörten von März bis April 1915 32 Züge und 9 Brücken – und trafen damit das logistische Rückgrat der britischen Kolonie.

So aufregend wie in der Pionierzeit ging es später nicht mehr zu. Per Eisenbahn konnten die Strecken von Nairobi nach Mombasa (mit *Jambo Kenya Deluxe*) und von Nairobi nach Kisumu (mit *Port Florence Express*) ohne die Gefahr von Überfällen durch Löwen oder Askaris zurückgelegt werden – ein nostalgisches Erlebnis: Es konnte sein, dass man im Speisewagen noch Geschirr aus der Kolonialzeit vorfand. Die 1. Klasse bot Schlafwagenabteile mit zwei Betten, Abendmenü und Frühstück. Zweimal wöchentlich – montags und freitags –

Oben: Bahngleise aus der Kolonialzeit am Lake Magadi. Rechts: „Made in China" – die neue Schnellzuglinie Mombasa - Nairobi.

Foto: Andrzej Kubik (Shutterstock.com)

wurde Mombasa von Nairobi aus über Nacht angefahren.

Im dritten Jahrtausend stieg China ein und gab, strategisch weitsichtig, Milliarden-Kredite, und es wurden weitere Bahnlinien geplant: von Lamu nach Juba (Südsudan) und von Nairobi nach Addis Abeba, der äthiopischen Hauptstadt. In diesem Zusammenhang sind auch Hafenerweiterungen durch chinesische Staatsunternehmen in Mombasa und auch in Lamu vorgesehen, denn Lamu ist näher an Dubai, Südsudan, Äthiopien und Eritrea als Mombasa. Es geht dabei in erster Linie um die Ausweitung des Warenhandels.

2017 wurde die moderne, 472 km lange Schnellzugstrecke von Mombasa nach Nairobi eingeweiht und der unzuverlässig gewordene, heruntergewirtschaftete, britisch-koloniale „Lunatic Express" eingestellt; der *Madaraka Express* aus chinesischer Produktion legt die Strecke nun in knapp 5 Std. zurück. In Zukunft sollen die zuverlässigen, effizienten chinesischen Staatsfirmen die neue, zweigleisige Normalspurstrecke Mombasa – Nairobi über Kisumu bis nach Malaba/Uganda verlängern. Mit Abzweigungen nach Kampala, Kigali (Hauptstadt Ruandas), Bujumbura (Hauptstadt Burundis) und Kisangani (Stadt in der Demokratischen Republik Kongo) werden neue Schienenwege auf einer Länge von 1400 km geschaffen. Zugleich soll eine eingleisige Verbindung von Rongai (nahe Nakuru) über Lokichokio (Nordkenia) nach Juba (Südsudan) entstehen – eine Erweiterung des Schienennetzes um 1000 km.

Diese Mega-Projekte unterstreichen die große Bedeutung Kenias für die Wirtschaft Ostafrikas, die Weltwirtschaft im Allgemeinen und den chinesischen Welthandel im Besonderen; sie könnten jedoch mit dem Naturschutz kollidieren: In Tsavo queren die Gleise den Nationalpark, ebenso im Nairobi-Nationalpark – dort wenigstens teilweise auf Stelzen, um die Tiermigration nicht ganz zu blockieren.

Foto: Dietmar Rößler

KULINARISCHER AUSFLUG

Kenia ist das Land mit der abwechslungsreichsten Küche Afrikas. Nairobi besitzt unzählige Restaurants, von einfachsten Straßenständen, die geröstete Fleischspießchen und Maiskolben verkaufen, bis hin zu eleganten und teuren Etablissements, die Delikatessen wie Hummer und Kaviar auf der Speisekarte haben. Auch in Mombasa, Malindi und an der übrigen Küste findet sich für jeden Geschmack und Geldbeutel ein Lokal.

Ausländische Gäste werden meist als erstes die „Hotelküche" kennen lernen, sie ist dem Geschmack eines internationalen Publikums angepasst, meist gut und reichhaltig, aber wenig exotisch. Tropische Früchte und reichlich Meerestiere auf dem Buffet sind oft die einzigen Anzeichen dafür, dass man sich in einem Land am Indischen Ozean befindet. Viele Hotels haben à-la-carte-Restaurants, mit italienischem, französischem oder auch indischem Essen. Ein lobens- und genießenswertes Relikt aus der englischen Kolonialzeit ist in manchen Hotels (hauptsächlich im Landesinneren) der sonntagmittägliche *curry:* Huhn, Lamm oder Rind mit indischen Gewürzen gebraten, dazu Reis, Chutneys und kleingeschnittene Mangos, Tomaten, Zwiebeln und Ananas.

Oben: Auf dem Land wird meistens an offenen Feuerstellen gekocht. Rechts: Bushdinner mit Masais, angerichtet für Safari-Touristen.

Kenias Nationalgericht ist *ugali*, weißer Maisbrei, meist mit Gemüse oder Fleisch angerichtet. Daneben gibt es Eintöpfe mit Hirse, Bohnen, Yam, Kassava, Bananen und Süßkartoffeln. Gern isst man auch ein Kohlrabiblättergericht, das die Einheimischen *sukuma wiki* nennen. Wörtlich: „die Woche strecken". *Irio* ist ein anderes beliebtes Gericht, das aus Gemüsen wie Erbsen und Kürbis gemacht und in einem Tontopf gegart wird.

In auf Touristen eingestellten Lokalen ist das Essen oft mit folkloristischen Einlagen verbunden. Wer zwei Fliegen – Essen und Unterhaltung – mit einer Klappe schlagen will, ist hier richtig.

Unverkennbar ist der indische und arabische Einfluss auch in der einfachen Küche, vor allem an der Küste. Indische *Samosas*, knusprig gefüllte Teigtaschen, und *Chapati*, indisches Fladenbrot, bekommt man an jeder Straßenecke. Bei Fleischgerichten überwiegen Rind, Huhn, Ziege und Lamm. Molo-Lamm und Ishiara-Ziege sind im ganzen Land für ihre Qualität berühmt.

An der Küste sind natürlich Meeresfrüchte und Fisch zu empfehlen. Die Preise sind, verglichen mit dem internationalen Standard, etwas günstiger. Es gibt Spezialitätenrestaurants, die hervorragende Gerichte zubereiten. Zu empfehlen sind bei den Meeresfrüchten King Crabs, Kilifi-Austern, Malindi-Seezunge oder geräucherter Thun- und Fächerfisch. Auch im Binnenland wird in Flüssen und Seen Fisch gefangen. Barsche und Forellen stehen in den Camps und Lodges oft auf der Speisekarte.

Foto: Kenya Tourist Board

Unter den ausländischen Restaurants sind die indischen besonders beliebt. Sie bieten je nach Herkunft des Besitzers sehr unterschiedliche Gerichte an. Südindisches Essen ist meist vegetarisch, nordindisches Mughlai-Essen würzig, Singh-Curry etwas schärfer, Ismaili- und Goa-Curry sehr scharf. Die Liste ist endlos. Fast jedes Restaurant hat seine Spezialitäten. So sind einige für ihr Hühnchen-Tikka berühmt, andere bereiten ein exzellentes Krabben-Masala zu. Nicht versäumen sollte man, die zahlreichen gebackenen und gebratenen Vorspeisen zu probieren, zu denen Saucen gereicht werden, deren Geschmacksspektrum von höllisch-scharf bis mild-süßlich reicht.

Die Zahl der italienischen und vor allem chinesischen Lokale hat in den letzten Jahren deutlich zugenommen. Ein kulinarisches Plus ist der Hauch Exotik, der sich in Kenia bei der Zubereitung ihrer traditionellen Nudel-, Fleisch- oder Fischgerichte bemerkbar macht.

Doch auch die zweifelhaften Segnungen amerikanischer Systemgastronomie haben vor Kenia nicht haltgemacht: Ob Hamburger, Hühnchenteile oder Pommes Frites – sowohl in Nairobi wie in Mombasa sind sie zu haben.

Die Getränkekarten der Bars, Restaurants und Hotels bieten eine große Auswahl. Die kenianischen Biere *Tusker*, *White Cup* oder *Pilsener* erfreuen sich bei Einheimischen wie bei Urlaubern großer Beliebtheit. Der Bierpreis ist, wie der für Soft-Drinks, staatlich festgelegt und auch in exklusiven Restaurants entsprechend niedrig. Selbstgebrautes Bier *Pombe* und *Changa'a*, aus Mais, Hirse oder Bananen gebraut, sollte man nicht probieren, da auch eine Methylalkoholvariante im Umlauf ist, die das Leben kosten kann.

Wein stammt zum großen Teil aus Südafrika oder anderen Ländern. Am Naivasha-See wird Wein angebaut, der durchaus trinkbar ist, was man vom an der Küste produzierten vergorenen Palmwein allerdings nicht immer behaupten kann. Der Zuckerrohrschnaps *Kenya Cane* ist preiswert und trinkbar; Importspirituosen sind relativ teuer.

RELIGIONEN

In Kenia leben Christen (ca. 78 %), Moslems (10 %), Hindus (ca. 1 %), Bahai (1 %), Sikhs und Anhänger der Naturreligionen (10 %) ohne große Konflikte oder Diskriminierungen miteinander. Allerdings sind die überwiegend im frühen 20. Jh. eingewanderten indischstämmigen Hindus wirtschaftlich erfolgreicher als andere Gruppen.

Geschichtlich bedingt verteilen sich die Religionsgruppen nicht gleichmäßig über das Land, sondern sind an der Küste und im Landesinneren unterschiedlich stark vertreten. In Zentralkenia findet man hauptsächlich Christen und Anhänger animistischer Riten, während die Küste und die Nordost-Provinz islamisch sind. Dort leben auch die meisten Kenianer arabischen und indischen Ursprungs.

Die Islamisierung der Küstenregion nahm mit der Einwanderung moslemischer Araber im 8. Jh. ihren Anfang. Erst im 19. Jh. breitete sich der Islam dann im Gefolge von Sklavenjägern und Händlern auch im Landesinneren aus, wo er jedoch nie große Bedeutung erlangte, zumal dort damals die Christen begannen, intensiv zu missionieren.

Die meisten der an der Küste ansässigen afrikanischen Moslems gehören der Sunna an, während die aus Asien eingewanderten Moslems überwiegend den Schiiten zuzurechnen sind.

Etwa 5000 Kenianer sind Ismailiten – sehr wenige, die aber durch die *Aga Khan Foundation* großen Einfluss haben. Ihr Führer ist der Imam der Ismailiten, Karim Aga Khan IV., ein Nachfahre des Propheten Mohammed. Von der *Aga Khan Foundation* wurden Schulen erbaut, Krankenhäuser gegründet und Wohnungen erstellt.

Die islamische Lebensweise zeigt sich am deutlichsten im Archipel Lamu. Dort wird nicht nur das Alkoholverbot streng eingehalten (auch wenn es Bars und Hotels gibt, die alkoholische Getränke ausschenken), auch die Kleidung orientiert sich am Koran. Die Frauen sind außerhalb des Hauses in ihre traditionellen schwarzen *buibuis* gehüllt; die Männer, zumindest die älteren, tragen noch die bodenlangen hemdartigen Gewänder, die *kanzus*, und auf dem Kopf ein kleines Käppchen, die *kofia*. Lamu ist berühmt für seine Feierlichkeiten zum Geburtstag des Propheten, dem *Maulidi al-Nabi*. Die neue Verfassung von 2010 soll das Islamische Recht *(sharia)* stärker berücksichtigen. 2016 wurde das Kopftuchverbot an Schulen aufgehoben; nur Stunden später überfielen jedoch drei vollverschleierte Frauen mit Messern und Sprengstoffgürteln eine Polizeistation in Mombasa.

Die Mehrheit der ca. 45 Millionen Kenianer sind Angehörige christlicher Kirchen und Sekten. Die größte Gruppe bilden die Katholiken (33 %), daneben gibt es Presbyterianer, Baptisten, Anglikaner, Methodisten, Quäker und andere – zusammen erreichen diese protestantischen Untergruppen 45 %. Das ist dem Wirken der Missionare zu verdanken, die seit dem 19. Jh. ins Land kamen. Sie gründeten Schulen und Krankenhäuser, bis heute gibt es von Orden finanzierte Missionsstationen. In der abgelegenen Turkana-Region ist die Mission North Horr die einzige Möglichkeit für Kinder, zu Schulbildung zu kommen. Die Nomadenfamilien lassen ihren Nachwuchs oft in der Obhut der Missionare. Immer wieder ist eines der Kinder so gut, dass es auf eine weiterführende Schule in einem der größeren Orte gehen kann.

Auch wenn der sonntägliche Kirchenbesuch eine feste Institution im Leben der meisten kenianischen Christen darstellt, spielt andererseits der afrikanische Ahnenkult bei ihnen auch heute noch eine bedeutende Rolle.

Die afrikanischen Religionen und Kulte Kenias unterscheiden sich zwar in ihren Ausprägungen, doch im Grund ähneln sie sich. Gemeinsam ist ihnen

Rechts: Schülerinnen einer wahabitisch inspirierten Koranschule.

Foto: Melih Cevdet Teksen (Shutterstock.com)

der Glaube an einen Gott, der als höchstes Wesen alles erschaffen hat. Daneben gibt es gute und böse Geister, die mit Opfern und Amuletten besänftigt werden müssen. Eine große Rolle spielt die Natur: So gelten oft Bäume oder Berge als heilige Orte, die nur zu bestimmten Zeiten von bestimmten Personen berührt oder betreten werden dürfen. Eine herausragende Stellung nehmen die Ahnen ein. Mit ihnen tritt man mittels verschiedener Medien in Kontakt und bittet sie um Hilfe. Medium kann ein Medizinmann sein oder einer der Ältesten aus dem Familienverband. Das Wohlwollen der Ahnen gehört für viele Schwarzafrikaner zu den wichtigsten Lebenshilfen.

Dem Medizinmann kommt in den Stämmen und im Leben der Dorfverbände traditionell eine große Bedeutung zu. In erster Linie ist er ein Heilkundiger, der seine Kenntnisse über Heilkräuter, Wurzeln und Pflanzen zum Wohle der Gemeinschaft einsetzt. Mit westlichen Augen gesehen, entsprechen seine Aufgaben am ehesten denen eines Arztes und eines Seelsorgers. Zudem ist er ein Zauberkundiger, der nicht nur mit den Ahnen, sondern auch mit Geistern in Kontakt treten kann. Seine Domäne ist die gute, die Weiße Magie, die im Kampf gegen die bösen Kräfte der Schwarzen Magie zum Einsatz kommt. So ist im magisch-animistischen Weltbild schnell jemand als Hexe oder böser Zauberer verschrien, der Unglück über Freunde und Nachbarn gebracht haben soll. Gegen einen solchen Fluch aber kann man sich nur mit Fetischen schützen, die man vom Medizinmann bekommt.

Manchem Europäer erscheinen die Naturreligionen unzeitgemäß, doch bei näherem Hinsehen wird man auch in vermeintlich fortschrittlicheren Religionen archaische Züge entdecken. Dabei ist religiöse Toleranz der Schlüssel für das friedliche Miteinander. Es bleibt zu hoffen, dass die Reislamisierung, finanziert v. a. aus Saudi-Arabien, dieses Miteinander nicht sabotiert – mehrere verheerende Islamisten-Attentate haben sich auf das Image des Islams in Kenia ungünstig ausgewirkt.

Foto: Wany0003 (Dreamstime)

SPORT

Ob Fußball oder Rugby, Basketball oder Golf, Tauchen oder Segeln, Leichtathletik oder Boxen – der sportliche Bogen in Kenia ist weit gespannt. Als Hochleistungssportler haben sich besonders kenianische Läufer in aller Welt einen Namen gemacht; der berühmte kenianische Marathon-Weltrekordler Paul Tergat gehört seit 2013 sogar dem Olympischen Kommité (IOC) an.

Bei Sportfreunden beliebt ist die „Sportsbar“. Dort trifft man sich und schaut Fußball oder z. B. Boxen an – Kenia hat schon einige Weltklasse-Faustkämpfer hervorgebracht, wie den olympischen Goldmedaillengewinner von 1988 Robert Wangila oder den Sieger der Pan African Games 2007 Suleiman Bilali – allerdings hat diesen Boxern ihr Erfolg nur kurzzeitig Glück gebracht.

Oben: Rugby wird in Kenya immer beliebter. Rechts: Kenia hat viele Weltspitzenläufer und -läuferinnen hervorgebracht – startet hier die nächste Generation kenianischer Olympiasiegerinnen?

Leichtathletik

Viele Kenianer haben durch sportliche Erfolge ihre Lebensumstände für sich und ihre Familien verbessert. Die besten Langstreckenläufer der Welt stammen aus Kenia. Auf dem Land lebt man in Großfamilien, und jedes Familienmitglied macht in der Landwirtschaft und im Haushalt mit; Wasserholen über oft weite Strecken und harte Arbeit auf entlegenen Feldern, für Europäer heutzutage untypische Tätigkeiten, gehören oft noch zum Alltag. Da Schulbusse Geld kosten, laufen schon Kinder manchmal weiter als 10 km – und nach Schulende wieder zurück.

In der Metropole Nairobi ist Laufen „in“; seit dem Jahr 2003 wird hier der Nairobi-Marathon durchgeführt. Er findet jedes Jahr statt und gehört zu der Reihe „Greatest Races on Earth“, wie der Hong Kong Marathon, der Singapore Marathon und der Mumbai Marathon. Kenia veranstaltet außer dem Nairobi-Marathon auch den – weiter unten beschriebenen – Mombasa-Marathon und

Foto: Kenya Tourist Board

zudem den „Great Lake Marathon" in Misumu.

Seit 2002 heißt der kenianische Leichtathletik-Verband „Athletics Kenya" (AK). Die Verbandsgründung geht bis ins Jahr 1952 zurück. In der britischen Kolonie gründete Sir Derek Erskine die Dachorganisation. Der Verband organisiert die in Kenia stattfindenden Wettkämpfe. Für an dieser Sportart Interessierte wurde sogar in Nairobi ein kleines Museum eingerichtet, das *Athletics Kenya Museum* (Riadha House, Uhuru Highway, neben Nyayo-Stadion). Dort wird das kenianische „Laufkulturerbe" vorgestellt und an die wichtigsten kenianischen Siege in der Laufsportgeschichte erinnert: Der Kenianer Paul Tergat lief beim Berlin-Marathon 2003 erstmals die 42,195 km unter 2 Stunden und 5 Minuten, sein Landsmann Wilson Kipsang Kiprotich durchrannte Berlin 2013 in nur 2:03:23 – beides Weltrekorde. Auch Läuferinnen wie Catherine Ndereba und Joyce Chepchumba zählen zu den weltbekannten Spitzenathletinnen dieses Sports.

Interessant ist, dass die meisten Läufer der Ethnie der Kalenjin angehören. Die Mitglieder dieses ehemals kriegerischen Stamms leben im Bereich des Rift Valley.

Nach den eigentlich recht erfolgreichen Olympischen Spielen in Rio 2016 wurde der kenianische Leichtathletikverband wegen Korruption, Vetternwirtschaft und Missmanagement nahezu aufgelöst.

Mombasa International Marathon

Der alljährliche Mombasa-Marathon, 1985 von der Severin Sea Lodge eingeführt, wird heute von Safaricom gesponsort. Er beginnt und endet beim Sunline Sports Complex. Es ist der zweitwichtigste Lauf in Afrika südlich der Sahara und hat seinen festen Platz im internationalen Marathon-Kalender. In den letzten Jahren starteten bis zu 5000 Teilnehmer, unter anderem aus der Schweiz, aus Deutschland, Holland, Frankreich, Großbritannien, Australien und den USA.

Foto: Bodo Bondzio

Die Safari-Classic-Rallye

1953 fand die Rallye anlässlich der Inthronisation Königin Elisabeths II. von Großbritannien zum ersten Mal statt, sie wurde eine der berühmtesten Wettfahrten der Welt: die Safari Rallye quer durch Kenia. 2002 fand sie zum 50. und letzten Mal statt. Heutzutage wird sie als *East African Safari Classic Rallye* fortgeführt – erlaubt sind nur bis 1974 gebaute Fahrzeuge ohne Allradantrieb und ohne Turbo, mit Straßenzulassung. Bei diesem Rennen überhaupt ins Ziel zu gelangen, ist schon ein Erfolg. Es führt die Fahrer auf einer 4500 km langen Route über die rauesten Straßen in Kenia und Tansania, durch wilden Busch und durch Savannen, über steile Hänge und durch tückische Flussbetten.

Die erste Rallye-Strecke 1953 war nur knapp 2000 km lang und hatte drei verschiedene Routen. Die Fahrer konnten sich aussuchen, ob sie in Nairobi, Kenia, Morogoro in Tansania oder Kampala in Uganda starten wollten. Erst am Ende sollten alle Fahrzeuge in Nairobi zum Ziellauf zusammentreffen. Manche Teilnehmer kamen erst 15 Minuten vor dem Start an, kein einziger hatte sich die Strecke vorher angesehen, Routenverzeichnisse wurden nicht verteilt.

Die ersten Safari-Helden blieben von den Widrigkeiten, die die Fahrer heute noch plagen, nicht verschont: Schlamm und raues Gelände ließen nur 16 von 61 Autos zum Endspurt nach Nairobi gelangen. 1955 beschloss das Rennkomitee, nur mehr einen Startpunkt zu zulassen: Nairobi. Eine weiteres Novum war, dass ein Damenteam (Mrs. M. J. Wright und Mrs. J. E. Burton) das Ziel erreichte und den Lady MacMillan Cup erhielt. Die Rallye wurde später in den internationalen Rallye-Kalender aufgenommen, terminlich auf Ostern, die regnerischste Zeit im Jahr, festgelegt und die Strecke auf kenianisches Staatsgebiet beschränkt.

Fußball

Das einst im Bereich des Fußballs so hoffnungsvoll erscheinende Kenia schwächelt seit Jahren und befindet sich nun in einer tiefen Krise. Der frühere Erfolg war insbesondere auch auf die Arbeit des deutschen Fußballlehrers Reinhard Fabisch zurückzuführen. Er trainierte die kenianische Nationalmannschaft 1987-1988, 1997-99 und 2001-02 und erreichte, zusammen mit seinem Assistenztrainer Twahir Muhiddin, in allen panafrikanischen Spielen das Finale. Danach probierte man es erneut mit internationalen Trainern.

Ein Problem stellt der kenianische Fußballverband dar – Korruption, zuwenig Geld mangels Sponsoren, fehlgeleitete FIFA-(Fußballweltverband)-Gelder und Einmischung durch die Regierung: Assistenztrainer Muhiddin trainierte alleine die Nationalmannschaft, bis man

Oben: Die Safari Classic Rallye strapaziert die Fahrer ebenso wie das Material (hier: ein Peugeot 504 von 1974). Rechts: Der Nachwuchs trainiert in den Gassen von Mombasa.

Foto: Naeemebrahimjee (Dreamstime)

ihm 2008 Francis Kimanzi vor die Nase setzte, und 2009 den Deutschen Antoine Hey. Ab 2010 war Muhiddin wieder Nationaltrainer. Seit 2011 heißt der kenianische Verband zwar „FKF" (Football Kenya Federation), die Probleme blieben jedoch. 2013 übernahm der Algerier Abdel Amrouche, 2018 Sébastien Migné das Trainieren der Nationalelf.

Ein „Profi"-Fußballer der 1. Liga verdient in Kenia etwa 200 Euro monatlich. Deshalb spielen rund 20 der besten Spieler im Ausland. McDonald Mariga Wanyama spielte schon bei Inter Mailand und Dennis Oliech erst beim AJ Auxerre in der ersten französischen Liga, später beim korsischen AC Ajaccio. Oliech hat seine Stürmerkarriere in Nairobi bei *Mathare United*, dem Profiteam aus dem Slumprojekt Mathare Youth Sports Association begonnen. McDonald Marigas Bruder Victor Wanyama schaffte es bis ins Team von Tottenham Hotspur in England und hatte zeitweise einen Marktwert von 30 Mio. Euro.

In Kenia fand in der Vergangenheit ein Football-for-Hope-Workshop statt, zu dem Teilnehmer aus ganz Afrika kamen. Ziel: Entwicklung durch Fussball. Breitenfussball-Organisationen von Südafrika bis Mali fanden sich ein, um über Themen zu diskutieren, die für die Grundwerte von Football for Hope – einer Initiative der FIFA, die die Anziehungskraft des Fussballs für nachhaltige soziale Entwicklung einsetzt – wesentlich sind. Ziel war das Lernen durch Austausch und Themen wie Erstellung von Aktionsplänen, Aufsicht und Evaluierung, gemeinnütziges Engagement, Kommunikation, Fundraising und Einkommensschaffung.

Mit dem Ziel, eine Plattform für positive Entwicklung zu schaffen, trafen sich die FIFA, Streetfootballworld und Comic Relief mit fussballnahen Aktionsgruppen wie den WhizzKids aus Südafrika, Play Soccer Ghana oder Special Olympics Namibia. Insgesamt waren zehn afrikanische Organisationen bei dem Workshop vertreten. Löblich ist, dass diese Veranstaltung der FIFA in Kenia stattfand, wo dringender Bedarf für derartige Maßnahmen besteht.

Foto: Djembe (Dreamstime)

ENTWICKLUNGSLAND KENIA

Im Vergleich mit vielen anderen afrikanischen Staaten kann Kenia als fortschrittlich gelten. Trotzdem sind seine wirtschaftlichen und sozialen Probleme gewaltig. Die Folgen des Kolonialismus, Massenarbeitslosigkeit, ein Bevölkerungszuwachs von drei Prozent pro Jahr (4,9 Kinder pro Frau) und immer wiederkehrende Dürreperioden sind nur einige der Gründe.

Bis heute leben drei Viertel der kenianischen Bevölkerung auf dem Land, doch nur ein Viertel des gesamten kenianischen Staatsgebiets ist landwirtschaftlich nutzbarer Boden. Das wichtigste Grundnahrungsmittel ist Mais, der überwiegend für den Eigenbedarf angebaut wird. Die wichtigsten Devisen bringenden Anbauprodukte sind Schnittblumen, Kaffee und Tee, Gemüse und Früchte. Daneben spielen Rinder- und Schafzucht eine bedeutende Rolle. Gewinnbringend können vor allem Großbetriebe arbeiten, doch sie sind die Ausnahme. Zwar wurde nach der Unabhängigkeit eine große Land- und Bodenreform eingeleitet, in deren Rahmen den afrikanischen Bauern und Viehzüchtern Agrarland zugeteilt wurde, doch die meisten der zugeteilten Parzellen sind zu klein, um ihre Besitzer zu ernähren. Die Erträge reichen kaum für den Eigenbedarf einer Familie. Die Gewinne, die in fortschrittlichere Anbaumethoden investiert werden könnten, werden nur bei außergewöhnlich guten Ernten erwirtschaftet.

Alle Hoffnung richtet sich nun auf große, teure Bewässerungsprojekte, wie etwa am Turkwell- und Kerio-Fluss. Doch bisher hielten die Landwirtschaftsprogramme der Regierung nur teilweise, was sie versprachen.

Absehbar ist bereits, dass die Zuwachsrate der Landwirtschaft nicht mit der der Bevölkerung Schritt halten kann. Kenias Einwohnerzahl hat sich

Oben: Das Bevölkerungswachstum ist Kenias größtes Problem. Rechts: Schnittblumen sind Kenias zweitgrößter Devisenbringer (Rosenfarm am Naivasha-See).

Foto: Franco Cappellari (Kenya Tourist Board)

seit der Unabhängigkeit mehr als verdreifacht (über 45 Mio.). Schon heute sind 43 % der Kenianer jünger als 15 Jahre. Für sie müssen Schulen gebaut, Ausbildungs- und Arbeitsplätze geschaffen werden.

Noch immer gibt es in Kenia einen beträchtlichen Prozentsatz von Analphabeten, vor allem natürlich unter der ländlichen erwachsenen Bevölkerung. Doch für arme kinderreiche Familien ist es auch heute oft noch eine große finanzielle Belastung, ihre Kinder in die Schule zu schicken. Zwar herrscht zumindest an der Grundschule Schulgeldfreiheit, doch Lehrmaterial und Schuluniform müssen gekauft werden.

Die schlechten Zukunftsaussichten auf dem Land treiben viele in der Hoffnung auf besseren Verdienst in die Städte, wo bereits 33 % der Kenianer leben. Doch auch dort erwartet sie meist Arbeitslosigkeit und Armut. Als Folge dieser Situation verzeichnen gerade die großen Städte Nairobi und Mombasa ein erschreckendes Maß an Kriminalität und Prostitution. 8 % der Bevölkerung sind HIV-positiv. Lebenserwartung: 56,6 Jahre. Das krasse soziale Gefälle – die Hälfte der Bevölkerung lebt an der Armutsgrenze – wird gerade dort, wo auch Geschäftsleute und Touristen die Straßen bevölkern, überdeutlich.

Es müssen Arbeitsplätze geschaffen und neue Wirtschaftszweige erschlossen werden, um kenianische Produkte auf dem Weltmarkt konkurrenzfähig zu machen und so die nötigen Devisen ins Land zu bringen. Im Norden (Turkana) wird neuerdings Erdöl gefördert; ein großes Geothermiekraftwerk ist bereits im Hell's-Gate-Nationalpark in Betrieb. Für Strom aus Erdwärme hat Kenia im Rift Valley ein enormes Potential.

Die wichtigsten Industriezweige sind neben der Zement-, Sisal- und Sodaproduktion die Textil- und Düngemittelherstellung. Zahlreiche große Industriebetriebe sind allerdings im Besitz ausländischer Firmen. Kenias wichtigster Handelspartner ist traditionell Großbritannien, dahinter rangieren die Emirate, Japan, Deutschland und die USA; der größte Investor ist derzeit China.

Kenias Hauptdevisenbringer ist der Tourismus, der in den 1980ern einen enormen Aufschwung nahm. Es entstanden viele Arbeitsplätze, doch so positiv, wie die Statistiken die wirtschaftliche Funktion des internationalen Fremdenverkehrs zeichnen, ist sie nicht. Denn einzukalkulieren sind auch die enormen Reinvestitionen in die Tourismusinfrastruktur – angefangen bei der Errichtung und Erhaltung von Hotels und touristischen Einrichtungen bis hin zum Ausbau des touristischen Verkehrsnetzes. Die Besucherzahlen überschreiten eine Million pro Jahr. Doch der Tourismus ist krisenanfällig: Der Islamistenanschlag in Nairobi 1998 und das Attentat auf ein israelisches Hotel in Mombasa 2002 führten zu einem Rückgang der Touristenzahlen. Nach den politisch motivierten Ausschreitungen Anfang 2008 erlitt der Tourismus einen weiteren Einbruch. 2013 folgte der „Westgate-Terror", zum Jahreswechsel 2014 machten Anschläge in Mombasa international Schlagzeilen, und 2015 töteten somalische Islamisten 148 Studenten der christlichen Garissa-Universität. Mittlerweile hat sich die Sicherheitslage stabilisiert. Einkaufszentren, Hotels und Flughäfen habe die Sicherheitsvorkehrungen verstärkt.

Den vielfältigen Problemen steht man in Kenia nicht tatenlos gegenüber; allein und mit Hilfe ausländischer Unterstützung versucht man, die wirtschaftliche und soziale Lage zu verbessern. Dazu gehören Agrar, Umwelt- und Familienplanungsprogramme. Die Initiative Einzelner ist dabei oft so erfolgreich wie die staatlicher Träger. Etliche Entwicklungsprojekte sind der *Aga Khan Foundation*, der Hilfsorganisation der ismailitischen Moslems, zu verdanken. Sie finanziert Gesundheitsprogramme, Brunnenbau, Kindergärten und Schulen oder praktische Erwachsenenbildung.

Rechts: Wangari Maathai, kenianische Friedensnobelpreisträgerin, bei der Signierung von Büchern in New York.

Einen Baum pflanzen

Das vielleicht größte Umweltproblem Kenias ist die zunehmende Desertifikation. Gab es früher große Waldgebiete, so ließen die Ausdehnung der Landwirtschaft und der steigende Holzbedarf den Bestand innerhalb von 50 Jahren von über 30 Prozent auf drei Prozent der Fläche des Landes schwinden. Holz ist auch heute noch der wichtigste Energielieferant für große Teile der kenianischen Bevölkerung.

Doch mittlerweile ist man sich bewusst, dass das Abholzen der Waldflächen die ökologische Katastrophe programmiert. Und schon heute sind 25 Prozent des Landes Halbwüste.

Eine der erfolgreichsten Kampagnen zur Rettung des Baumbestandes ist die „Grüngürtel-Bewegung" (*Green Belt Movement)* der Biologieprofessorin Wangari Maathai, die 2005 den Friedensnobelpreis erhielt und 2011 starb. Das von der Regierung unterstützte Projekt ruft jeden Kenianer dazu auf, einen Baum zu pflanzen und für dessen Bewässerung zu sorgen.

Die Bäume sind seit langem auch das Anliegen der Pfarrersfamilie Kanake, die auf ihrer Farm im Meru-Hügelland eine florierende Baumschule betreibt.

Das Musterbeispiel für Wiederaufforstung ist dem Schweizer René Haller gelungen: 10 km nördlich von Mombasa steht die größte Zementfabrik Afrikas (Bamburi), für die Korallenkalkstein abgebaut wird; zurück bleibt eine trostlose Steinwüste. 1971 begann Haller sein Projekt: Er pflanzte bis heute etwa eine Million Kasuarinen ein, die einzige Baumart, die in dem nährstoffarmen Boden überleben konnte. Tausendfüßler, die er dort aussetzte, verwandelten die abgefallenen Nadeln in eine Humusschicht, die Träger für neue Pflanzenarten wurde. Haller siedelte in seinem grünen Paradies zahlreiche Tierarten (u.a. Riesenschildkröten) an, die das Ökosystem im Gleichgewicht halten sollen.

Foto: Juliana Thomas

veneratio (Fotolia)

Sonnenuntergang in der Savanne

Foto: Mark Eaton (Dreamstime)

GESCHICHTE UND KULTUR

GESCHICHTE KENIAS

So abwechslungsreich wie seine Landschaft, so abwechslungsreich ist auch die Geschichte Kenias. Die ursprüngliche Bevölkerung dieses Teils von Ostafrika, der heute Kenia heißt, beeinflusste den Gang der Geschichte ebenso wie die verschiedenen Einwanderungswellen aus Europa, Asien und aus anderen Ländern Afrikas.

Kenias Geschichte und Kultur beginnen in prähistorischen Zeiten. Archäologische und paläoanthropologische Funde auf Rusinga Island im Viktoria-See, bei Fort Ternan und am Turkana-See legen nahe, dass in Ostafrika die vieldiskutierte „Wiege der Menschheit“ stand. Denn hier fanden Forscher Belege für alle wichtigen Entwicklungsstufen des Menschen – vom Urmenschen bis zum *Homo sapiens*. Einer der bedeutendsten Fundplätze ist das Gebiet des Turkana-Sees, wo man Steinwerkzeuge und Skelettreste mit einem Alter von über zwei Millionen Jahren entdeckte.

Die Entwicklung des prähistorischen Menschen und seiner Kultur in Ostafrika lässt sich in die großen Epochen Steinzeit, Jungsteinzeit und Eisenzeit unterteilen.

Früheste Funde in Koobi Fora

Die Steinzeit begann in Kenia vor rund zwei Millionen Jahren und wurde vor etwa 10 000 Jahren von der Jungsteinzeit abgelöst. Vor etwa 2000 Jahren setzte dann die Eisenzeit ein, die im Landesinneren wohl erst mit der Kolonialisierung Ostafrikas im 19. Jh. endete.

Die Steinzeit lässt sich noch einmal in die Großabschnitte Alt- und Mittelsteinzeit und diese wiederum in verschiedene Einzelperioden unterteilen. Die früheste Phase der Altsteinzeit, das Altpaläolithikum, ist in erster Linie durch Werkzeuge aus handgroßen Kieseln und Steinklötzen gekennzeichnet. Die ältesten Zeugnisse dafür stammen aus Koobi Fora, östlich vom Turkana-See; ihr Alter liegt bei etwa zwei Millionen Jahren. Die zweite Phase, das sogenannte Jungpaläolithikum, beginnt vor ungefähr einer Million Jahren. Charakteristisch dafür sind beidseitig bearbeitete Werkzeuge, wie man sie unter anderem bei Olorgesailie in der Nähe des Magadi-Sees und in Kariandusi am Elementeita-See ausgegraben hat. Die Archäologen haben dort ihre Funde *in situ*, das heißt an den originalen Fundplätzen, belassen, so dass die heute für jedermann zugänglichen Ausgrabungsstätten überaus interessante Freilichtmuseen geworden sind.

Die mittlere Steinzeit ist gekennzeichnet durch das Aufkommen verbesserter Methoden zur Herstellung von Steinwerkzeugen. Das erlaubte die Fertigung von kleineren, ausgeformteren und verfeinerten Stücken. Vor etwa 15 000 Jahren verbreiteten sich noch entwickeltere Techniken und Methoden der Werkzeugherstellung, die das Einsetzen der Endphase der Steinzeit andeuten. Hier herrschen verschiedene Formen sehr kleiner Steinwerkzeuge vor, die in der Fachsprache Mikrolithe heißen. Charakteristisch ist eine kleine Sichel mit einer scharfen Schnittfläche. Daneben gibt es auch Ahlen zum Nähen sowie spezielle Schab- und Ritzwerkzeuge.

Für die Menschheitsgeschichte von größter Bedeutung ist die Periode der Jungsteinzeit. Im Lauf dieser Epoche nämlich begannen die alten Jäger- und Sammlerkulturen gezielt damit, Tiere zu domestizieren und Ackerbau zu treiben. Und das bedeutete nicht weniger als den umwälzenden Schritt vom Jäger- und Sammlerdasein zur Hirten- und Bauernkultur, der letztlich Voraussetzung für alle späteren Entwicklungsschritte war. Zwar gibt es in Kenia für die früheste Phase der Jung-

Links: Fort Jesus, Mombasa.

Foto: Birger Meierjohann

steinzeit keine direkten Beweise für die Existenz Ackerbau treibender Völker, um so mehr jedoch für die Existenz von Hirtenstämmen.

Funde von Tierknochen belegen, dass Rind, Schaf und Ziege bereits zu den domestizierten Arten gehörten. Zu den Werkzeugen und Geräten, die man in Gebrauch hatte, zählen: geschliffene Steinklingen für Äxte verschiedener Machart, Mikrolithe und andere Steinwerkzeuge, Mahlsteine, steinerne Schüsseln und Flachteller, Töpferwaren, Holzgefäße und Perlen aus Knochen, Kieseln und Kernen. Die Keramik weist verschiedene Formen und Größen auf. Auch die angewandte Dekorationstechnik variiert stark, wobei man eine Stichel- und einfache Stempeltechnik bevorzugte.

Oben: Dieser am Ostufer des Turkana-Sees ausgegrabene Schädel belegt die Existenz des Urmenschen Homo habilis in Ostafrika vor mehr als zwei Millionen Jahren (Kenya National Museum, Nairobi). Rechts: Aus der Frühgeschichte stammen auch diese Felsenzeichnungen.

Die Eisenzeit

Die Eisenzeit ist das Zeitalter, das durch den neuen Werkstoff Eisen und seinen Einsatz in der Werkzeug- und Waffentechnik geprägt ist. Da Eisen im Lauf der Zeit korrodiert, finden Archäologen selten gut erhaltene Eisengegenstände. Den Beweis für die Techniken der Eisenverarbeitung liefern Eisenschlacken und Funde spezieller Rohre für die Blasebalgschnäbel. Daneben kamen vereinzelt Eisenwerkzeuge zutage, häufiger sind aber auch für diese Zeit Artefakte aus Stein, Keramik, Perlen sowie Schafs-, Ziegen- und Rinderknochen. Die bedeutendste Fundgruppe stellt die Keramik dar, die eine chronologische Feindatierung dieser Ära erlaubt.

Die frühe Eisenzeit ist durch Töpferware gekennzeichnet, die mit feinen Einstichen und Rillen dekoriert ist, die Vertiefungen, Erhebungen und unten abgerundete Dreiecke bilden. Eine zweite Gruppe eisenzeitlicher Keramik, vom dem Ende des ersten nachchristlichen Jahrtausends, stammt aus-

Foto: Freelance Press

schließlich vom Turkwell-Becken. Dort verzierte man die Gefäße mit Rillen. In Zentralkenia gibt es eine dritte Gruppe, deren Gefäße in einer einfachen Stempeltechnik bearbeitet sind.

Moslemische Einwanderer

Die nicht-afrikanischen Volksgruppen Kenias treten zum ersten Mal mit den Arabern im 7. Jh. n. Chr. in Erscheinung – zunächst nur als Auswirkung der Handelsverbindungen zwischen der ostafrikanischen Küste und dem Orient. Doch der Aufstieg des Islams und Unruhen in Ländern wie Oman, Iran oder Syrien führten schließlich zu einer großen Auswanderungsbewegung, die die Orientalen scharenweise in die Küstengebiete Ostafrikas führte.

Eine Immigration muslimischer Araber in die Küstenregion lässt sich bereits für das 8. Jh. n. Chr. nachweisen. Deren Vermischung mit der afrikanischen Bevölkerung führte zur Orientalisierung der Suaheli-Volksgruppen. Der Handel zwischen Ostafrika und dem Nahen und Fernen Osten erfuhr nun einen großen Aufschwung: Als im 15. Jh. n. Chr. die ersten christlichen Seefahrer – Portugiesen – die Küste erkundeten, hatten die muslimischen Handelshäfen bereits eine 300jährige Blüte hinter sich, von der noch Moscheen und die ersten Steinhäuser und Hafenstädte an der ostafrikanischen Küste zeugen.

Seit Ende des 19. Jahrhunderts – im Zuge der Erforschung Afrikas, seiner Missionierung und Kolonialisierung – kamen zahlreiche Angehörige anderer Nationen, anfangs einige Deutsche, dann vorwiegend Engländer, Inder und Pakistaner ins Land.

Suaheli- und Azani-Kultur

Die Handelsbeziehungen der Küstenbewohner zur islamischen Welt und anderen orientalischen Völkern wie Chinesen, Indern oder Indonesiern prägten eine Zivilisation mit ganz eigenen Zügen: die Suaheli-Kultur, deren geistiger Mittelpunkt das islamische Weltbild ist. Charakteristisch für die Suaheli-

Foto: AlexanderXXI (iStockphoto.com)

Architektur in Kenia sind Bauten aus Korallenstein mit ihren unverkennbaren *makuti*-Dächern aus Palmwedeln.

Die Handelszentren der Suaheli lagen über die gesamte Küstenlinie verstreut, wo sie sich zu kleinen Stadtstaaten entwickelten. Über 20 Küstenstädte existierten unabhängig voneinander, auch wenn sie immer wieder neue Bündnisse eingingen, die heute diese, morgen jene Stadt zum Mittelpunkt werden ließen. So galten im Lauf der Geschichte abwechselnd Pate, Lamu oder Faza als stärkste Stadt der Ostküste.

Die Einwohner dieser Stadtstaaten stellten Töpferwaren her, bearbeiteten Eisen und schufen bautechnische Meisterwerke wie etwa in Manda, wo man eine Mauer aus monolithischen Korallenblöcken errichtete, von denen jeder einzelne mehr als eine Tonne wiegt.

Während des 11. Jahrhunderts gab es im Lamu-Archipel eine florierende Eisenhütte, war doch Eisen eines der wichtigsten Handelsgüter. An der Küste entstanden in jener Zeit immer neue arabische Ansiedlungen, so dass die Suaheli-Kultur zunehmend in den islamischen Einflussbereich geriet.

Parallel zur Blüte der Suaheli-Kultur entwickelte sich im Inneren Kenias die sogenannte Azani-Kultur. Sie ging vollkommen andere Wege, war von ganz und gar afrikanischer Prägung. Zu ihren bis heute erhaltenen Zeugnissen gehören Steinpaläste und monumentale Befestigungen. Archäologen haben Spuren von Steinmauern gefunden, Bodenvertiefungen, die so genannten Sirikwa-Löcher, außerdem Ruinen von Steinhäusern, uralte Bewässerungssysteme und Indizien für Terrassenanbau.

Das Verbreitungsgebiet der Azani-Kultur umfasste große Teile des kenianischen Binnenlandes, vor allem das Rift Valley und das westliche Hochland. Einige ihrer späteren Merkmale finden sich spurenweise südlich von Kisumu und unter den Bukusu in den entlegeneren Teilen Westkenias. Dort gibt es

Oben: In der Ruinenstadt Gedi – Gebetsnische (Mihrab) der Großen Moschee. Rechts: Strenggläubige Musliminnen auf Lamu verschleiern sich.

Foto: Bodo Bondzio

die Bukusu-Forts, die ganz deutlich den Einfluss der Azani-Kultur verraten.

Die Portugiesen kommen

Als erste Europäer kamen Portugiesen an die kenianische Küste und bewirkten in der Folge den Niedergang der Suaheli-Herrschaft. Der berühmte Entdecker und Seefahrer Vasco da Gama landete 1498 auf der Suche nach dem Seeweg nach Indien mit seiner Flotte in Malindi. Viele weitere Portugiesen folgten ihm. Angelockt von den Reichtümern der ostafrikanischen Küste, umsegelten sie die Südspitze Afrikas, plünderten hemmungslos die wohlhabenden Stadtstaaten und kontrollierten schließlich für 200 Jahre deren Politik.

Einer der erfolgreichsten Portugiesen war Francisco d'Almeida, der 1505 mit 23 Schiffen gegen Mombasa zog und die Stadt in einem blutigen Gefecht unterwarf. Die benachbarte Stadt Malindi verhielt sich diplomatisch. Getreu ihrem Motto „Die Feinde Mombasas sind die Freunde Malindis" nahm sie die Portugiesen freundlich auf.

Wirtschaftlich ging es mit den Küstenstädten unter der portugiesischen Herrschaft bergab. Den ehedem florierenden Handel mit den arabischen Ländern rissen die Portugiesen an sich und leiteten ihn über Portugal nach Europa um. Jeder Widerstand der einheimischen Bevölkerung wurde rücksichtslos unterdrückt. Mombasa, wo seit 1593 Fort Jesus gegnerischen Angriffen trotzte, wurde zu einem der bedeutendsten Stützpunkte der Portugiesen an der Küste Ostafrikas.

Neue arabische Herren an der Küste

Wiederkehrende kriegerische Angriffe durch Eingeborene schwächten die Position der Portugiesen ebenso wie Seuchen und Versorgungsschwierigkeiten. Als sich 1696 das ebenfalls von den Portugiesen dominierte Sultanat von Oman mit den lokalen Herrschern Mombasas zu einem Aufstand verbündete, fiel Fort Jesus 1698 nach 15-monatiger Belagerung. Nun war die Sieger-

Foto: Archiv für Kunst und Geschichte, Berlin

partei aus Oman tonangebend an der ostafrikanischen Küste.

Die Omani, obwohl Moslems wie die Suaheli, unterdrückten die Küstenbewohner ebenso skrupellos wie ihre Vorgänger. Nach einer Phase der Kooperation wuchs die Abneigung gegen sie, es kam zu Aufständen. Aber die Omani behielten die Macht. 1828 verlegten sie ihre Hauptstadt nach Sansibar und trieben den Binnenhandel voran: Anfangs mit Elfenbein, später mit Sklaven, was noch lukrativer war. 1836 waren muslimische Händler aus Sansibar schon bis zum Kikuyu-Gebiet vorgestoßen. 1854 hatten sie bereits die Grenzen des heutigen Kenia überschritten und Verbindung mit Uganda aufgenommen. Gegen Waffen und Glasperlen verkauften die schwarzen Häuptlinge ihre Untertanen an die Muslime. Bis Ende des 19. Jh. wurden Millionen afrikanische Sklaven – aus Ostafrika und Westafrika – von Europäern an den Küsten übernommen und nach Amerika, Brasilien und der Karibik verschifft.

Der Einfluss der Omani nahm zu, als die Franzosen und die Briten die Inseln Réunion, Mauritius und die Seychellen besetzten und so neue Sklavenmärkte öffneten. Das Engagement Großbritanniens im anschließenden Kampf gegen den Sklavenhandel hatte nicht nur humanitäre Gründe, sondern diente auch als Vorwand, sich an der ostafrikanischen Küste zu etablieren und die Handelsrouten des omanischen Reiches unter Kontrolle zu bekommen. Offiziell wurde die Sklaverei 1873 verboten; bis der Handel jedoch endgültig zum Erliegen kam, dauerte es noch Jahrzehnte.

So bewegt sich die Geschichte der Küste bis ins 19. Jh. darstellt, so wenig aufsehenerregend verlief das Geschehen im Inland. Völkerbewegungen spielten sich dort nur zwischen den afrikanischen Stämmen ab, die teils von Ackerbau und Viehzucht lebten, teils als Nomaden durch das Land zogen.

Oben: Sklavenhandel, einträgliches Geschäft der Omani im 19. Jh. Rechts: Die erste Eisenbahnlinie wurde in Kenia 1896 gebaut, diese Dampflok 1955 in Glasgow.

Foto: Freelance Press

Entdeckungsreisende

Das unerforschte Innere Afrikas lockte im 19. Jh. deutsche und britische Missionare, Entdecker, Händler und Wissenschaftler nach Ostafrika. Die Deutschen Missionare Krapf und Rebmann (der Schwabe Krapf gilt als Begründer der Anglikanischen Kirche in Kenia) berichteten vom schneebedeckten Kilimandscharo; die Engländer Burton und Speke drangen zum Tanganjika-See vor. Speke schaffte es danach ohne seinen Partner bis zum Viktoria-See; der Schotte Thomson bereiste das Masai-Land, Graf Teleki erreichte einen großen See im Norden, den er nach dem österreichischen Kronprinzen Rudolf-See (heute Turkana-See) nannte. Das Wissen, das sie über Kenia zusammentrugen, legte den Grundstein für die spätere Kolonialisierung. Auch die Missionare brachten nicht nur Positives in den Schwarzen Kontinent. Überzeugt davon, dass die europäische Lebens- und Religionsform das einzig Richtige sei, veränderten sie bestehende soziale Gefüge. Parallel dazu gab es die Aktivitäten deutscher und britischer Handelsgesellschaften, die vor Ort Verträge mit den Häuptlingen abschlossen, die die Basis für die territorialen Ansprüche ihrer jeweiligen Heimatländer bildeten. So gründete Carl Peters („Hänge-Peters") die Deutsch-Ostafrikanische Gesellschaft und brachte die Häuptlinge mit dubiosen Methoden zum Abschluss sogenannter Schutzverträge.

Spielball der Kolonialmächte

Die Besitzansprüche Großbritanniens und Deutschlands lösten beträchtliche diplomatische Aktivitäten aus. Großbritannien sicherte sich 1890 durch den Helgoland-Vertrag die Herrschaft über Sansibar, Kenia und Uganda. Die Deutschen erhielten im Gegenzug das seit 1807 von den Briten besetzte (für Kaiser Wilhelms Flotte strategisch wertvolle) Helgoland und das heutige Tansania, mussten aber das deutsche Schutzgebiet Wituland nördlich von Mombasa aufgeben. Briten und Deutsche besaßen somit je einen der beiden afrikanischen Schneegipfel: Königin Viktoria den Mount Kenya und ihr Enkel Kaiser Wilhelm dank eines Extra-Knicks bei der Grenzziehung den Kilimandscharo. Die damaligen Grenzen bestehen bis heute.

Eisenbahnbau im Reich der Löwen

Anfangs regierten die Briten ihr neues Protektorat *British East Africa* von Sansibar aus. Doch faktisch überließen sie die Verwaltung zunächst der *Imperial British East African Company*, die auch die Steuern einzog. Handelsposten wurden errichtet, die die Ausbeutung der wirtschaftlichen Ressourcen ermöglichen sollten. In Uganda winkten hohe Gewinne durch den Elfenbeinhandel.

Das Hauptproblem war der Transport vom Hinterland zur Küste. Eine Eisenbahnstrecke sollte zunächst Mombasa mit Port Florence (heute Kisumu) verbinden. Die Arbeiten begannen 1896. Diese Bahnlinie, die später nach Uganda verlängert wurde, sollte die Transportkosten ins Landesinnere senken und zur Entwicklung der Plantagenwirtschaft beitragen. Mit der Eisenbahn kamen auch Telegraf und Telefon ins Land. Der Bau der Eisenbahn durch das unwegsame Ostafrika war mit vielen Schwierigkeiten verbunden, seien es die steilen Hänge des Rift Valley, menschenfressende Löwen oder Seuchen und Überfälle. Die meisten der 32 000 Arbeiter kamen aus Indien, die ansässige Bevölkerung zog wenig Nutzen aus dem gigantischen Projekt.

Die enormen Kosten des Eisenbahnbaus mussten sich bezahlt machen. Deshalb warb man nun für das zuvor unzugängliche Hochland als neues Siedlungs- und Farmgebiet. In der Folge strömten Einwanderer aus Südafrika, Großbritannien und anderen europäischen Ländern nach Kenia. Die meisten wurden Landwirte und eigneten sich im Hochland um Nanguki riesige Ländereien an. *White Highlands*, „Weißes Hochland", nannten sie das fruchtbare Gebiet, das lange den Weißen vorbehalten bleiben sollten.

Weiße Landnahme

Die weißen Siedler begnügten sich bei der Landnahme für ihre Farmen nicht mit unbewohnten Gegenden. Rücksichtslos wurde die afrikanische Bevölkerung vertrieben. Für viele blieb als Ausweg nur, auf den Farmen der Weißen zu arbeiten. Die militärische Überlegenheit der Europäer ließ der einheimischen Bevölkerung kaum eine Chance. Die weißen Kolonialisten profitierten: Billige Arbeitskräfte gab es reichlich, die Kolonialregierung war immer bereit, mit Zuschüssen auszuhelfen; mahnende Stimmen aus Europa bezüglich der Ausbeutung der afrikanischen Bevölkerung verklangen ungehört.

Der politische Anführer der Siedler war der legendäre Lord Delamere, der, auch wenn es um ausschweifende Feste ging, immer in der ersten Reihe seiner „Kenya Cowboys" stand. Aber nicht nur Farmer kamen; Jäger und Abenteurer, die von den unermesslichen Jagdrevieren und der großartigen Landschaft gehört hatten, zog Ostafrika ebenso an wie prominente Touristen, darunter US-Präsident Theodore Roosevelt 1909 oder Winston Churchill 1907.

Großbritannien verlegte die Verwaltung erst von Sansibar nach Mombasa und dann, 1907, in den früheren Eisenbahnstützpunkt Nairobi.

England gegen Deutschland

Als der 1. Weltkrieg ausbrach, blieb das in Ostafrika nicht ohne Folgen: Die Briten und die Deutschen hatten hier eine gemeinsame Grenze, die eine Konfrontation unvermeidlich machte. Der Patriotismus der Briten ließ viele Siedler zu den Waffen greifen. Auf als Zebras getarnten Ponys zogen sie mit indischen Soldaten und Hunderttausenden

Rechts: Safari im Stil des frühen 20. Jahrhunderts (Cottar's, Masai Mara).

Foto: Stephane Frances (Onlyworld / SIME / Schapowalow)

afrikanischen Trägern südwärts, ins heutige Tansania, gegen die Deutschen und deren relativ kleine Schar einheimischer Askari-Soldaten, die jedoch keine große Logistik benötigte. Deren Kommandeur Paul von Lettow-Vorbeck gelang es mit Guerillataktik, den weit überlegenen britischen Gegner bis zum Kriegsende erfolgreich zu narren.

Nach dem 1. Weltkrieg bauten die weißen Siedler ihre Position aus. So wurden die Rechte auf ihre Ländereien von 99 auf 999 Jahre verlängert. Weiterer Zuzug britischer Einwanderer verschärfte die Situation. Vor allem das Land der Kikuyu wurde immer mehr von weißen Farmern besetzt. 1920 wurde Kenia britische Kronkolonie, mit Ausnahme des Küstenstreifens, der zwar im Besitz des Sultans von Sansibar blieb, jedoch als Pachtgebiet an die Briten ging.

Wirtschaftskrisen verursachten 1921 eine Lohnkürzung für die Afrikaner. Außerdem wurde ihnen der Anbau von lukrativen Exportfrüchten verboten. Auch den anderen Farbigen, wie den zahlreichen Indern, wurde verboten, in den White Highlands zu siedeln. Doch die weißen Siedler sollten ihr Ziel, die Kolonie in ein selbstverwaltetes „Weißes Kenia" zu verwandeln, nicht erreichen. 1923 beschied die britische Regierung, dass Kenia ein afrikanisches Land sei und daher die Interessen der Afrikaner an erster Stelle zu stehen hätten. Doch die Realität sah noch lange anders aus.

Der Weg in die Unabhängigkeit

Die Afrikaner reagierten nun das erste Mal in ihrer Geschichte mit einem politisch organisierten Protest. Man gründete die *Young Wakikuyu Association*, aus der die *East African Association* hervorging. Die Organisation wurde bald verboten und ihr Führer Harry Thuku verhaftet. Die Kikuyu wehrten sich als erste gegen die Kolonialpolitik, weil sie am meisten unter Landenteignung zu leiden hatten. Andere folgten.

Zwischen 1932 und 1938 entstanden überall im Land antikolonialistische Bewegungen, die für die Rückgabe des enteigneten Landes kämpften. Der Ruf nach Unabhängigkeit, in Suaheli *Uhuru*, verstummte nicht mehr. Von Anbeginn war Jomo Kenyatta einer der Führer der entstehenden Unabhängigkeitsbewegung. Er reiste 1929 erstmals mit einer Delegation nach London, um für die Interessen der Afrikaner Gehör zu finden.

Zur Verschärfung des Unabhängigkeitskampfes hatte beigetragen, dass die Briten 1914 und 19139 Afrikaner für die Weltkriege rekrutiert hatten. Die schwarzen Soldaten, die in Kenia, Äthiopien, Indien oder Burma gedient hatten, waren bei ihrer Rückkehr erfahrene Soldaten und wollten nun ihre Rechte durchsetzen. Schließlich trotzte der politische Kampf der Afrikaner den Kolonialherren Zugeständnisse ab, und so wurde 1944 Eliud Mathu als erster Afrikaner in die gesetzgebende Kammer berufen. Mathu rief 1946 die erste politische Bewegung ins Leben, die über Stammesgrenzen hinweg wirksam wurde, die *Kenya African Association* (später *Kenya African Union*, KAU). Diese Organisation forderte von der Kolonialregierung die Einstellung des *kipande*-Systems, gebührenfreie Schulen und die Erlaubnis, im Weißen Hochland zu siedeln, was London jedoch ignorierte. Zum Präsidenten der KAU wurde Jomo Kenyatta gewählt, der, nachdem er von 1931 an in England gelebt hatte, nach Kenia zurückgekehrt war.

Die schlechte soziale und wirtschaftliche Lage verbitterte viele junge Kikuyu, weshalb sie sich in Geheimbünden zusammenschlossen. Sie eröffneten einen Guerillakrieg gegen die Regierung, den „Mau-Mau-Aufstand". Obwohl die *Kenya African Union* am bewaffneten Kampf nicht teilnahm, versuchte die Kolonialverwaltung, die KAU und ihre Anhängerschaft zu diskreditieren, indem man sie in Verbindung mit den Guerillamorden an weißen Siedlern brachte.

Am 20. Oktober 1952 rief die Kolonialregierung im Auftrag des britischen Premierministers Winston Churchill den bis 1962 dauernden Notstand aus und ließ die KAU-Führer verhaften. Man verurteilte sie, auch den gemäßigten Jomo Kenyatta, zu sieben Jahren Zwangsarbeit. Es folgten Jahre der Revolte gegen die Britenherrschaft. Schreckensmeldungen über die Grausamkeit der Mau-Mau-Rebellen, die teils auch schwarze Grundbesitzer umbrachten, drangen in alle Welt. Doch die Fakten sprechen dagegen: Waren es doch 10 000 Kikuyu- und Mau-Mau-Rebellen, die ihr Leben lassen mussten, aber nur 95 Europäer. 90 000 Kikuyu wurden in Lagern interniert und 1574 gehenkt. Den Briten gelang so zwar die militärische Eindämmung der Revolte, aber unter hohen Kosten und größter Brutalität.

1956 kam die Wende: Nun waren die Briten zu Gesprächen mit den Afrikanern bereit. Der politische Kampf nahm diplomatische Formen an. Es gab Treffen mit Vertretern aller beteiligten Gruppen, wobei allen klar war, dass es darum ging, das Klima für eine Unabhängigkeitserklärung unter einer gewählten Regierung zu schaffen. Der so erarbeitete Littleton-Plan war zwar rassistisch geprägt, aber ein entscheidender Schritt zu einer afrikanischen Vertretung in der gesetzgebenden Kammer. So durften nach der Wahl von 1957 acht weitere Afrikaner ihre Landsleute parlamentarisch vertreten; darunter der junge Daniel Arap Moi, der sich um die KAU-Führer gekümmert hatte.

Den Littleton-Plan ersetzte man 1958 durch die Lennox-Boyd-Verfassung, die die afrikanischen Sitze in der Kammer auf 14 erhöhte. 1959 formierten sich daher viele neue afrikanische Parteien, die die Unabhängigkeit und die Freilassung von Jomo Kenyatta und den anderen KAU-Führer forderten.

Der Aufstieg der KANU

Im April 1960 hob die Regierung die Notstandsverfügungen auf. Nun konn-

Rechts: Das Wappen Kenias zieren zwei Löwen und ein Masai-Schild; Harambee bedeutet: Lasst uns zusammenarbeiten!

Foto: Bodo Bondzio

ten die Unabhängigkeits-Verhandlungen beginnen. Die Afrikaner durften danach 33 Vertreter in die gesetzgebende Kammer entsenden, wobei ihnen vier von 13 Ministerposten zugestanden wurden. Im Jahr 1960 entstand dann auch die *Kenya African National Union*, kurz KANU, unter der Führung von James Gichuru und kurz darauf die konkurrierende *Kenya African Democratic Union*, KADU. Der Aufstieg der KADU wurde dadurch begünstigt, dass die kleineren Stämme befürchteten, die KANU – eindeutig dominiert von den starken Stammesgruppen der Kikuyus und Luos – würde die Interessen der Minderheiten nicht vertreten. Schließlich einigten sich beide Parteien darauf, eine Koalitionsregierung zu bilden und die Ministerien paritätisch aufzuteilen.

Im Mai 1963 fanden die ersten allgemeinen Wahlen statt. Die KANU siegte und sollte bis 2002 an der Macht bleiben. Jomo Kenyatta wurde der erste Präsident. Das Land erhielt die Souveränität über die inneren Belange mit Ausnahme des Verteidigungsbudgets. Dies und die Außenpolitik blieben zunächst in den Händen der britischen Regierung. Erst am 12. Dezember 1963 erhielt Kenia die volle Unabhängigkeit. Jomo Kenyatta blieb Präsident bis zu seinem Tod am 22. August 1978.

Uhuru und Harambee

Uhuru und *Harambee*, Unabhängigkeit und Zusammenarbeit/Zusammengehörigkeit, waren die neuen Parolen der Republik Kenia. Lange hatte man sich nach Freiheit von der britischen Kolonialherrschaft gesehnt, doch die Aufgabe, aus vielen Völkern einen Staat zu formen, war nicht leicht. Die Zeit der Afrikanisierung begann. Die Umverteilung des Siedlerlands war problematisch. Zwar wurden im Rahmen einer Landreform 600 000 ha an 50 000 Bauern verteilt, doch weitere angekündigte Zuweisungen blieben aus. Die großen Farmen bekamen hauptsächlich reiche Kikuyu. Europäer wurden nicht enteignet, durften nur kein neues Land erwerben, und Asiaten erhielten keine neuen

Foto: Ministry Of Information of Kenya

Geschäftslizenzen mehr, wenn sie nicht die kenianische Staatsbürgerschaft annahmen. Die Ablösung der Europäer aus der Führung von Wirtschaft und Regierung vollzog sich nur langsam; bis heute sind sie in wichtigen Wirtschaftsbereichen stark repräsentiert.

Rivalitäten zwischen kapitalistischen und sozialistischen Parteiflügeln waren zur Zeit der jungen Republik ebenso an der Tagesordnung wie Stammesfehden. Unter großen Verlusten wurde 1964 ein Bürgerkrieg im Nordosten des Landes geführt, weil die Somali mit der von Somalia unterstützten *Shifta*-Bewegung ihre Unabhängigkeit gefordert hatten. 1969 kam es nach der Ermordung des Luo-Politikers Tom Mboya durch einen Kikuyu zu blutigen Auseinandersetzungen zwischen den Luo und Kikuyu.

Die politischen Probleme Kenias waren mit der Unabhängigkeit nicht gelöst. Kritiker wurden entmachtet. Demonstrationen im Keim erstickt, Korruption war an der Tagesordnung.

Als 1978 Kenias erster Präsident Jomo Kenyatta mit 86 starb, wurde Daniel Arap Moi sein Nachfolger. Er kündigte den Kampf gegen Korruption und Vetternwirtschaft an und erließ eine Amnestie für politische Gefangene. Doch 1982 gab es einen Putschversuch, in den der spätere Ministerpräsident Odinga verwickelt war, der 1962-70 in der DDR studiert hatte; Inhaftierung politischer Gegner und Todesurteile waren die Folge. Seit 1993 hat das Land ein Mehrparteiensystem.

1998 kamen bei einem Al-Qaida-Terroranschlag auf die US-Botschaft in Nairobi 224 Menschen ums Leben.

Bei den Präsidentschaftswahlen 2002 gewann Mwai Kibaki und sein „Regenbogen-Bündnis" zwei Drittel der Stimmen. Der historische Machtwechsel, bei dem sich die korrupte Regierung um Daniel arap Moi geschlagen geben musste und die KANU-Herrschaft endete, verlief unerwartet friedlich. Der neue Präsident versprach Reformen und Bekämpfung der Korruption. An Kibaki wurden hohe Erwartungen gestellt, doch Korruption war auch unter seiner Regierung verbreitet. Demonstrationen wurden von Polizisten zerschlagen. Es gab jedoch mehr Pressefreiheit. Abgesehen von der Einführung der kostenlosen Primarschulbildung bis zur 8. Klasse und wirtschaftlichem Aufschwung konnte Kibakis Koalition nur wenige Wahlversprechen realisieren. Die neue Schulgeldfreiheit hat allerdings Schulklassen mit bis zu 100 Schülern zur Folge, was nun die Privatschulen florieren lässt.

Präsident Kibaki wurde machthungrig und protegierte seinen eigenen Stamm, die Kikuyu. Die Wahl 2007 gewann er knapp, sein Gegner Raila Odinga vom Stamm der Luo warf ihm Wahlbetrug vor. Es kam zu Ausschreitungen und ethnischen Konflikten, mit über 1100 Toten und 600 000 Vertriebenen. Kofi Annan vermittelte, und Odinga

Oben: 1963 wurde Jomo Kenyatta erster Präsident Kenias. Rechts: Schulpflicht und Schulgeldfreiheit haben die Analphabetenrate in Kenia stark gesenkt.

Foto: Dietmar Rößler

wurde 2008 als Ministerpräsident einer großen Koalition an der Regierung beteiligt. Die neue Verfassung stärkt, seit 2010, die Macht des Parlaments.

Schwierige Zukunft?

Nach den schweren Konflikten 2007/2008 schaltete sich die UN mit dem Menschenrechtsgerichtshof in Den Haag ein: 2010 klagte dieser sechs Kenianer wegen Menschenrechtsvergehen an, darunter Uhuru Kenyatta, Sohn des ersten Präsidenten und stellvertretender Ministerpräsident. Wie schon seinem Vater halfen auch ihm Anhänger der „Mau-Mau"-Guerilla: Kenyatta wird vorgeworfen, den *Mungiki* in der Krise 2007/8 Zerstörungs- und Mordaufträge erteilt zu haben – einer kriminellen Jugendsekte ethnischer Kikuyu, bekannt geworden durch Schutzgelderpressung, Zwangsbeschneidung von Frauen und Enthauptung Abtrünniger.

2011 marschierte Kenia – nach Entführungen von Ausländern durch somalische Al-Shabaab-Islamisten bzw. Banditen in Nordkenia – in Südsomalia ein. 2013 wurde Uhuru Kenyatta Präsident. Im September 2013 übefielen Somali-Terroristen das Westgate-Einkaufszentrum in Nairobi. 2014 verübte Al-Shabaab Anschläge in Nairobi und Mombasa, 2015 auf die christliche Universität in Garissa mit 148 Toten.

2016 begann in Turkana die Erdölförderung; VW baute eine Autofabrik, und Lufthansa begann, Nairobi wieder mit Passagiermaschinen anzufliegen. 2017 gewann Kenyatta erneut gegen Odinga die Präsidentschaftswahl, die aber wegen Unregelmäßigkeiten wiederholt werden musste. Odinga rief zum Boykott dieser Wahl auf, woraufhin Kenyatta mit 98 % der Stimmen siegte.

2019 erfolgte, als Vergeltung für das kenianische Engagement im somalischen Bürgerkrieg, ein Terror-Angriff der somalischen, islamistischen Al_Shabaab auf das Dusit-Hotel in Westlands/ Nairobi.

Foto: Fresnel (Shutterstock.com)

KENIAS VÖLKER UND IHRE KULTUREN

So vielfältig wie das Land, so unterschiedlich sind die Bewohner Kenias, in dessen Staatsgebiet etwa 50 Millionen Menschen leben, die 42 ethnischen Gruppen angehören. Die bantusprachigen Kikuyu sind mit ca. 22 % die größte, die bantusprachigen Luhya mit 16 % die zweitgrößte und die nilotischsprachigen Luo mit 13 % die drittgrößte Ethnie, gefolgt von Kambra und Kalenjin - die fünf zusammen stellen nahezu 70 % der Gesamtbevölkerung, die Masai nur 1,6 %. Die größten Spannungen herrschen zwischen Kikuyu und Luo, obwohl beide Christen sind – denn verpflichtet fühlen sich Kenianer vor allem ihrer Volksgruppe und deren Interessen als Bauern- oder Hirtenvolk bei der Landnahme, oder bei der Besetzung von Posten in Verwaltung und Wirtschaft.

In Kenia leben heute Afrikaner aus allen Teilen des Kontinents sowie Nachfahren von Einwanderern aus Europa und Asien. Das kenianische Volk ist aus historischen und neuzeitlichen Einwanderungsbewegungen in diese fruchtbare ostafrikanische Region hervorgegangen. Eine der größten afrikanischen Einwanderergruppen waren die Bantu, die in mehreren Wellen aus dem Westen und Südwesten nach Ostafrika kamen und wozu auch die Kikuyu gehören, die heute zahlenmäßig stärkste Volksgruppe. Sprecher nilotischer und kuschitischer Sprachen dagegen zogen aus dem Norden beziehungsweise aus dem Nordosten des Kontinents hierher.

Die kuschitischen Volksgruppen bahnten sich von der somalischen Halbinsel in zahlreichen Kämpfen ihren Weg nach Süden, wobei sie die Bantu und Araber aus ihren Küstensiedlungen vertrieben. Danach schwenkten sie landeinwärts ins zentrale Hochland.

Links: Marktbesucherin in Nairobi.

Die kuschitische Sprachgruppe teilt sich deutlich in zwei Untergruppen. Zur größeren gehören die Somali, die als Hirtennomaden den östlichen Teil der nordöstlichen Dürregebiete Kenias besiedeln. Die Stämme der zweiten Untergruppe leben im westlichen Teil dieser Region, zu ihr rechnet man vor allem die Rendille und Orma. Die Sprecher kuschitischer Sprachen leben in einer Region, die nicht für den Ackerbau geeignet ist. Ihr Hirtenleben ist daher eine Anpassung an die schwierigen Umweltbedingungen. In den letzten Jahren hatte man in dieser Region mit einer deutlichen Verschlechterung der Lebensbedingungen zu kämpfen; die zunehmende Bodennutzung durch Mensch und Vieh hatte fatale Effekte für die schützende Pflanzendecke, weshalb es zu einer Zunahme der wüstenähnlichen Flächen kam.

Die größte afrikanische Bevölkerungsgruppe sind auch heute noch die Bantu, deren Sprache zur Niger-Kongo-Sprachfamilie gehört. Der Bantu-Anteil an der Gesamtbevölkerung beträgt etwa 60 Prozent, und alles weist darauf hin, dass diese Zahl – wegen der vergleichsweise höheren Geburtenrate bei einer gleichzeitig niedrigeren Sterblichkeitsrate – noch zunehmen wird. Gegenwärtig konzentrieren sich die Bantu-Völker südlich der Linie zwischen dem Mount Elgon und der Stadt Lamu am Indischen Ozean. Dort treten sie vorwiegend in drei geografischen Regionen auf: Im Umland des Viktoria-Sees, im östlichen Hochland des ostafrikanischen Grabens und im Küstengürtel.

Zur Hauptgruppe der Bantu zählen neben den Kikuyu auch die Embu, die Meru, die Mbere, die Akamba und die Tharaka. Sie leben hauptsächlich im fruchtbaren Zentralen Hochland, das von den Nyambene Hills im Distrikt Meru und der Nord- und Südseite des Mount Kenya bis zu den ersten Anhöhen der Nyandarua-Berge reicht.

Der Rest der afrikanisch-stämmigen Kenianer lässt sich, grob gesagt, zwei

Foto: FOTOGRIN (Shutterstock.com)

weiteren Sprachgruppen zuordnen: der nilotischen und der kuschitischen. Vertreter der nilotischen sind die Luo, die Kalenjin, die Masai und verwandte Stämme. Kalenjin und verwandte Masai-Gruppen waren ursprünglich Hirtenvölker, die in einer Reihe von Nord-Süd-Wanderungen fast das ganze Land durchquerten. Sie kamen dabei mit den kuschitischen Gruppen der nördlichen Dürre-Regionen in Berührung. Später wurden diese Wanderungen durch die weißen Großländereien im Hochland weitgehend gestoppt. Heute betätigen sich die einstigen Hirten meist im Ackerbau.

Auffällig ist, dass es keinen Stamm in Kenia gibt, der letztlich dominiert. Zwar ist die Bantu-Gruppe zahlenmäßig die größte, aber aufgrund ihrer kulturellen und geografischen Zersplitterung spielt sie als politischer Faktor keine Rolle. Die Kikuyu sind die größte Ethnie, mit einem Anteil von 22 Prozent an der Gesamtbevölkerung. Die sieben größten Stämme Kenias zusammen – die Kikuyu, Luhya, Luo, Akamba, Kalenjin, Kisii und Meru – haben zusammen einen Anteil von 81,3 Prozent an der Bevölkerung, dabei schneiden die Bantu-Stämme mit 60 Prozent gegen die Vertreter der nilotischen Sprachen gut ab.

Oben: Masai beim Sprungtanz. Rechts: Eine El-Molo-Frau vor ihrer traditionell gefertigten Hütte (Turkana-See).

Die Grenzen des jungen Staates Kenia sind eine Folge der Kolonialzeit, als Engländer und Deutsche Ostafrika nach ihren Vorstellungen aufteilten und sich nicht um die angestammten Landrechte der dort lebenden Menschen kümmerten. So entsprechen die Landesgrenzen Kenias auch nicht den Siedlungsräumen der Ethnien. Zum Beispiel erstrecken sich die Wandergebiete der Masai, die sie seit Generationen nomadisierend durchziehen, weit ins benachbarte Tansania hinein.

Völkerwanderungen

Die ersten Einwohner Kenias waren Jäger und Sammler, die die offene Savanne und die trockenen Waldgebiete bewohnten. Diese Gruppen lassen sich ethnisch kaum einordnen. Festzuhalten ist, dass die kuschitischen Gruppen, die vom äthiopischen Hochland aus nach Süden vorgedrungen waren, schon um die Zeitenwende den Bereich des heutigen Nordtansania erreicht hatten, wo sie dann von nilotischen Gruppen und den Bantu verdrängt wurden. Außerdem ist bereits für die Zeit um 6000 v. Chr. ein allmählicher Wechsel von der Wirtschaftsform der Jäger- und Sammlerkultur zum Ackerbauerntum nachweisbar. Um 1000 v. Chr. waren Hirtenstämme bereits über Kenia und ganz Ostafrika verstreut. Diese Entwicklung förderte die allgemeine Tendenz zur Sesshaftigkeit, die wiederum ein größeres Bevölkerungswachstum und eine entsprechende räumliche Ausbreitung der diversen Gruppen auslöste. Um 1000 n. Chr. waren daher Ackerbau und Weidetierhaltung die vorherrschenden

Foto: Attila Jandi (Dreamstime)

Lebensformen. Die bis dahin noch blühenden Jäger- und Sammlergemeinschaften waren allmählich in Randgebiete zurückgedrängt worden.

Die **Kuschiten** konnten sich einer völligen Unterwerfung und Absorption durch andere Stämme widersetzen. Ihre Nachkommen, darunter die Somali, die Galla oder Oromo, die Rendille und die Boni, besiedeln heute die nördlichen und östlichen Teile Kenias. Die Vorfahren der Omo-Tana-Kuschiten hatten ihren Ausgangspunkt im Gebiet zwischen Abaya- und Turkana-See.

500 n. Chr. war das Gebiet zwischen dem Lake Turkana und dem Indischen Ozean von Vorfahren der Jabarti, Boni und Somali besiedelt, die vor allem Kamelzüchter waren. Die Galla (Oromo) kamen in mehreren Wellen aus dem äthiopischen Hochland und hatten Mitte des 16. Jh. den Fluss Juba erreicht. Ihre Verdrängung durch die Somali reichte dann bis in unser Jahrhundert hinein.

Die **Bantu**, deren Sprachen bilden die mit Abstand größte Sprachgruppe Kenias, drangen vom Süden und Westen her in das Land ein. Seit Beginn der christlichen Zeitrechnung breiteten sie sich vom Staatsgebiet des heutigen Kamerun nach Zentral- und Ostafrika aus. Die Wanderbewegung der Bantu nach Kenia und ihre Ansiedlung dauerte bis ins zweite Jahrtausend an. Einmal schoben sie sich entlang der Küste so lange nach Norden, bis sie auf die Galla und Somali stießen, die sie vermutlich zum Rückzug nach Süden zwangen. Auf diese Art und Weise, sagen die Mijikenda, seien sie nach Shungwaya, in jenes rätselhafte Reich irgendwo im Norden Kenias, gekommen.

Die zweite Bantu-Welle ging von der Küste ins Hochland. Dies wird durch die Überlieferungen der Meru und Akamba bestätigt. So bewegten sich die Akamba etwa zwischen 1450 und 1550 nach und nach vom Kilimandscharo-Gebiet nach Ukambani. Ungefähr zur gleichen Zeit setzte sich der Rest der Mount-Kenya-Stämme, die Chuka, Mbere, Embu, Ndia, Gicugu und Kikuyu in Bewegung und wanderte von Tiggania

Foto: Hans Harald Koschany

und Igembe zur nordöstlichen Spitze von Meru. Sie umgingen das Hügelland von Meru und bewegten sich südwärts durch den Ntugi-Wald über Igambangombe, Kiambere und Ithanga, bevor sie schließlich gegen Ende des 16. Jh. ins Kikuyu-Land vorstießen. In den drei Jahrhunderten danach konsolidierten sich diese Gemeinschaften und expandierten weiter. So breiteten sich zum Beispiel die Kikuyu nach Muranga, Nyeri und Kiambu aus.

Große Teile Westkenias waren ursprünglich bis zum Ende des 16. Jh. von den nilotischen Kalenjin-Gruppen besiedelt. Die Vorfahren des Bantu-Stammes der Luhya besiedelten nur kleinere Gegenden des südlichen Baluhya-Gebietes. Doch gegen Ende des 16. Jh. und zu Beginn des 17. Jh. strömten weitere Bantu-Stämme aus Uganda ein, die teilweise von den Luo-Niloten dorthin vertrieben worden waren. Sie waren die Vorgänger der heutigen Tiriki, Wanga, Bukhoya, Maragoli und Marachi. Gleichzeitig gingen Masai- und Nandi-Gruppen in den Bantu auf, was sich am Aufgeben ihrer Sprache und ihrer Kultur zeigte. Es kam zu weiteren Einwanderungswellen. Um 1870 war das Baluhya-Gebiet vollständig besiedelt. In den gleichen Zeitraum fällt der Vormarsch der Gusii in ihre heutigen Lebensräume.

Die **Niloten**, die beträchtliche Teile Ostafrikas besiedeln, lassen sich in drei Gruppen unterteilen: die Fluss-See-Niloten, die Flachland- sowie die Hochland-Niloten. Die Geschichte der Flachland-Niloten ist uns, anders als die der Fluss-See-Niloten, nicht vollständig überliefert. Immerhin deuten jüngere Untersuchungen darauf hin, dass ihre ursprüngliche Heimat in der Region des Turkana-Sees gelegen haben muss.

Im ersten Jahrhundert unserer Zeitrechnung kamen die Hochland-Niloten mit ihren Nachbarn, den östlichen und südlichen Kuschiten in näheren Kontakt. So wanderten zum Beispiel die Vorfahren der Kalenjin nach Süden in

Oben: El-Molo-Frauen tragen einen eigenwilligen Ohrschmuck. Rechts: Die Luo gehören zu den nilotischen Völkern.

Foto: Bodo Bondzio

die Uasin-Gishu-Ebene. Im Lauf des zweiten Jahrhunderts spaltete sich diese Gruppe auf, und zwar in Elgon, Pokot, Nandi und Süd-Kalenjin. Die Süd-Kalenjin setzten ihre Ausbreitung nach Süden fort und kamen dabei bis nach Nordtansania. Um das Jahr 1600 war dieser Prozess offenbar so gut wie beendet.

Eine wichtige Rolle bei der Entwicklung der endgültigen Form der Kalenjin-Gesellschaft spielten auch die Masai. Im 18. Jh. spalteten die Masai, die auch in der Uasin-Gishu-Ebene siedelten, die Nandi-sprechenden Kalenjin in zwei Großgruppen: Eine östliche, aus der die heutigen Tugen, Marakwet und Keiyo hervorgingen, und eine westliche, zu der die Nandi und Kipsigi zählen. Um 1850 hatten sich die Masai, die vor allem für ihre Kampfestüchtigkeit berühmt waren, als einer der mächtigsten nilotischen Stämme in Ostafrika etabliert.

In der nilotischen Sprachgruppe existiert eine der kleinsten ethnischen Gemeinschaften Kenias: Die **El Molo**, die bei einer Volkszählung nur noch knapp 700 Stammesangehörige umfassten. Seitdem sind die Zahlen weiter zurückgegangen, so dass die Regierung Sondermaßnahmen beschlossen hat, um ihr Aussterben zu verhindern. Die El Molo sind ein Seitenzweig der Turkana und leben als Fischer am Turkana-See. Dass man sie heute der nilotischen Sprachgruppe zuordnet, ist ein lebendiges Beispiel dafür, wie schnell Kulturen und Sprachen im Wandel der Zeiten untergehen und mit anderen verschmelzen können. Bis vor kurzem nämlich sprachen die El Molo noch ihre angestammte kuschitische Sprache, doch die Vermischung mit den benachbarten Samburu brachten ihnen eine neue, nilotische Sprache und zahlreiche neue Kulturelemente.

Man versteht die verschiedenen kenianischen Stämme und Untergruppen besser, wenn man sich vor Augen hält, welchen Einfluss die jeweilige geografische Lage ihres Siedlungsgebietes auf ihre Entwicklung hatte. So hat die wasserreiche Landschaft Zentralkenias mit ihren Tälern und Höhenzügen die sozialen und politischen Institutionen

Foto: Martin Thomas

der Kikuyu ebenso geprägt, wie die Fischervölker der Fluss-See-Niloten ihr Leben und ihre Traditionen auf die Rahmenbedingungen eines Fluss- und Seengebietes abgestimmt haben. Die Kuschiten wiederum, in deren Heimatregionen extreme klimatische Bedingungen herrschen, waren schon immer auf die Zucht von Kamelen, Schafen, Ziegen und auch Rindern angewiesen. Das anspruchslose Kamel spielt bei ihnen traditionell eine große Rolle als Lieferant von Milch, Fleisch und Leder, das auch für den Bau der Zelte von großer Bedeutung ist. Außerdem ist es immer noch Transportmittel Nummer eins für die nomadisierenden Kuschiten.

Nach der letzten Volkszählung gibt es 42 Stämme im Land. Diese Zahl vernachlässigt diejenigen Stämme, die mit anderen Stämmen Sprachgemeinschaften bilden wie etwa die Kalenjin, die Mijikenda oder die Luhya. So ist **Kalenjin** eigentlich ein Oberbegriff für verschiedene ethnische Gemeinschaften, die aufgrund ihrer Sprachverwandtschaft, der geografischen Lage und aufgrund politischen Kalküls zusammengewachsen sind. Zu den Kalenjin zählen Nandi, Kipsigi, Tugen, Marakwet und Keiyo. Sie leben heute alle im Rift Valley. Doch die Kalenjin waren erst Anfang des 20. Jh. von weißen Siedlern aus dem fruchtbaren Hochland ins heiße Rift Valley abgedrängt worden. Nach der Unabhängigkeit 1963 übernahmen Kikuyu, die unter ihrem Stammesbruder Kenyatta reich geworden waren, die Plantagen der Weißen. Nach dem Wahlbetrug 2007/2008 rächten sich die Kalenjin an den Kikuyu.

Zu den Mijikenda gehören neun Stämme, bzw. Untergruppen, deren Sprachen sich so ähneln, dass man sie als Dialekte ein und derselben Sprache auffassen könnte. Dies sind die Digo, Rabai, Giriama, Kauma, Ribe, Kambe, Jibana, Chonyi und Duruma. Sie leben alle in der Küstenprovinz Kenias.

Ähnliches ist über die **Luhya** zu berichten, die eigentlich keinen einzelnen Stamm, sondern eine Gruppierung von

Oben: Samburu-Hirtenfamilie im Samburu-Land.

16 Stämmen darstellen, die sich möglicherweise zu ihrer besseren Verteidigung zusammengeschlossen haben. Ihre Idiome ähneln sich ebenfalls sehr, was auch bei anderen Bantu-Gruppen nicht ungewöhnlich ist. Zu den Luhya gehören die Maragoli, im Augenblick die führende Gruppe hinsichtlich Größe und Entwicklungsstand, außerdem die Bunyore, Tiriki, Marachi, Isukha, Idakho, Tachoni, Kabras, Wanga, Bukhayo, Samia, Abanyala ba Ndombi, Marama, Kisa und Bukusu.

Unterschiedliche Lebensbedingungen bewirkten bei den verschiedenen Volksgruppen unterschiedliche Kulturen. Die folgende Skizzierung einiger kenianischer Volksgruppen soll einen kleinen Einblick in deren traditionelles Leben (siehe auch: www.bomasofkenya.co.ke).

Die Kikuyu

Das Hauptsiedlungsgebiet der Kikuyu, der größten ethnischen Gruppe Kenias (22 %), sind die Distrikte Muranga, Kiambu und Nyeri in Zentralkenia. Das fruchtbare Land förderte ihre Entwicklung zu erfolgreichen Bauern. Landbesitz hat bei den Kikuyu traditionell einen hohen gesellschaftlichen Stellenwert. Aber sie gelten nicht nur als gute Landwirte, sondern auch als begabte Händler und Unternehmer.

Heute leben viele Kikuyu in Nairobi und bekleiden wichtige Positionen in Wirtschaft und Politik. Auch Jomo Kenyatta, der erste Präsident des unabhängigen Kenia, war ein Kikuyu. Dies gilt auch für den derzeitigen Amtsinhaber Mwai Kibaki.

Die Mythen der Kikuyu erzählen von einem Stammelternpaar namens Gikuyu und Mumbi. Ihr Gott Ngai schuf den Berg Kirinyaga und wies dem Mann Gikuyu seinen Anteil an den Tälern und Tieren zu. Vom Gipfel des Berges aus zeigte der Gott Gikuyu die Schönheit des Landes, besonders einen Platz unter großen Feigenbäumen, an dem Gikuyu sein Heim errichten sollte. Dort fand er Mumbi, die er zur Frau nahm und mit der er neun Töchter hatte. Die Töchter wurden erwachsen, und nirgends war ein Mann, den sie hätten heiraten können. Gikuyu flehte Ngai um Hilfe an und brachte ihm ein Lamm und ein Zicklein als Opfer. Als er das nächste Mal die Opferstelle betrat, warteten dort neun Männer auf ihn, die er glücklich zu seiner Familie brachte. Doch mit der Heirat war Gikuyu nur einverstanden, wenn die Männer versprachen, nach der Hochzeit nicht mit ihren Frauen wegzuziehen, und wenn sie das Matriarchat anerkannten. So lebten sie alle weiter als Gruppe zusammen, die sich zu Ehren der Mutter „Mbari ya Mumbi" nannte. Erst als die Eltern gestorben waren, gründete jede Tochter mit ihren Nachkommen einen eigenen Familienverband, doch das Zusammengehörigkeitsgefühl der einzelnen Clans blieb weiter bestehen. Über viele Generationen herrschten die Frauen über die Familie, so wie es vereinbart worden war. Doch den Männern missfiel im Lauf der Zeit die immer anmaßendere Haltung der Frauen und die Vielmännerei. So verschworen sie sich gegen sie, nicht mit Gewalt, sondern mit List und Tücke. Die Frauen wurden umworben und verführt, und als alle Frauen schwanger waren, übernahmen die Männer die Herrschaft. Von da an war alles umgekehrt: Oberhaupt der Gemeinschaft waren jetzt die Männer, die ebenfalls polygam lebten. Das einzige Privileg, das man den Frauen ließ, war, dass sie die Namenspatroninnen der neun wichtigsten Kikuyu-Clans blieben. Bis heute wird in Kenia die Vielehe (bis zu 4 Frauen) geduldet, solange der Mann für den Unterhalt aufkommen kann; derzeit wird sogar die Legalisierung der Polygamie erwogen.

Die Luo

Nach Kikuyu und Luhya drittgrößte Ethnie sind die Luo (13 %), die sich vor allem in der Nähe des Viktoria-Sees

Foto: HP Huber (Schapowalow)

in der Provinz Nyanza um die Stadt Kisumu angesiedelt haben und dort von Fischfang und Landwirtschaft leben. US-Präsident Barack Obama hat hier väterlicherseits seine Wurzeln.

Früher lebten die Luo als halbnomadisierende Viehhirten, doch wegen ihres starken Bevölkerungszuwachses wanderten sie ins Hochland und ließen sich dort als Bauern und Fischer nieder. Hatte für sie ursprünglich Landbesitz keinen besonders hohen Wert, änderte sich das mit der Sesshaftigkeit. Land war das gemeinsame Eigentum des Volkes und sicherte die soziale Stellung jedes Einzelnen. Die Zuteilung der Felder entschied der Ältestenrat nach den Bedürfnissen und der Größe einer Familie.

Die intensive Missionsarbeit in Westkenia, die während der Kolonialzeit zahlreiche Schulen und Ausbildungsstätten entstehen ließ, bewirkte auch, dass der Bildungsstand der Luo im Vergleich mit anderen Bevölkerungsgruppen sehr hoch war. Die Folge war unter anderem, dass sich früher ein Großteil der politischen Führer aus den Reihen der Luo rekrutierte. Das Volk der Luo hat so berühmte Persönlichkeiten wie Tom Mboya und Oginga Odinga hervorgebracht. Odinga, Oppositionsführer und Verfechter der Demokratie, starb im Januar 1993. Sein Sohn Raila Odinga ist seit 2008 Premierminister des Landes.

Neben ihren politischen Aktivitäten sind die Luo jedoch vor allem als besonders geschickte Fischer bekannt. Im Winam-Golf und an den Ufern des Viktoria-Sees fangen sie mit Schwebenetzen oder Angeln den Tilapia und den riesigen Nilbarsch.

Die Masai

Den bekanntesten Stamm Kenias stellen – obwohl ihr Bevölkerungsanteil nur 1,6 % beträgt – die Masai, die heute im Süden des Landes leben. Ein Teil des kriegerischen Hirtenvolkes lehnt noch

Oben: Die Masai sind halbnomadische Rinderzüchter. Rechts: Im Hochland wird es nachts kalt; warme Kleidung ist bei den Hirtenvölkern dort üblich.

Foto: Bodo Bondzio

immer alle Neuerungen der modernen Zeit ab und ist stolz auf seine althergebrachten Traditionen.

Die Sprachforscher ordnen die Masai der Gruppe der Ostniloten zu, deren Sprache, das *Maa*, allerdings stark vom kuschitischen beeinflusst ist. Zu den Maa-sprechenden Völker gehören außerdem die Samburu und die Njemps.

Bis heute ist die Geschichte der Masai wenig erforscht. Als sicher gilt, dass sie bis ins 15. Jh. in der Gegend um den Turkana-See lebten. Nur langsam zogen sie von dort in kleinen Gruppen weiter südwärts. Über lange Zeit waren sie die unbestrittenen Herrscher in den weiten Savannen Zentralkenias und im Süden des Landes bis weit nach Tansania hinein.

Im 19. Jh. kam es zwischen den verschiedenen Stämmen der Masai zu Auseinandersetzungen über Viehdiebstähle und Weideansprüche, die hauptsächlich dadurch entstanden, dass ein Teil der Masai sesshaft wurde, während der andere das Nomadenleben fortsetzen wollte. Die Streitigkeiten gipfelten in einer verzweifelten Schlacht in der Nähe von Nakuru, bei der der Laikipia-Stamm von seinen Gegnern über den Abgrund des Menengai-Kraters in den Tod gestürzt wurde. Die wenigen Überlebenden des Laikipia-Stammes wurden in alle Himmelsrichtungen zerstreut.

Im Gegensatz zu vielen anderen Volksstämmen arbeiteten die Masai in den Anfängen der Kolonialzeit mit den Engländern zusammen. Selbst als immer mehr Einwanderer ins Land drängten und den Masai ihre angestammten Weidegründe streitig machten, wehrten sie sich kaum. Auch dem Bau der Eisenbahn, die mitten durch ihr Land ging, setzten sie wenig Widerstand entgegen. Einer der Gründe dafür war eine verheerende Rinderpest, die neun Zehntel ihrer Herden dahingerafft und damit zugleich ihre Macht gebrochen hatte.

Gegen ihren Willen wurden die Masai in das unfruchtbare Savannengebiet im Süden des Landes, in die Gegend des späteren Masai-Mara-Reservates, umgesiedelt. Auch in den folgenden Jahr-

zehnten wurde das Weideland für die Masai immer knapper.

Die Erschließung der Nationalparks Masai Mara, Amboseli und auf der tansanischen Seite der Serengeti verbietet ihnen, in diesen Zonen weiter ihre Rinder weiden zu lassen. Außerdem kauften die Kikuyu viel Land auf und wandelten es in Ackerland um. Für ein Nomadenvolk, das seit Urzeiten ohne Staats- und Besitztumsgrenzen lebt, bedeutet dies alles eine ungeheure Einschränkung.

Nach der mündlichen Überlieferung der Masai wie der Somali war Maa der Urvater beider Stämme, und als legendäre Ahnen der Masai gelten die Parakwo. Sie waren Gottes auserwähltes Volk, das seine Rinder direkt vom Himmel erhielt. Noch heute behaupten die Masai, dass alle anderen Völker nur deswegen Rinder besitzen, weil man sie den Masai in grauer Vorzeit geraubt hat. Um so unverständlicher müssen ihnen die heutigen Gesetze in Kenia erscheinen, die ihnen verbieten, sich diese Rinder bei ihren Nachbarn wiederzuholen.

Kaum ein anderes Volk hält so stark an seinen traditionellen Sitten und Bräuchen fest wie die Masai. Ihr wichtigstes Gut ist das Vieh, wogegen Landbesitz für das Nomadenvolk überhaupt keine Rolle spielt. Von großer Bedeutung ist für den Masai die Anzahl seiner Rinder, und nicht, wieviel Fleisch oder Milch sie geben. Die Nahrung der Masai besteht hauptsächlich aus Milch, Hirse, Mais und Blut, das den Rindern abgezapft wird. Sie leben in Hütten, die im Kreis angeordnet sind und beim Weiterziehen zurückgelassen werden. Am nächsten Ort baut man dann neue Hütten aus Ästen, die mit einer Schicht aus Lehm und Kuhdung verbunden werden. Ein Dornenzaun bietet Schutz vor wilden Tieren. Als Lasttiere für den Hausrat dienen Esel.

Das Zugehörigkeitsgefühl eines Masai-Mannes zu seiner Altersgruppe ist ebenso wichtig wie das der Clan-

Oben: Viel Zeit verwendet ein Masai-Krieger auf sein Aussehen. Rechts: In den Hütten aus Kuhdung und Lehm leben die Masai auf engstem Raum.

zugehörigkeit. Alle männlichen Masai durchlaufen während ihres Lebens drei Abschnitte: Nach der Kindheit bedeutet die Beschneidung im Alter zwischen 14 und 18 Jahren den Übergang in die Altersgruppe der Krieger, die in der Masai-Sprache *moran* genannt werden. Für diese Gruppe gilt eine Reihe Tabus wie etwa das Alkoholverbot. Die Moran leben mit den übrigen Kriegern ihrer Altersgruppe und den gleichaltrigen Mädchen in Hütten zusammen. Zu den Mutproben, die früher üblich waren, gehörte für einen Krieger das Erlegen eines Löwen mit dem Speer.

Innerhalb der Gemeinschaft hatte ein Mann von alters her vor allem die Aufgabe, als das Vieh zu bewachen und die Sippe gegen Feinde zu verteidigen.

Die Moran erkennt man an ihrer kunstvoll geflochtenen langen Haartracht. Es scheint so, als wäre den jungen Masai ihr Aussehen ebenso wichtig, wie das bei Gleichaltrigen in Europa oder Amerika üblich ist. Nur ist es hier nicht die modische Kleidung, sondern es sind Haartracht und Schmuck, worauf man besonderen Wert legt.

Mit der Heirat und dem Abscheren der langen Haare beginnt nach weiteren sieben oder acht Jahren der nächste Lebensabschnitt. Jetzt gehören die jungen Männer zur Gruppe der Ältesten, die in Versammlungen die Entscheidungen für die Sippe treffen und ansonsten ein relativ ruhiges Familienleben führen.

Foto: Natursports (Dreamstime)

Die Mijikenda

Die Mijikenda behaupten von sich, ihr Ursprungsort sei Shungwaya, ein mythischer Ort, der irgendwo nördlich der Insel Pate liegen soll. Heute leben sie im Kwale- und Kilifi-Distrikt. Sich selbst nennen die Mijikenda *Makaya Chenda*. Sie sind das Volk, das in den Aufzeichnungen von Europäern des 18. Jh. immer unter den Namen *Wanyika* oder *Monica*, „Menschen der Wildnis“, auftaucht. Damals standen die Mijikenda in engem Kontakt mit der Stadt Mombasa, für die sie als Zwischenhändler Elfenbein und Holz von den Völkern im Landesinneren aufkauften.

Die Mijikenda teilen sich in neun Volksgruppen auf: in die Digo, Rabai, Giriama, Kauma, Ribe, Kambe, Jibana, Chonyi und Duruma. Der berühmteste Stamm unter ihnen sind heutzutage die Giriama, die schon früh eine interessante Tanz-und Musikkultur hatten und vor allem bei den Küstenurlaubern für ihre Tanzvorführungen bekannt sind. Ihr wichtigstes Musikinstrument (und ein beliebtes Souvenir) ist die *kayamba*, die aus mit Körnern gefülltem Schilfrohr besteht. Des weiteren verwenden sie die *chivoli*, eine Flöte.

Die Turkana

In ethnischer Hinsicht sind die Turkana des nordwestlichen Kenia nomadische Nilo-Hamiten, die das Gebiet zwischen dem Turkana-See im Osten und dem Grabenbruch an der Grenze zu Uganda im Westen durchstreifen.

Foto: Warwick Lister-Kaye (iStockphoto)

Die Stadt Lodwar ist Sitz der Bezirksverwaltung dieser Region. Das Volk der Turkana setzt sich zusammen aus den Nimonia, einem in den Waldgebieten lebenden Stamm, und den Nocuro, einem Stamm, der vorwiegend in der Savanne lebt. Beide Stämme sind in 20 Clans gegliedert, die sich *ategerin* nennen und in einem übergeordneten Verband, dem *adakar*, lose zusammenleben. Jeder Turkana-Mann ordnet sich einer von zwei totemistischen Gruppen zu. Dies entweder zu den *nimur* (Steine) oder zu den *neisai* (Leoparden).

Die britische Kolonial-Administration, nur äußerst gering am Stammesleben der Turkana interessiert, wusste lediglich, dass diese Menschen angeblich „von gigantischer Größe und extrem wild" waren. Geschichtlich erwiesen ist, dass die Turkana in den 1850er Jahren die Masai vertrieben und selbst oft von den Äthiopiern überfallen und versklavt wurden. Deutsche Forscher bemerkten, die Turkana seien „hochgewachsen, schlank und eindrucksvoll, mit hohen Wangenknochen, Adlernasen und schmalen sehr unnegroiden Lippen. Sie tragen Kopfschmuck aus Straußenfedern, Perlen und Metallspangen als Armbänder um den Bizeps und, ausschließlich bei Zeremonien, Umhänge aus Leopardenfell."

Die Turkana ernähren sich unter anderem von Fleisch und Blut ihrer Rinder. Kamele sind ein wichtiges Statussymbol, während Esel ausschließlich als Packtiere dienen. Schafe und Ziegen beenden ihr Leben als Mahlzeit für Gäste, Opfer bei Ritualen oder Dörrfleisch. Große Mengen von Frischmilch werden gekocht, auf Lederhäuten getrocknet und in Pulverform später weiterverwendet. Die leicht verdauliche Kamelmilch, mit ihrem niedrigen Fettgehalt, dient zur Ernährung von Säuglingen. Beeren werden entweder getrocknet und pulverisiert, oder mit Blut vermischt und dann zu Kuchen weiterverarbeitet. Während der Feuchtzeiten wird in der

Oben: Turkana-Frau aus dem Norden Kenias. Rechts: Turkana-Tänzerinnen betrachten ein Video ihres Auftritts.

Nähe von Wasserläufen Hirse angebaut. Trotz der riesigen Fischmengen im Turkana-See, der nach ihnen benannt wurde, fangen die Turkana nur in Dürre- oder Hungerzeiten Fische. Die traditionelle Wohnstätte der polygamen Turkana wird vom Familienoberhaupt, seiner Hauptfrau und deren Kindern bewohnt, während die jeweiligen Nebenfrauen mitsamt ihren Kindern wie auch verheiratete Söhne in eigenen, voneinander abgegrenzten Bereichen leben. Der Haupteingang einer Turkana-Wohnstätte ist immer gen Osten ausgerichtet.

Wie viele andere ethnische Gruppen Kenias haben auch die Turkana ihre Gebrauchsgegenstände im Lauf der Zeit in Kunstwerke verwandelt. Ihre holzgeschnitzten Wassertröge beispielsweise verschönern sie durch Brandmalereien, während sie ihre Fett- und Milchbehälter aus Kamelhaut mit Perlen und Kaurimuscheln verzieren.

Der Turkana-Mann, traditionell ein Hirte und ein Jäger, ist außerhalb seines Heims nur selten ohne seinen Speer, sein Messer und seinen Schutzschild aus Büffel-, Giraffen- oder Flusspferdhaut anzutreffen. Turkana-Frauen hingegen machen sich schön durch Armbänder und Holzringe aus Messing oder Aluminium sowie mit ihren schier überbordenden Mengen an Perlenschnüren.

Inzwischen hat aber die westliche Zivilisation ihren Einzug in das Leben der Turkana gehalten. Moderne Medien haben längst die Buschtrommel verdrängt. Dank neuer Verkehrswege sind die Clans einander näher gerückt. Durch künstliche Bewässerung am Turkwell- und Kerio-Fluss sowie mit Fischerei-Kooperationen am westlichen Turkanasee versucht die Regierung, die bisher noch nomadischen Turkana endgültig sesshaft zu machen. Das Turkwell-Gorge-Projekt etwa soll ausreichend elektrischen Strom für die dort geschaffenen Agrarsiedlungen zur Verfügung stellen.

Die Samburu

Der Stamm der Samburu lebt im Norden Kenias auf einem Gebiet von zirka

Foto: Hans Harald Koschany

Oben: Der Schmuck der Samburu-Hirten ist Zierde und Schutz vor dem „Bösen Blick" zugleich. Rechts: Turkana-Familie im Ort Loyangalani.

28 490 km^2, das sowohl das Lerogi Plateau mit seinen Zedernwäldern als auch das trockene Buschland des Nordens einschließt. Die Stadt Maralal ist Sitz der Bezirksverwaltung der Samburu-Region. Kulturell wie auch sprachlich sind die Samburu mit den Masai eng verwandt, von denen sie sich im 16. Jh., im Lauf ihrer Wanderungen den Nil hinauf nach Süden, abgespalten haben.

Der Lebensstil der Samburu hat sich über die Jahre hinweg ebenfalls nur wenig verändert. Dieses Hirtenvolk lebt in niedrigen Hütten aus ineinander verflochtenen und zur besseren Isolierung mit Schlamm und Rinderdung bestrichenen Zweigen. Dachmatten aus Sisal geben oft zusätzlichen Schutz. Jede dieser Hütten ist mit zwei aus Zweigen geflochtenen Betten ausgestattet, die mit Ziegen- oder Rinderhaut bedeckt sind. Im größeren der beiden Betten schläft die Mutter und im kleineren die Kinder.

Auch die Samburu leben polygam. Die Männer besuchen ihre Ehefrauen der Reihe nach. Ein Hauptbestandteil ihrer Nahrung ist eine yoghurtähnliche Dickmilch, die ab und zu mit Blut vermischt wird. Lediglich bei besonderen Anlässen kommt Fleisch auf den Tisch. Der Reichtum einer Samburu-Familie wird an der Anzahl der Kamele, Kühe und Ziegen gemessen, die sie besitzt.

Die Samburu schmücken sich mit Perlenschnüren und Metallreifen um Hals und Arme. Gesicht und Körper der Krieger sind mit ockerfarbenem Lehm bemalt. Ihre Frisur ist kunstvoll mit Lehm geformt. Die ockerbemalten Mädchen mit ihren unbedeckten Brüsten und sinnlichen Bewegungen sind für die Krieger der Inbegriff eines verführerischen Schönheitsideals.

Die Rendille

An der Südostseite des Turkana-Sees leben die mit den Somali verwandten Rendille. Über ihren Ursprung berichtet eine Legende: Ihr zufolge verirrten sich vor Jahrhunderten neun Somalikrieger beim Kamelhüten und gelangten so schließlich ins Gebiet der Samburu. Deren Stammesälteste erlaubten ihnen zwar die Hochzeit mit Samburufrauen – aber nur unter der Bedingung, dass die Somalikrieger dem Islam und ihren damit verbundenen Bräuchen entsagten – was sie prompt taten und so einen neuen Stamm begründeten, eben die Rendille. Heute leben die halbnomadischen Rendille mit ihren wenigen Milchkamelen teilweise in festen Siedlungen. Auf der Suche nach guten Weideplätzen für ihre großen Kamelherden sind Knaben und junge Männer mitsamt ihren mobilen Lagerstätten in ständiger Bewegung, während Schafe und Ziegen von den Mädchen gehütet werden.

Heute noch treiben die nomadischen Rendille, wie in vergangenen Zeiten, ihre Herden über das Dorngestrüpp der Wüste. Die in den letzten Jahren erbauten Schulen sollen jedoch die künftigen

Foto: FernandoQuevedo (iStockphoto)

Generationen auf das moderne Leben der Neuzeit vorbereiten.

Die Boran

In der Turkana-Region lebt auch der Hirtenstamm der Boran, der mit den kuschitischen Stämmen Südäthiopiens verwandt ist. Die Boran glauben an eine höhere Gottheit, mit der sie durch einen Schamanen sowie durch Opfer und Gebete kommunizieren. Wie bei den meisten afrikanischen Stämmen sind auch bei den Boran die Kinder fest in das Stammesleben eingebunden. Rituale und Feiern begleiten ihre Geburt und Namensgebung. Während die einleitende Zeremonie ausschließlich im Kreise der Verwandten und der engsten Freunde stattfindet, dankt man in einer öffentlichen Feier der höchsten Gottheit und erfleht ihren Segen.

Einem männlichen Kind schert der Vater das Haar, bevor er ihm nach weiteren Zeremonien einen Namen gibt. Am Morgen darauf wird ein vorher gesegneter Rinderbulle geopfert, aus dessen Haut dünne Armbänder für das Kind und seine Verwandten gefertigt werden. Ein Priester weissagt das Geschick des Jungen, und das Fleisch des geopferten Bullen wird gemeinsam verzehrt. Da den Mädchen des Stammes eine geringere Bedeutung zukommt, ist dementsprechend die Zeremonie der Namensgebung weniger pompös.

Mit langen Haaren darf sich ein Boran-Jüngling erst wieder zeigen, nachdem er seine Mannestugenden unter Beweis gestellt hat – sei es, dass er einen Löwen, Elefanten oder Krieger aus einem anderen Stamm tötet, oder eine eigene Familie gründet und auf diese Weise seinen Stamm stärkt.

Jeder Boran-Stamm ist hierarchisch in fünf Generationsgruppen gegliedert. Alle acht Jahre wechselt ein Boran durch einen jeweils anderen Initiationsritus in die nächste Gruppe, bis er schließlich in die Gruppe der Stammesältesten aufrückt. Die Kultur der Boran hat sich auch in jüngster Zeit trotz Schulen und moderner Agrarprojekte wie das am Uaso-Nyiro-Fluss nur wenig verändert.

Foto: Berthold Schwarz

Die Suaheli

Als erste nicht-afrikanische Gruppe siedelten sich ab dem 7. Jh. Araber an Kenias Küste an. Aus der Vermischung der muslimischen Araber mit der einheimischen Bantu-Bevölkerung ging die islamisch geprägte Kultur der Suaheli hervor, die, in Stadtstaaten organisiert, bald an der gesamten ostafrikanischen Küste blühte.

Die Suaheli, der Name bedeutet Küstenbewohner, stellen bis heute einen bedeutenden Anteil der Küstenbevölkerung. Nach wie vor ist es für sie wichtig, ob sie aus einer alteingesessenen Familie stammen, denn traditionell leiten sich nur aus dieser Familienzugehörigkeit politische Macht oder die Erlaubnis ab, in bestimmten, bevorzugten Stadtteilen zu siedeln. Das Wohnviertel, *mtaa* genannt, ist für das soziale Leben der Suaheli von großer Bedeutung. Das Leben innerhalb eines *mtaa* ist ganz auf die Gemeinschaft ausgerichtet: Man feiert zusammen, arbeitet und handelt miteinander und geht gemeinsam in die Moschee.

Die arabischstämmige Gruppe in Kenia lässt sich nach Herkunft und Konfession unterscheiden. Nicht wenige der Einwanderer, die einst in ihren Dhaus von der arabischen Halbinsel nach Ostafrika segelten, kamen aus dem Sultanat Oman. Dazu gehörten auch die Mitglieder des Mazrui-Clans, die nach den Portugiesen in Mombasa herrschten und noch heute eine bedeutende Rolle spielen. Die Mehrheit der über vier Millionen Moslems in Kenia, die heute nicht mehr nur die Küste, sondern mittlerweile die Städte des ganzen Landes bevölkern, gehören der sunnitischen Glaubensrichtung an. Sie fordern zunehmend mehr Rechte.

Oben: Ein typischer Angehöriger der moslemischen Suaheli-Küstenkultur. Rechts: Araber, Portugiesen, Perser und Inder haben die Architektur der Altstadt Mombasas mit geprägt.

Asiaten und Europäer

Der Anteil der Staatsbürger asiatischer Herkunft (v. a. Inder) liegt bei 1 Prozent der Bevölkerung, die Nachfahren europäischer Einwanderer machen nur noch 0,3 Prozent aus. Diese volkswirtschaftlich sehr wichtigen Bevölkerungsgruppen arbeiten heute unter anderem im Handel und in der Industrie; in der Landwirtschaft spielen die Europäer, anders als früher, keine große Rolle mehr. Kenianer mit asiatischen und europäischen Wurzeln leben heute vor allem in größeren Städten wie Mombasa, Nairobi, Kisumu und Nakuru.

Kenias Küste war schon immer das Einfallstor für verschiedene Nationen gewesen, doch mit der britischen Kolonialzeit verstärkte sich der Zustrom von Europäern und Asiaten beträchtlich. Heute sind viele von ihnen kenianische Bürger, sei es durch Einbürgerung, Heirat oder von Geburt an. Die Kenianer europäischer Herkunft sind meist Nachkommen von Siedlern und Missionaren, die im späten 19. Jahrhundert einwan-

Foto: Tokarsky (Dreamstime)

derten – insbesondere Briten, aber auch Deutsche und Buren.

Die Vorfahren der asiatisch-stämmigen Kenianer kamen größtenteils zum Bau der Eisenbahnstrecke Mombasa-Kisumu am Ende des 19. Jh. aus Indien nach Kenia. Von den Briten als Kulis angeheuert, gingen einige nach Beendigung der Bauarbeiten wieder nach Indien zurück, viele aber blieben in Kenia. Vor allem waren es die kleinen Händler, die sich eine gute Zukunft in dem aufstrebenden afrikanischen Land versprachen. Doch sie waren nicht die ersten indischen Einwanderer im Land. Schon in vergangenen Zeiten hatten sich indische Seefahrer, vor allem Händler an der ostafrikanischen Küste niedergelassen. Auch heute noch ist die indisch-stämmige Bevölkerung zumeist im Groß- und Einzelhandel tätig. Unter den Indern sind sowohl Hindus als auch Moslems und Sikhs.

Als der asiatischen Bevölkerung im Zuge der Afrikanisierung nach der Unabhängigkeit die kenianische Staatsangehörigkeit angeboten wurde, lehnten viele Inder dies ab und wanderten aus. Die gesellschaftliche Rolle derer, die in Kenia blieben, ist nach wie vor schwierig – nicht zuletzt, weil die meisten Inder in den abgeschlossenen Einheiten ihrer Kasten leben und sich vom Leben der anderen ethnischen Gruppierungen abschließen; Mischehen etwa sind bei ihnen sehr selten. Neben den Indern gibt es auch eine kleinere japanische und eine – derzeit wachsende – chinesische Bevölkerungsgruppe.

Völkerbegegnung

Die meisten Ausländer kommen heute als Touristen nach Kenia und suchen Stranderholung und Abenteuer in der Natur. Die Exotik hat sie angelockt, der Tierreichtum, die bezaubernde Landschaft und die herrlichen Strände. Fast alle wohnen in komfortablen Hotels an der Küste oder in den Lodges und Camps der Tierreservate. Ihr Kontakt mit der Bevölkerung beschränkt sich oft auf Bestellungen im Restaurant, kurze Gespräche mit Taxi- oder Safari-Fahrern

Foto: Birger Meierjohann

oder Abstecher ins Rotlichtmilieu. Und das reicht wohl kaum aus, um die Kultur der Kenianer kennen zu lernen und Vorurteile abzubauen. Voraussetzungen dafür sind Toleranz und respektvolles Verhalten.

Es gibt verschiedene Gründe, die echte Begegnungen zwischen den Besuchern des Landes und seinen Bewohnern erschweren. Neben dem oft krasssen Einkommensgefälle zwischen Reisenden und Bereisten ist eines der Haupthindernisse die Sprache. Aber mit etwas gutem Willen von beiden Seiten lässt sich diese Barriere oft besser überbrücken als man denkt. So spricht ein großer Teil der kenianischen Bevölkerung Englisch. Doch oft ist es die Ausdrucksweise der Touristen, die eine Verständigung erschwert. Manche Touristen bedienen sich einer Ausdrucksweise, die an die diskriminierende Denkart des Kolonialismus erinnert. Hierzu gehört, dass man die Aufmerksamkeit des Kellners in dezenter Form auf sich lenkt, etwa mit einem dezenten „excuse me" oder einem leisen „samahani".

Die koloniale Vergangenheit wirkt in den Ländern Afrikas bis heute nach. Rassismus ist leider noch immer ein Thema – gerade im Zusammenhang mit Touristen, von denen manche dummerweise Unzulänglichkeiten bei der Bedienung, am Flughafen oder in Läden der „Faulheit, Ungeschicklichkeit oder gar Dummheit der Afrikaner" zuschreiben. Einmal abgesehen von der Fragwürdigkeit derartiger Vorurteile, steht dem eine völlig andere Realität gegenüber: So spricht fast jeder Kenianer, der im Tourismus arbeitet, in der Regel mehrere Sprachen. Grundvoraussetzung für die Anstellung in einem internationalen Hotel sind gute Englischkenntnisse. Und der überwiegende Teil des Hotelpersonals kann auf eine ausgezeichnete Ausbildung in einer der Hotelfachschulen Kenias stolz sein.

Viele Touristen wollen während ihres

Oben: Cocktailbar in der Steppe – das Touristikpersonal ist oft an Fachschulen ausgebildet und spricht gut Englisch. Rechts: Holzschnitzarbeit mit Masai-Krieger-Motiv.

Foto: Diane Peacock (iStockphoto)

Urlaubs nicht mit den Problemen eines afrikanischen Landes konfrontiert werden. Armut und Krankheit sollen sich möglichst nicht in der Nähe ihres Ferienparadieses abspielen. Wer aber bedenkt, dass ein Entwicklungsland wie Kenia ein gutes soziales Netz nicht finanzieren kann, wird auch Bettler nicht immer zurückweisen.

Eine der ärgsten Gedankenlosigkeiten von Urlaubern ist das Nacktbaden. Denn viele Küstenbewohner sind Moslems. Und den nichtmoslemischen Afrikanern redeten einst europäische Missionare ein, ihre Nacktheit sei ein Mangel an Kultur. Heute entrüsten sich gerade europäische Touristen darüber, dass die Afrikaner das Nackt- und Oben-Ohne-Baden an ihren Stränden verbieten.

Von den Kenianern tragen übrigens nur Schuljungen – als Teil der Schuluniform – kurze Hosen...

Sprachen

Zwei Amtssprachen bestehen in Kenia gleichberechtigt nebeneinander: Englisch und Suaheli (auch *Kisuaheli*, „Sprache der Suaheli", genannt). Es hat seine Ursprünge in der arabischen Einwanderung an der ostafrikanischen Küste, die vermutlich vor über 1200 Jahren mit seefahrenden Händlern aus dem Oman begann. Bei der Vermischung mit der einheimischen Bevölkerung entstand auf der Basis der Bantu-Sprache eine neue, eigenständige Sprache mit zahlreichen arabischen Wörtern.

Auch wenn Suaheli heute die zweite Amtssprache ist, ist es nur für einen geringen Teil der Bevölkerung die Muttersprache, denn als erstes lernt jeder Afrikaner die Sprache seiner jeweiligen Ethnie, also eine Bantu-Sprache, einen kuschitischen oder einen nilotischen Dialekt. In ganz Ostafrika sprechen heute ungefähr 80 Millionen Menschen Suaheli als Verkehrssprache.

Englisch dient als Handelssprache und wird bereits ab der 1. Schulklasse unterrichtet.

Kenya Tourist Board

Ballonfahrt über der Savanne

Die Likoni-Fähre verbindet die Insel Mombasa mit der Südküste

M.V NYAYO
MAX HEIGH

to Mombasa Intl. airport
Kwamwanam-
weupe
Island
Port Tudor
Port Reitz
Kilindini Harbour
Causeway
MAKUPA
Makande
Road
SHIMANZI
Mahindi St.
Unga St.
Mwinyi Matte St.
Chai St.
Kahawa Rd.
Voi St.
Mwatate St.
Shimanzi
St. Luke's
Anglican Church
Makupa
Sikh
Temple
Makupa
Circus
Tom
African
Inland Church
Mboya
Glory
Guest Hs.
Msaada A.
Dickson
Gard.
Ave.
Ishara
Kifungo
INDUSTRIAL
AREA
LANDI
YA
MAKUPA
Makupa
Police Station
KWAKIZIWI
Swaleh
Nguru
Manyimbo
Obote
Aga-Khan
Mosque
Tom Mboya
Hall
Majengo
Mwangeka
Ronald
Ngala
Road
Jomo
Saba-Saba
Nightclub
MANYIMBO
KILINDINI
Beira Rd.
Zanzibar Rd.
Dar es Salaam Rd.
Mozambique
Lumumba
Princess
Theatre
Salim Mwangunda
Makupa
Market
Municipal
Stadium
Solomon's
Castle
Mvita
Clinic
Gatundu
KINYOZI
Narok
Baringo
Simu ya Upepo Rd.
Sakina Jamia
Mosque
Kenyatta
Wajir
New Nyali Bridge
Malindi
TOMONOKA
Tononka
Moi
Ave.
Miji Kenda St.
Machakos
Pandya
Mwabundu
SIDIRIYA
KALO-LENI
Koinange
Parsee
Temple
Mboya
Coast General
Hospital
Lady Grigg
Hospital
Ferry
Railway
Station
Jubilee
Square
Muyaka
Sapphire
Kisauni
KIKOWANI
Sauti ya Kenya
Haile
Mwembe Tayari
Faza
Sikh T.
Avenue
Kikowani Rd.
Tom
MZIZIMA
Kilindini
Mosque
Archbishop
Chief Ali Bin
Tangana Rd.
Swaminarayan
Temple
JONI
Blashara
Nur
Mosque
New
People
Liwatoni
Creek
GAN-
Makarios Rd.
PrideInn
Selassie
Royal
Court
Health
Centre
Bus to Malindi
& Lamu
Nasser
LIWATONI
Chinese
Overseas
Tusks
Uhuru
Gardens
Naam Rd.
Recoda
Valencia
Inn
Abdel
Mzizima
Mombasa Harbour
Tamarind
Restaurant
Manson
Metric
Inn
Shehnai
Municipal
Mkt.
Fish
Market
Yacht
Club
Mnazi Moja Rd.
Sentrim Castle
Royal
Digo Rd.
Old Jain T.
Nehru Rd.
MNAZI
G.P.O.
New Buhari
Bohra
Mosque
English
Point
Playing
Immigration Dept.
Baluchi
Mosque
Kilindini Rd.
Dedan
Ambalal Hs.
KIBOKONI
Fields
Nkrumah
Jamhuri
Park
Old
Harbour
Mbaraki Creek
MBARAKI
Holy Ghost
Cathedral
Police
Basheikh
Mosque
Kuu Rd.
Krapf
Memorial
Heritage
Park
Railway
Sports Club
New Palm Tree
Lord Shiva
T.
Treasury
Square
Ndia
Mandhry
Mosque
Kimathi
Avenue
Lotus
Anglican
Cathedral
Town Hall
Mbaraki Pillar
Nakumatt Likoni
Pandya
Mem. Hosp.
Nyerere
Mbaraki
Vanga
Aga Khan
Hospital
Fort Jesus
Swahili
Cultural Centre
Hotel
EnglishPoint
& Spa
Mombasa
Showground
Bus Station
to the
Southcoast
Likoni
Towers
Kaunda
Mbuyuni
Ocean
Avenue
Kaunda
David Kayanda Rd.
Makadara Rd.
Drive
Katherine
Bibby Hospital
Ferry
Baobabs
YWCA
Pwani
KIZINGO
Ngina
Tanga,
Shelly, Tiwi &
Diani Beach
Aga Khan
Academy
Mwamba
Rd.
Lighthouse Rd.
Provincial
Headquarters
NYALI
Mombasa
Golf Club
Golf
Drive
Course
Mama
State
House
MOMBASA
0
500 m
© Nelles Verlag GmbH
Mama Ngina
The Florida
Club
Fort
St. Joseph

MOMBASA
Das Tor nach Ostafrika

MOMBASA

Die wichtigste Handelsmetropole an der ostafrikanischen Küste ist die Hafenstadt Mombasa, die auf einer Koralleninsel erbaut wurde. Von Dichtern und Reisenden schwärmerisch beschrieben, von Seefahrern heiß umkämpft, über Jahrhunderte bedeutendes Tor nach Ostafrika ist Mombasa heute ein beliebtes Ziel sonnenhungriger Urlauber aus aller Welt. Die Touristenströme der letzten Jahrzehnte haben das Bild und das Leben der Stadt beinahe ebenso stark beeinflusst, wie es die Eroberer der letzten Jahrhunderte getan haben. Doch trotzdem konnte „die Schöne“, wie Mombasa auch genannt wurde, immer ihr eigenes Flair bewahren.

Mombasa ist Kenias älteste Stadt, seine Geschichte reicht fast 2000 Jahre zurück. Schon der griechische Geograf Ptolemäus verzeichnete die Stadt 150 n. Chr. auf seiner Weltkarte. Römische, persische, indische und arabische Seefahrer liefen den Hafen auf ihren Handelsreisen an. Und so mancher ließ sich auf der Insel Mombasa nieder und genoss ihre Schönheit, die der ehemalige britische Premier Winston Churchill einmal „verlockend und köstlich“ nannte. Seine Entstehung verdankt Mombasa der günstigen Insellage in einer Bucht und dem Durchgang zum Meer im vorgelagerten Riff. Dieser sichere Naturhafen bot den Segelschiffen den nötigen Schutz und Mombasa die Grundlage seines wirtschaftlichen Aufstiegs. Im 16. Jh. hatte es sich mit etwa 10 000 Einwohnern zur mächtigsten Stadt der Küste entwickelt und lockte mit seinem Reichtum immer wieder beutegierige Eroberer an.

Die Portugiesen – als Erster näherte sich 1498 Vasco da Gama der Küste – versuchten mehrmals, die reiche Stadt in ihren Besitz zu bekommen. Vasco da Gama schaffte es aber damals nicht, vor Mombasa zu ankern und musste nach Malindi ausweichen. Mombasa konnte seine Unabhängigkeit bis Ende des 16. Jh. behaupten. Erst dann, geschwächt von Kämpfen mit dem Kriegervolk der Zimba und Attacken der Rivalin Malindi, musste es sich den Portugiesen beugen. Um sich selbst vor Eroberern zu schützen, bauten die neuen Herren ab 1593 die Festung Fort Jesus, die ihnen bis zur Ankunft der Araber aus Oman rund 100 Jahre später gute Dienste erwies. Nach langer Belagerung übernahmen 1698 die Omanis die Macht und behielten sie, bis sie ihrerseits die Insel 1873 den Briten abtreten mussten.

Die Engländer beendeten den blühenden arabischen Sklavenhandel und setzten eine funktionierende Regierung mit effizientem Verwaltungsapparat ein. 1896 begannen sie mit dem Bau

» Stadtplan S. 96, Info S. 105

der *East African Railway*, Mombasa wurde zum „Tor nach Britisch-Ostafrika" und blieb Hauptsitz des britischen Protektorats, bis es 1907 in seiner Vormachtstellung von der heutigen Hauptstadt Nairobi abgelöst wurde.

Bis 1896 konnte man Mombasa nur per Schiff erreichen, doch der Eisenbahnbau machte eine Brücke zum Festland notwendig, die später durch einen Damm ersetzt wurde. Mit der Südküste besteht bis heute nur eine Fährverbindung, die Likoni-Fähre, die Tag und Nacht zwischen dem Südwestufer der Insel und dem Festland pendelt. Als direkter Weg zur Nordküste wurde 2002 die 400 m lange Nyali-Brücke mit mehreren Fahrspuren gebaut. Diese ersetzte die damals längste Pontonbrücke (Schwimmbrücke) der Welt.

Scheinbar problemlos vereint das heutige Mombasa Vergangenheit und Gegenwart, Tradition und Moderne: Neben einer mittelalterlichen Altstadt mit Dhau-Hafen erheben sich modernste Hochhausviertel. Einträchtig reihen sich Kirchen aus der Missionszeit der Europäer an Moscheen oder Tempel verschiedener indischer Religionen.

Bis zur Jahrhundertwende bewohnten fast ausschließlich Araber, Inder und Suaheli die Küstenstadt. Erst im 20. Jahrhundert siedelten sich auch Afrikaner und Europäer in Mombasa an. Nach der Unabhängigkeit im Jahr 1963 ließen sich viele Geschäftsleute in Mombasa nieder, die die Stadt zu dem machten, was sie heute ist: Ein Banken-, Handels- und Touristenzentrum, das durch die Bamburi-Zementfabrik auch industriell eine wichtige Rolle spielt.

Diese lebhafte Siedlungsgeschichte hat Mombasa zu einem Schmelztiegel unterschiedlicher Kulturen werden lassen. Und so bestimmen heute afrikanische, asiatische, arabische und europäische Elemente das Bild dieser Stadt, die mit fast 1 Million Einwohnern nach Nairobi die zweitgrößte Stadt Kenias ist.

Aus Sicherheitsgründen sollte die Innenstadt nachts gemieden werden.

Stadtbesichtigung

Der beste Ausgangspunkt für einen Spaziergang durch Mombasas Innenstadt ist die **Digo Road**, eine der Hauptstraßen der Stadt. Von der Südküste aus ist sie die Fortsetzung der Nyerere Avenue. Von der Nyali Bridge aus erreicht man sie über die Tom Mboya Avenue und die Abdel Nasser Road.

An der Digo Road fallen als erstes die großen **Markthallen** (1) ins Auge. Exotische Früchte, Gemüse und Gewürze türmen sich an den Ständen. Ein Einkaufsbummel in dem lebhaften Getriebe sei allerdings nur dem empfohlen, der auch einmal entschlossen nein sagen kann. Denn nur allzugern stürzen sich die einheimischen Händler auf hilflos scheinende Touristen, um ihnen mit solchem Nachdruck ihre überteuerten

Oben: Mombasa wurde auf einer großen Koralleninsel erbaut. Rechts: Diese vier Elefantenstoßzähne aus Aluminium in der Moi Avenue sind das Wahrzeichen Mombasas.

» Stadtplan S. 96, Info S. 105

Foto: Birger Meierjohann

Mangos, Cashewnüsse und Limonen anzubieten, dass nur noch die Flucht nach vorn, sprich der Kauf, als Rettung winkt. Handeln ist in jedem Fall oberstes Gebot! Denn ein Korb mit frischen Früchten ist schon einen turbulenten Einkauf wert, und obendrein ist er ein hübsches Mitbringsel für alle, die bald die Heimreise antreten. Wer aber für seinen Einkauf etwas mehr Ruhe möchte, ist bei den Straßenständen in den Außenbezirken oder in den Läden im Stadtteil Nyali besser bedient.

Rund um den Markt gibt es zahlreiche Läden mit einem großen Sortiment an Tee, Kaffee, Gewürzen und Korbwaren. Manche Geschäfte sind so auf Touristen eingestellt, dass sogar Preislisten in mehreren Sprachen ausliegen. Auch die dazugehörigen Schlepper sind recht polyglott und erraten mit größter Treffsicherheit die Nationalität eines vorbeischlendernden potentiellen Käufers, ohne dass er auch nur einen Laut von sich gibt.

Im **Markt** gegenüber, in der **Biashara Street** (2), reihen sich hauptsächlich indische Textilgeschäfte aneinander, in denen es die bunt bedruckten Baumwollstoffe für die Wickeltücher, die *kikois* und *kangas*, gibt. Direkt daneben sitzen Schneider mit ihren alten Nähmaschinen an der Straße und fertigen für ein paar Schillinge Neues oder reparieren Gebrauchtes. Doch im Gegensatz zu den weltgewandten Ladenbesitzern beherrschen ältere Handwerker oft nur Suaheli.

In der **Jomo Kenyatta Avenue** (3), die parallel zur Biashara Street verläuft, war früher der größte Markt der Stadt, der **Mwembe Tayari**. Heute ist der Platz nur noch ein überfüllter **Busbahnhof** mit Imbissbuden. Von hier aus fahren die Busse und Sammeltaxis (*matatus*) in alle Richtungen des Landes.

Die Busse nach Lamu und Malindi fahren von der Haltestelle Abdel Nasser/Digo Road los. Dort erhebt sich direkt neben der Bushaltestelle Mombasas große Freitagsmoschee, die modern im indischen Stil wiederaufgebaute **Nur-Moschee** (4).

Wieder zurück auf der Digo Road,

Foto: Tokarsky (Dreamstime)

überquert man die **Haile Selassie Road**, die zum Bahnhof führt, und erreicht bald danach den turbulenten Verkehrskreisel zwischen der **Nkrumah Road** und der **Moi Avenue** (5), dem Eldorado der **Souvenirläden**. Kiosk an Kiosk reihen sie sich an der Moi Avenue bis hin zu den riesigen **Tusks** (6), den vier Elefantenstoßzähnen (nun aus Aluminium, früher aus Holz), die als Wahrzeichen Mombasas die Straße überspannen. Hier gibt es alles, was sich das Touristenherz wünschen kann, von holzgeschnitzten Löwen und Elefanten bis zu hübschen Schachspielen und Aschenbechern aus Speckstein. Neben zahlreichen Banken, Reisebüros und Autovermietungen befindet sich auf dieser Hauptgeschäftsstraße auch das **Tourist Information Office** (bei den Tusks am Uhuru Garden).

Oben: In einer Altstadtgasse von Mombasa. Rechts: Geschnitzte Türen aus Edelhölzern, mit Messingbeschlägen, waren und sind das Statussymbol wohlhabender moslemischer Suaheli-Familien.

Altstadt

Ohne einen Streifzug durch die engen Gassen und Straßen der malerischen **Altstadt** (Old Town) hat man Mombasa nicht kennen gelernt. Zwischen der Digo Road und dem Alten Hafen ist das alte Stadtbild noch erhalten: Häuser aus Korallenstein, verwunschene kleine Gärten, geschnitzte Balkone und Türen – verfallend, aber mit dem Charme vergangener Pracht. Die schön geschnitzten **Türen** findet man aber nicht nur in Mombasa, sondern auch in Lamu und Sansibar. Aus kostbarem Mahagoni- und Teakholz gefertigt, sind sie über Jahrhunderte wichtigstes Statussymbol der Suaheli-Häuser. Je nach Herkunft der Besitzer zieren die Türen unterschiedliche Symbole und Zeichen: Der indische Stil weist vor allem Blätter, Blumen, Fische oder Vögel als Ornamente auf, während die arabische Kunsthandwerkstradition geometrische Muster und Koransprüche bevorzugt.

Die meisten Häuser wurden um 1900

über dem Grundriss früherer Lehmbauten errichtet. In der Regel waren es indische Händler oder indische Gold- und Silberschmiede, die sich hier niederließen. Hinter dem Gitterwerk ihrer Fenster und Haustüren gehen sie auch heute noch ihrem Handwerk nach.

Am Ostrand der Altstadt liegt der **Alte Hafen** (7), der einst über Jahrhunderte Anlaufplatz der Handelsflotten war. Seine Bedeutung hat er jedoch schon lange verloren, nicht zuletzt seit der neue Tiefseehafen Kilindini im Westen der Stadt ausgebaut wurde. Noch heute gehen im Alten Hafen die arabischen **Dhaus** vor Anker, jene wendigen Segelschiffe, deren Aussehen sich seit den Zeiten von 1001 Nacht nicht verändert hat – nur ein Dieselmotor gehört inzwischen zur Standardausrüstung. Jahrhundertelang transportierten sie in der Zeit des Wintermonsuns (Dezember bis April) Gewürze und Teppiche über den Indischen Ozean nach Kenia. Wenn der Wind wechselte, beluden sie ihre Boote für die Rückfahrt mit Sklaven und Elfenbein.

Auch heute legen die großen Segelschiffe noch tausende Kilometer auf hoher See zurück – und das nicht selten ohne moderne Navigationshilfen. Im Winter, wenn die Dhaus aus dem Iran, Arabien und Indien ankommen, kann man mit einem gemieteten Boot hinausfahren und sie besuchen.

Interessant ist ein morgendlicher Spaziergang über den **Fischmarkt** (8) neben dem Alten Hafen, wo bei den lautstarken Versteigerungen verschiedenster Meeresköstlichkeiten immer ein reges Treiben herrscht.

Das Nebeneinander von Moscheen, Tempeln und Kirchen in der *Old Town* zeigt, welch unterschiedliche Religionsgemeinschaften in Mombasa miteinander leben. Moslems, Hindus und Christen haben sich in diesem Wohnviertel zusammengefunden. Mombasas älteste, noch genutzte Moschee stammt aus dem Jahr 1570: Die **Mandhry-Moschee** direkt am Alten Hafen. Ebenfalls ins 16.

Foto: Birger Meierjohann

Jh. datiert die **Basheikh- Moschee** (9), während der Neubau der **Baluchi-Moschee** (10) an der **Makadara Road** die alte Moschee aus dem Jahr 1875 ersetzt.

Zu den schönsten Bauwerken Mombasas zählen auch die indischen Tempel. Wie ein Märchengebilde erhebt sich der weiße Marmorbau des **Jain-Tempels** (11) an der **Langoni Road**. Der Eingang in das 1963 erbaute Heiligtum wird von zwei Elefanten flankiert, während im Inneren drei Figuren von Tirthankaras, den insgesamt 24 mythischen Gründern der Jain-Religion, aufgestellt sind. Der **Lord Shiva Tempel** (12), das religiöse Zentrum der Hindus, liegt am Rand der Altstadt.

Von dort geht es über die Nkrumah Road zurück zur Digo Road, wo direkt an der Kreuzung der beiden Straßen die **Holy Ghost Cathedral** (13) steht. 1891 erwarb der Missionar Pater le Roy das Grundstück für die erste Kirche an dieser Stelle. Der heutige, im neuromanischen Stil, errichtete Bau aus Korallen- und Sandstein stammt aus dem Jahr 1918.

» Stadtplan S. 96, Info S. 105

Foto: Burhan Ay (Shutterstock.com)

Fort Jesus

Fort Jesus (14) (UNESCO-Welterbe), am Südende der Altstadt, gehört zu Mombasas interessantesten Attraktionen. Auf einem Felsvorsprung gelegen, überragt es die Hafeneinfahrt und begrüßt Besucher zu Land und zu Wasser.

Das Jahr seiner Grundsteinlegung war 1593, als sich die Portugiesen entschlossen, ihre Position an der ostafrikanischen Küste durch den Bau einer starken Befestigung zu schützen. Rund 100 Jahre später, 1696, belagerten die Oman-Araber das Fort. 2 Jahre zogen sich die Kämpfe hin. Nach wechselndem Kriegsglück auf beiden Seiten blieben schließlich die Omanis Sieger und zogen 1698 im Triumph in die Stadt und das Fort ein. Erst unter britischer Oberhoheit wurde die einst so stolze Festung zum Gefängnis degradiert. Diese demütigende Epoche seiner sonst so ruhmreichen Geschichte endete 1958, als die Gulbenkian-Stiftung 30 000 Pfund für die Restaurierung des Bauwerks und die Errichtung eines Museums bereitstellte.

Oben: Fort Jesus bewacht seit 400 Jahren die Seeseite Mombasas. Rechts: Fackelträger geleiten die Gäste zum nächtlichen Dinner im Innenhof von Fort Jesus.

Eine englische und eine deutsche Kanone halten heute vor dem Haupttor Wache. Am Fuß der 15 m hohen und 2,5 m dicken Mauern fragt sich so mancher, wie das wuchtige Fort einst überhaupt eingenommen werden konnte.

Im Innenhof der Festung weisen Schilder auf Sehenswürdigkeiten hin, wie etwa die portugiesischen Mauerzeichnungen oder das besonders interessante **Omani-Haus** aus dem späten 18. Jahrhundert in der Nordwestecke, auf der rechten Seite des Eingangs. Die ★**Aussicht** vom Dach über die Altstadt Mombasas und den Innenhof der Festung ist fantastisch.

Einen Besuch des **Museums** an der südlichen Festungsmauer sollte man nicht versäumen. Zeichnungen und Karten des alten Mombasa, kostbarer Schmuck und Möbelstücke, vergilbte Fotos und Dhau-Modelle erzählen Inter-

» Stadtplan S. 96, Info S. 105

essantes aus früheren Tagen und reflektieren die Vielfalt der Kulturen der Küstenregion. Mehrmals wöchentlich wird im Rahmen einer **Sound-and-Light-Show** mit anschließendem **Candlelight Dinner** im Innenhof des Forts in stimmungsvollem Ambiente die bewegte Geschichte des Forts veranschaulicht (Do und Fr auf Deutsch).

Kilindini-Hafen

Den Süden und Westen der Inselstadt erreicht man am besten mit dem Auto. Der **Hafen** (15) am **Kilindini Creek** hat sich zu dem wichtigsten Ostafrikas entwickelt. An seinen Docks werden v. a. Waren aus Kenia,Uganda, Zaire, Sudan und China verladen. Der Tiefwasserhafen wurde 1896 mit dem Bau der *Uganda Railway* nötig, die den Handel mit dem Hinterland beschleunigte. Zehntausende finden im und um den Hafen Arbeit. Auch Kreuzfahrtschiffe legen hier an. 2013 wurde die Hafenerweiterung für Panamax-Schiffe fertig, jedoch planen die Chinesen einen noch größeren Containerhafen in Lamu.

Südlich des Hafens, in der Nähe der **Likoni-Fähre**, steht inmitten von Industriegebäuden die **Mbaraki-Säule** (16), ein knapp 10 m hoher, steinerner Turm aus dem 17./18. Jh., der einst vermutlich zum Grabmal eines Scheichs der so genannten „Drei Stämme" gehörte.

Abendliche Treffpunkte

Fährt man auf der Nyerere Avenue Richtung **Likoni-Fähre**, zweigt an einem Kreisverkehr der **Mama Ngina Drive** (17) nach links ab und umrundet die Südspitze der Insel bis zu den Ruinen von **Fort St. Joseph**. Die beliebte Flaniermeile, abendlicher Treffpunkt vor allem der asiatischen Bevölkerung, ist nach der Frau des ersten Präsidenten Jomo Kenyatta benannt. Wer seine Urlaubskasse erleichtern möchte, findet am Mama Ngina Drive gleich zwei stilvolle Spielkasinos: das **Casino** des

Foto: Birger Meierjohann

Hotels Oceanic und den berühmt- berüchtigten **Florida Nightclub**, der außer Roulette oder Black Jack im **Casino** auch eine heiße Disco, Showtänzerinnen und prickelnde Atmosphäre bietet.

In Mombasa sorgen Bars, Nachtklubs, Kasinos und Kinos für Unterhaltung. Zudem gibt es viele Restaurants – arabische, chinesische, indische, pakistanische, europäische und afrikanische.

Im vornehmen Villenvorort **Nyali**, im Osten von Mombasa Island, liegt das bekannteste Fischrestaurant der Küste: das **Tamarind**. Man erreicht es über die New Nyali Bridge, nach der man an der nächsten Kreuzung rechts abbiegt und der Beschilderung folgt. Von der Terrasse des im maurischen Stil erbauten Gebäudes hat man einen romantischen Blick über den Alten Hafen. Dem stilvollen Ambiente, mit einer nostalgischen Band, entspricht das gute Essen. An Bord der restauranteigenen **Dhau** findet allabendlich ein romantisches **Candlelight Dinner** unter tropischem Sternenhimmel statt (Abfahrt am Steg des Restaurants).

» Stadtplan S. 96, Info S. 105

Foto: Birger Meierjohann

DIE KÜSTE

Die meisten Besucher Mombasas wohnen nicht in der Stadt selbst, sondern in einem der zahlreichen Strandhotels der Nord- und Südküste (siehe hierzu die folgenden Kapitel). Insgesamt erstreckt sich Kenias Küstenlinie über 480 km von Somalia im Norden bis nach Tansania an der Südgrenze. Der weiße palmengesäumte Strand, der fast auf der ganzen Länge von einem Korallenriff geschützt ist und das türkisblaue Wasser des Indischen Ozeans zieht Urlauber aus aller Welt an.

Das vorgelagerte Riff, das sich in einer Distanz von ungefähr einem Kilometer hinzieht, bietet nur wenige Durchfahrten wie bei Mombasa. Doch seine natürlichen Becken bilden eine Kette blauer Lagunen entlang der Küste, in denen man sicher schwimmen und tauchen kann. Im flachen Wasser ist an vielen Stellen das Badevergnügen durch scharfe Korallenbänke etwas getrübt. Badeschuhe sind erforderlich.

Die Vegetation an der Küste ist üppig: Palmen und Oleander gedeihen ebenso wie Frangipani-, Kasuarina-, Cashewnuss- und Mangobäume.

Mitten in diesem blühenden Paradies liegen die meisten Hotels – meist direkt am Strand. Von dort ist der Weg nach Mombasa für eine Besichtigungstour oder einen Einkaufsbummel nicht weit.

In fast allen Hotels werden Touren oder Bustransfers in die Stadt angeboten. Wer auf eigene Faust einen Ausflug nach Mombasa unternehmen will, kann zwischen Taxis (Fahrpreis vorher ausmachen!), öffentlichen Bussen oder *matatus* (Sammeltaxis mit oft ziemlich verwegenen Fahreren) wählen. Öffentliche Verkehrsmittel sind jedoch während der Hauptverkehrszeiten überfüllt und ein beliebtes Betätigungsfeld von Taschendieben. Neuerdings gibt es auch elektrische dreirädrige *tuktuks* (Autorikschas) sowie Motorradtaxis *(boda boda)*; von Letzteren wird jedoch außer für Kurzstrecken abgeraten.

Oben: Musikalische Unterhaltung für die Teilnehmer einer Dhau-Fahrt.

» Stadtplan S. 96, Info S. 105

Mombasa (☎ 041)

Mombasa & Coast Tourist Office, Mo-Fr 9-12, 14-16.30 Uhr, Sa 9-12 Uhr, Moi Ave., hinter den „Tusks", Tel. 2315959, mombasa@tourism.go.ke.

AFRIKANISCH: **Recoda**, sehr beliebt, köstliche Swaheli-Küche, gegrillter Fisch, gute Kebap-Fleischspieße, Salate, bestes *Chapati*, Moi Ave. (100m westl. d. „Tusks"), Ecke Kisumu Road.
CHINESISCH: **Chinese Overseas**, u. a. großes Angebot an Meeresfrüchten, auch koreanisch, Moi Ave., 250m westl. d. Stoßzähne.
IITALIENISCH: **Pistaccio Restaurant/Pizzeria,** gute Pizza, moderate Preise, zwanglos, luftig, abends gelegtl. Live-Band, nahe Serena Hotel, Serena Road.
INDISCH: **Splendid View Café**, bekannt für Tandoori-Spezialitäten, Fruchtsäfte, *Lassis*, Malindi Rd., nahe Nyali Centre.
Shehnai, Niveauvolles Lokal, seit Jahrzehnten etabliert, mit feiner Mughal-Küche, Mo Ruhetag, Maungano Rd.
FISCH: **Tamarind**, eins der besten Lokale Kenias, Terrasse mit Blick auf den Alten Hafen, exzell. Fisch- u. Hummergerichte, Candlelight Dinner auf der Dhau des Tamarind, reservieren, am Ufer, in der Cement Silo Road in Nyali, Tel. 4471747, www.tamarind.co.ke.

The Florida Club, Mama Ngina Drive. **Shots Bar**, ein lebhafter Party Spot, Digo Road, Bamburi,

MEDIZINISCHE HILFE: **The Aga Khan Hospital**, Vanga Road, Tel. 222710-5. **Pandiya Memorial Hospital**, Dedan Kimathi Ave, Tel. 2313577. **Africa Air Rescue (AAR)**, Moi Ave, Harbour House, Notrufnummer Tel. 2226697 (24 h).
APOTHEKEN: **Diamond Arcade Pharmacy**, Mo-Fr 8-18,Sa 9-16 Uhr, Diam. Arc., Moi Ave.

Hauptpostamt, Mo-Fr 8-18 Uhr, Sa 9-12 Uhr, Digo Rd.

BANKEN: **Barclays**, Mo-Fr 9-15, Sa 9-11 Uhr, mehrere Filialen, z. B. Nkrumah Rd. **Standard Chartered Bank**, geöffnet wie Barclays, Treasury Square. **Pwani Forex**, Mo-Fr 8.30-17, Sa 8.30-13 Uhr, Digo Rd.

POLIZEI: Police Headquarter, Makadara Rd, in der Nähe des Lotus Cinema, Tel. 311401, Notruf: 222121.

Fort Jesus, tgl. 8.30-18 Uhr, Nkrumah Rd, Tel. 312839. ***TIPP***: **Jahazi Marine**, bietet die Tour *Fort Jesus Exclusive* für 75 US$: Dhaufahrt bei Sonnenuntergang zum Alten Hafen, Spaziergang zum Fort, Sound-and-Light-Show, dann im Innenhof Dinner bei Fackelschein unter Sternenhimmel, Tel. 472213, jahazi@africaonline.co.ke.

Unzählige Geschäfte im Zentrum verkaufen Holzschnitzereien, T-Shirts, Körbe und konkurrieren mit den Straßenständen. Die **Biashara Street** ist der beste Ort zum Kauf örtlicher Textilien wie *kangas, kikois, kitenge* und Stoffen mit Knotenfärbung. Nach dem Überqueren der Digo Road gelangt man zum **Mackinnon Markt** (Municipal Market), knapp daneben liegt das auf Webwaren und Korbflechterei spezialisierte Geschäft **Ebrahim Stores**. Hinter dem Markt bieten Läden Gewürze, Tee, Kaffee, Schmuck und Edelsteine, Batiken und Schnitzereien an. **Bhagwanji Hansraj & Sons** bieten köstliche indische Snacks und Süßigkeiten. In der Old Town, beim Fort Jesus, liegen einige interessante Antiquitäten-, Kuriositäten- und Parfüm-Läden. Interessant sind auch die Straßen um die Mbarak Hinaway Road und Ndia Kuu. Die meisten Läden sind von 8-18 Uhr geöffnet, Mittagspause von 12/12.30-14 Uhr.

FLÜGE: Der **Moi International Airport**, Tel. 3433211, liegt auf dem Festland, ca. 10 km westl. der Stadt. **Kenya Airways**, Nkrumah Rd., Tel. 221251, mehrmals tgl. Nairobi-Mombasa. **Air Kenya**, Nkrumah Rd., Tel. 229777, am Flughafen Tel. 433982, 2-3xtgl. Nairobi-Mombasa, tgl. Lamu via Malindi. Derzeit kein öffentl. Transport zum Flughafen, Taxi ca. 2000 KSh von Mombasa). Es gibt auch Billigfluganbieter wie z. B. **Easy Jet**.
BAHN: Schnellzug Mombasa-Nairobi, knapp 5 Std. Fahrzeit.
BUS: Büros der Busfirmen in Jomo Kenyatta Ave (Busbahnhof) und Abdel Nasser Rd. Abfahrt z. Nordküste: Abdel Nasser Rd. Abfahrt z. Südküste: Likoni Ferry Terminal.

Martin Thomas

Diani Beach, einer der schönsten Strände an Kenias Küste

Foto: Andrzej Kubik (Shutterstock.com)

SÜDKÜSTE
Kokospalmen und Silberstrände

DIE SÜDKÜSTE

Die Südküste Kenias besteht auf einer Länge von 60 km aus einer fast ununterbrochenen Kette breiter silberner **Sandstrände**. Kokospalmhaine wechseln mit interessanten Dörfern. Direkt am Strand liegen zahlreiche Hotels unterschiedlicher Preisklassen. Sie zählen zu den Hauptzielen erholungssuchender Urlauber, die im warmen, klaren Wasser der geschützten Lagunen schwimmen, am feinkörnigen Sandstrand in der Sonne liegen oder die Unterwasserwelt der Korallenriffe erkunden wollen. Bei **Ebbe** weicht das Wasser allerdings weit zurück. Die **Korallenbänke**, die das Baden oft schwierig machen, liegen dann frei.

An der gesamten Südküste verläuft eine Teerstraße wenige Kilometer landeinwärts parallel zur Küste Richtung tansanische Grenze. Ausgangspunkt für eine Fahrt an die Südküste ist die **Likoni-Fähre**, die Mombasa mit **Likoni** ❶ verbindet.

Kurz nach dem Verlassen der Fähre zweigt von der Hauptstraße eine kleine Straße nach Osten zum etwa 3 km entfernten **Shelly Beach** ❷ ab, einem hübschen Strand mit vielen Muscheln und nur wenigen Hotels. Zeitweise ist die Küste hier allerdings wegen der großen Mengen an Seegras weniger attraktiv.

Südlich von Shelly Beach erstreckt sich bis zur Mündung des **Mwachema-Flusses** ein blendend weißer Strand: Der ★**Tiwi Beach** ❸. Der saubere, ursprüngliche Küstenstreifen bietet Unterkunft in zwei sehr guten Hotels, in Bungalows und auf einem Campingplatz an der Twiga Lodge (Tel. 040/3205126) direkt unter Palmen am weißen Sandstrand und gilt als Paradies für Individualtouristen. 18 km südlich von Likoni führen zwei Abzweigungen im Ort **Tiwi** (mit Supermarkt und großem Gemüse- und Obstmarkt) über staubige Pisten zum Tiwi Beach – zwei Kilometer, die man auf keinen Fall zu Fuß zurücklegen sollte, da es immer wieder Überfälle gibt.

Am Südufer des Mwachema-Flusses erhebt sich auf einem Felsen die **Kongo-Moschee** ❹. Das Bauwerk aus dem 18. Jh. gilt heute als Nationaldenkmal und wird noch immer von Gläubigen genutzt. Malerisch umgeben von großen Affenbrotbäumen, liegt das Gebetshaus nur wenige Minuten zu Fuß vom Strand und der Flussmündung.

★★**Diani Beach** ❺ bei Ukunda (ca. 40 km von Mombasa) ist Kenias längster Strand und einer seiner Haupttouristenorte. Hier reiht sich ein Hotel an das andere, direkt am palmengesäumten weißen Sandstrand und dem türkisblauen Indischen Ozean. Das vorgelagerte **Riff**

Links: Reitkamel am Tiwi Beach.

Foto: Attila Jandi (Dreamstime)

wurde im Rahmen des **Diani-Chale-Marine-Park** unter Schutz gestellt.

Hier dreht sich alles um die Wünsche der Urlauber. Die meisten Hotels bieten eine große Palette an Sport- und Freizeitangeboten. In den Ortschaften Diani und **Ukunda** ❻ gibt es Einkaufszentren mit Bank, Supermärkten, Drogerien, Apotheken und Boutiquen. Ukunda besitzt eine Landebahn für kleinere Flugzeuge, die als Ausgangspunkt für Flugsafaris in die Tierreservate dient.

Zum Schutz der seltenen **Colobus-Affen** gibt es am Diani Beach, neben der Africana Sea Lodge, ein kleines, dschungelartiges **Schutzgebiet**, das kenianische Ranger und internationale Volontäre betreuen (Zugang von der Hauptstraße oder vom Strand). Auge in Auge kann man die Colobus-Affen mit ihrem schwarz-weißen Fell und den langen Haaren beobachten. Ein beliebter Tummelplatz der Affen (und idealer Fotospot) ist der große Baobab im Zentrum des Schutzgebietes. Für einen geringen Beitrag kann man die faszinierende Welt dieser einzigartigen Affenart entdecken (Colobus Cottage, www.colobusconservation.org).

Oben: Ein Angola-Stummelaffe (Colobus angolensis) in seinem Schutzgebiet am Diani Beach.

Nach Süden erstreckt sich der Diani-Strand bis Gazi, wo er eine kleine Bucht umgibt und bei ★**Chale Island** ❼ endet, einem **Naturreservat** mit vielfältiger Tier- und Vogelwelt, Moorquellen und Salzseen im Inneren. Von Diani ist das Inselchen, auf dem es ein gutes Hotel (The Sands at Chale Island, 50 Zi., Tel: 040/3300269, www.thesandsatchaleisland.com, Moor-Kuranwendungen, Tauchbasis) und ein **Restaurant** (köstlicher Hummer!) gibt, ein beliebtes Ziel für **Bootsausflüge**, die am Morgen mit Schwimmen und Schnorcheln beginnen und mit einem Grillfest auf Chale Island ausklingen.

Gazi ❽ war einst Verwaltungszentrum des Bezirks. Heute ist es hauptsächlich wegen seiner großen Kokosnussplantagen von Bedeutung. Abseits der Hauptstraße erinnert das schlecht

» Karte S. 111, Info S. 113

erhaltene **Haus des Scheich Mbaruk bin Rashid** an die Zeit, als hier Anfang des 19. Jh. der omanische Mazrui-Clan lebte. Die kunstvoll geschnitzte Holztür des Hauses befindet sich inzwischen im Fort Jesus Museum in Mombasa.

Weiter Richtung Süden kommt man nach **Msambweni** ❾, bekannt für sein gut ausgestattetes Krankenhaus, das beste an der Südküste. Der **Strand** in dieser Gegend ist erst seit den 1980er Jahren für Touristen erschlossen, inzwischen gibt es bereits zahlreiche Bungalows und Ferienhäuser. Einige Ruinenreste im Norden des Areals erinnern noch an ein früheres Sklavengefängnis.

Südlich von Msambweni durchquert die Straße endlose Zuckerrohrfelder, im Dorf **Ramisi** zweigt die Piste zu den benachbarten Suaheli-Weilern **Shirazi** ❿ und **Bodo** ab. Hier starten Bootstouren nach **Funzi-Island**, einer Mangroveninsel vor der Küste. Interessant sind die Funzi vorgelagerten **Mangrovenwälder** und eine **Bootsfahrt** ins wildromantische Delta des Ramisi-Flusses (Kinazini Funzi Dhow Safaris, Diana Beach Road, Kwale, Tel. 040/3203221). Wer die Einsamkeit der Insel länger genießen möchte, kann im komfortablen **Hotel** eines Schweizers übernachten.

Am Ende der kleinen Halbinsel südlich des Ramisi River liegt **Shimoni** ⓫. Hauptattraktionen sind die **Korallenriffe** des ★★**Kisite-Mpunguti Marine National Park**, die zu den schönsten Tauch- und Schnorchelrevieren Kenias zählen, und das fischreiche Meer um **Wasini Island**. Im Ort Shimoni gibt es zwei noble **Hotels** für Sportfischer, am Wasini-Kanal mit schönem Blick auf die Wasini-Insel. Spannend ist ein Besuch des morgendlichen **Fischmarkts**, auf dem oft Haie und andere Großfische feilgeboten werden. Das ansonsten verschlafene Fischernest verdankt seinen Kisuaheli-Namen „Ort der Höhlen" einem verzweigten **Höhlensystem** im Westen der Ortschaft. Dort hielt man Sklaven bis zur Verschiffung gefangen.

Schnorchelfans können Fahrten zu den **Korallengärten** der **Insel Kisite** über die Nationalparkverwaltung in Shimoni oder die Hotels am Diani

» Karte S. 111, Info S. 113

Foto: Alamy (Images of Africa Photobank / mauritius images)

Beach arrangieren. Beliebt sind **Dhau-Fahrten**, die morgens mit Schwimmen und **Schnorcheln** beginnen. Unterwegs kann man **Delfine** beobachten. Nachmittags legt die Dhau in **Wasini Island** an, wo das **Island Restaurant** Fisch und Meeresfrüchte serviert. Ein Verdauungsspaziergang führt im Schatten von Baobab-Bäumen in das Dorf **Wasini**. Die Moslemfrauen in der einstigen arabischen Siedlung verkaufen selbstgemachtes Kunsthandwerk.

Zurück am Festland auf der geteerten Hauptstraße bei Shimoni erreicht man, vorbei an **Mrima**, ca. 100 km südlich von Mombasa den wenig aufregenden Ort **Lunga Lunga** ⓬ mit einfachen Hotels und einer Tankstelle kurz vor der Grenze nach Tansania.

Shimba Hills National Reserve

Mit 192 km² ist das **Shimba Hills National Reserve** ⓭ ein „kleines" Tierschutzgebiet. Von Mombasa setzt man mit der Likoni-Fähre zur Südküste über, folgt der Hauptstraße (C106) bis **Ngombeni** und biegt nach rechts ins Landesinnere Richtung **Kwale** (16 km) ab. Ab da ist die 3 km lange Piste ausgeschildert.

Eine Rundfahrt durch die grünen Hügel des Reservats dauert einen halben Tag. Bekannt ist es für das gleichzeitige Vorkommen von **Pferdeantilopen** und den seltenen **Rappenantilopen**. Auch Büffel, Buschböcke und Elefanten leben hier.

Im **Mwele Mdogo Forest** erwartet den Besucher Dschungel mit armdicken Lianen und umherflatternden Schmetterlingen. Zwischen seltenen Pflanzen leben im dichten tropischen Regenwald auch viele Vögel wie Turako oder Palmnussgeier; das Spornhuhn (Rotkehlfrankolin), auf Suaheli *kwale*, ist das Wappentier des gleichnamigen Verwaltungsbezirks. Im Südosten des Parks befindet sich der **Sheldrick-Wasserfall**. Vom Ranger Post kann man sich mittags einer geführten **Wanderung**

Oben: Pferdeantilope in den Shimba Hills; im Hintergrund der Indische Ozean.

» Karte S. 111, Info S. 113

zum Wasserfall mit einem bewaffneten Ranger anschließen. Man sollte etwas Kondition für den 4-km-Marsch mitbringen. Festes Schuhwerk und eine Wasserflasche ist empfehlenswert. Ein kleiner Flusslauf ist auf einer wackeligen „Brücke" zu queren, der Rückweg ist in der Mittagshitze bergauf zu bewältigen. Der Park liegt zwischen 150 und 400 m hoch, so dass man an den Aussichtspunkten den Tiwi-Strand und den Diani-Strand in ganzer Länge überblicken kann.

Nach dem Vorbild der berühmten Treetops Lodge in den Aberdares ist die dreistöckige **Shimba Hills Lodge** gebaut. Sie ist ein Meisterstück der Holzbauweise und typisch für kenianische Baumhotels. Die Verbindungsgänge in Höhe der Baumkronen machen es leicht, die Tiere, insbesondere die Vogelwelt, mit etwas Glück auch Colobus-Affen, ganz aus der Nähe zu beobachten. Das **Wasserloch** am Fuß der Lodge zieht oft **Elefanten** an – zu beobachten beim Mittagessen auf der Terrasse der Lodge.

Wer für den Rückweg nicht dieselbe Straße benutzen möchte, kann den Park auch auf der Südseite am **Kidongo Gate** verlassen und über die Küstenstraße zurück nach Mombasa fahren.

Mwaluganje Elephant Sanctuary

Im Norden schließt sich an Shimba-Hills das **Mwaluganje-Elefanten-Reservat** ⓮ an, das in Zusammenarbeit mit den Einheimischen betrieben wird. Es gibt ein **Camp** mit Komfortzelten und ein **Wasserloch**, das quasi „Elefantensichtungsgarantie" bietet. Es befindet sich 10 km vom Haupteingang entfernt, Allrad ist nötig (Tel. 040/4121, mes@swiftmombasa.com). Ein originelles Souvenir von hier ist Briefpapier aus Elefantenmist.

Auf dem Weg zum Elefanten-Schutzgebiet kommt man durch den Ort **Kwale** mit seinem bunten **Markt** für Tropenfrüchte und Gemüse.

Diani Beach (☎ 040)

Ali Barbour's Cave, Fischrestaurant, malerisch in einer Korallenhöhle, nahe Diani Sea Lodge, Tel. 3202033.

African Pot, preiswerte kenianische/Swaheli-Gerichte, Nähe Coral Beach Cottages.

Tropical Paradise, gute kreol. Küche, schöner Garten, günstig, nahe Club Neptune.

Nomads Beach Bar, italienisch; Cocktails, Pizza, Bouillabaisse, Desserts; am Strand.

Nomads Restaurant, Themen-Buffets.

Maharani, orientalisch, beim Trade Winds.

Shan-e-Punjab, nordinidische Küche, Tandoori-Gerichte, günstig; **Chinese Restaurant**, guter Chinese; beide Lokale an der Diani Beach Road, gegenüber Diani Reef Hotel, bieten gratis Abholung vom Hotel.

Forty Thieves Beach Bar, mit Meerblick, günstiges Essen, Billard, Mi, Fr, Sa Disco, vor 21.30 Uhr spart man sich den Eintritt, neben Ali Barbour's.

Disco Shakatak, Diani Beach Road, www.shakatak-Kenya.com.

Nachts unbedingt ein **Taxi** nehmen!

Shimba Hills (☎ 040)

Kenya Wildlife Service, geführte Wanderung (2 Std.) ab Sheldrick Falls Ranger Post, Do-Di ca. 11 Uhr, Tel. 4159, www.kws.org.

Shimoni (☎ 040)

DHAU-TRIPS (ab Diani Beach): **Coral Spirit**, Delfine beobachten, Schnorcheln vor Wasini I., Essen u. Ausrüstung,www.coralspirit.com.

Pilli Pipa Dhow, Ausflug zum Marine-NP, mittags Meeresfrüchte im Pilli-Pipa-Restaurant (Wasini Island), www.pilipipa.com.

Shirazi / Bodo (☎ 040)

DHAU-TRIPS: **Funzi Dhow**, Ausflug von Shirazi zur Funzi Island mit Dorfbesichtigung, Diani Beach, www.funzidhow.com.

Südküste (☎ 041)

Nakumatt Likoni, top ausgestatteter Supermarkt; Nyere Ave. (von Mombasa: vor der Fähre rechts), Tel. 2228945.

Nakumatt Diani, in Ukunda, an der Hauptstraße.

» Karte S. 111

Birger Meierjohann

Am Nyali Beach (Bahari Beach Hotel)

Foto: Kenya Tourist Board

NORDKÜSTE
Ein Hauch von Arabien

MOMBASAS NORDEN
KILIFI
GEDI
MALINDI
LAMU UND HINTERLAND

NORDKÜSTE

Von Mombasa zieht sich Kenias Nordküste über die Küstenorte Kilifi und Malindi bis zur Inselgruppe des Lamu-Archipels und endet mit dem Dorf Shakani an der Grenze nach Somalia. Der nördliche Verwaltungsbezirk Lamu ist touristisch noch wenig erschlossen und hat derzeit Sicherheitsprobleme. Der schmale Küstenstreifen nördlich von Mombasa und der um Malindi gehören dagegen zu den dichtbesiedeltsten Gegenden Kenias.

MOMBASAS NORDEN

Zwischen Mombasa und Mtwapa, an der Mündung des Mtwapa-Creek, reihen sich die Strände Nyali Beach, Kenyatta- und Bamburi Beach und schließlich der von exklusiven Ferienclubs dominierte Shanzu Beach.

Direkt hinter der **Nyali-Brücke**, die Mombasa mit dem Festland verbindet, befindet sich das vornehme Villenviertel **Nyali**, wo Mombasas Oberschicht in eleganten Häusern inmitten gepflegter Gärten wohnt.

Der als **English Point** (1) bekannte Landvorsprung verdankt seinen Namen dem ersten Siedlungsgebiet der durch die Briten befreiten Sklaven. Mit einem **Denkmal** ehrt man hier den schwäbischen Missionar **Johann Ludwig Krapf** (1810-1881), der 1844 in Rabai die erste Missionsstation an Kenias Küste und letztlich die Anglikanische Kirche Kenias gründete. Er übersetzte die Bibel ins Suaheli und schuf so die Grundlage für Kiswahili als Verkehrssprache Ostafrikas. Nebenan befindet sich das große **Hotel English Point** mit Restaurant.

An der Main Nyali Road in Nyalis Mitte lockt das **Nyali Cinemax** mit den neusten Hollywoood- und Bollywood-Filmen, Restaurants und Bowling.

Hinter dem Nyali Beach befindet sich der **Nyali Golf Club** (2) mit Squash- und Tennisanlagen. Direkt daneben findet man einige der besten Hotels der Gegend. Das älteste unter ihnen ist das **Nyali Beach Hotel**, 1946 erbaut. Das **Mamba Village** (3) gegenüber dem Golfclub rühmt sich, die größte **Krokodilfarm** Afrikas zu sein. Über 10 000 Krokodile, vom riesigen „Menschenfresser" bis zu winzigen Jungtieren, leben hier in naturnahen Tümpeln. Zum Vergnügungsangebot gehören auch ein **Botanischer Garten** mit **Aquarien**, ein **Schlangenpark** und der **Mamba International Night**. Der **Club Wild Waters** ist ein neuerer Wassererlebnispark für Familien in Nyali.

Links: Frauen am Strand von Mombasa bieten Kangas, das Allzweckkleidungsstück der Ostküste, zum Kauf an.

» Plan S. 119, Info S. 131

Foto: asmithers (iStockphoto)

Folgt man jenseits der Nyali-Brücke der Hauptstraße Richtung Malindi, erreicht man schließlich **Freretown**. Sir Bartle Frere gründete hier 1874 eine Missionsstation für freigelassene und entlaufene Sklaven, an die heute noch die sehenswerte **Emanuel-Kirche** (4) erinnert. Ihre Glocke, die **Freretown Bell**, hing früher an der Nyali-Road- Kreuzung direkt hinter der Nyali Bridge, um die Bewohner von Freretown vor Überfällen arabischer Sklavenhändler zu warnen; heute prangt dort eine Replik.

In Richtung Malindi führt die Straße durch den chaotischen, sehr armen Stadtteil **Kisauni** mit Verkaufsständen und einfachen Guesthouses. Schilder weisen zu den **Bombolulu-Werkstätten** (5) (ca. 3 km hinter der Nyali Bridge). 1969 wurde hier ein **Handwerkszentrum** für Körperbehinderte gegründet, die hier arbeiten, leben und afrikanisches Kunsthandwerk, vor allem Schmuck, zum Verkauf anbieten.1994 wurde außerdem ein **Kulturzentrum** eröffnet. Dort sind traditionelle Gehöfte von 6 kenianischen Völkern nachgebildet, landwirtschaftliche Methoden, Handwerk und Tänze werden vorgeführt und das **Ziga-Restaurant** serviert authentische kenianische Swaheli-Küche.

5 km nördlich von Bombulu, hinter dem Kenyatta Beach, führt die Hauptstraße an dem privaten Wald-und Tierschutzgebiet der *Bamburi Cement Company* vorbei. Hier hat der Schweizer Agronom René Haller mit einem vorbildlichen Wiederaufforstungsprogramm die hässlichen Narben beseitigt, die der jahrzehntelange Abbau von Korallenkalk in die Landschaft gegraben hatte. Der ★**Haller Park (Bamburi Nature Trail)** (6) ist täglich von 9-17 Uhr für Besucher geöffnet. Die Fütterung der Tiere findet gegen 16 Uhr statt. Auf dem 75 ha großen Gelände leben zahlreiche verschiedene Vogel- und Säugetierarten (u. a. Flusspferde) sowie Krokodile. Ein extensiver Fischzuchtbetrieb, dessen Erzeugnisse an die Restaurants

Oben: Der Haller Park ist ein lohnendes Tagesausflugsziel von den Strandhotels.

» Plan S. 119, Info S. 131

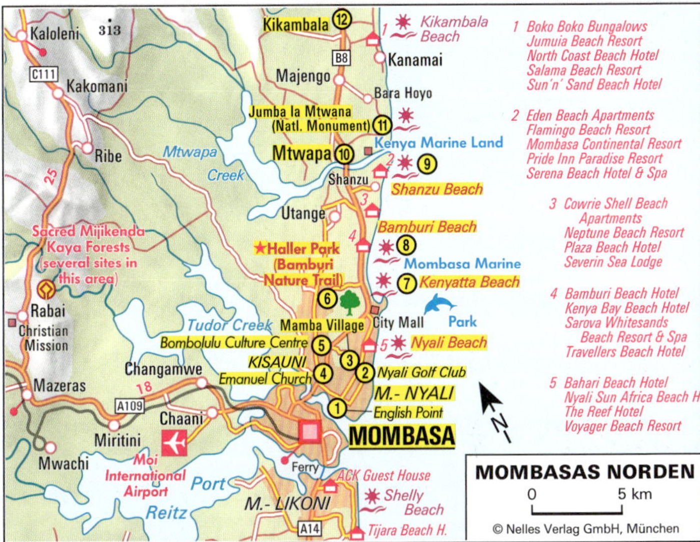

und Hotels in der Umgebung verkauft werden, trägt den Großteil zur Finanzierung dieses bemerkenswerten Umweltprojektes bei (www.lafargeecosystems.com). Gegenüber, an der Malindi Road, verführt das Einkaufszentrum **City Mall** mit dem **Nakumatt Nyali** zum Shoppen.

Kenyatta Beach (7) ist der einzige öffentliche Badestrand von Mombasa, mit Scharen von kenianischen Ausflüglern. Im **Pirates** isst man gut, aber nicht besonders preiswert; Kinder können sich auf Wasserrutschen vergnügen. Vor der Küste befindet sich der **Mombasa Marine Park**, dessen beeindruckende Unterwasserwelt man von **Glasbodenbooten** bewundern kann.

Richtung Norden reihen sich Hotelanlagen aneinander, am **Bamburi Beach** (8) wie auch am ★**Shanzu Beach** (9) (s. Bild S. 8), einem schönen, langen, von Felsen durchsetzten Sandstrand, der bis zum Mtwapa-Creek reicht.

Entlang der Strände warten viele Restaurants auf Gäste. Diskotheken sowie Spielkasinos gehören ebenso zur Szenerie wie Autovermietungen, Einkaufszentren und Sportanlagen. Das Nachtleben konzentriert sich jedoch mittlerweile in Mtwapa (siehe unten). Außerdem betreiben Schweizer hier eine **Go-Kart-Bahn** mit Restaurant und Filmleinwand.

Vom Mtwapa Creek bis Kilifi

Der **Mtwapa Creek**, eine Meeresbucht, die tief ins Festland schneidet, trennt die Nordküste Mombasas vom nächsten Küstenabschnitt bis Kilifi. Vor Jahren überquerte man die Bucht noch auf einer handbetriebenen Kettenfähre. Und die schwarzen Bootsleute wussten ihre Fahrgäste mit improvisierten Shanties zu erfreuen. Heute ist auch hier die Neuzeit eingekehrt und eine moderne **Brücke** überspannt den Creek.

Nördlich der Brücke erreicht man den ärmlich wirkenden, lauten Ort **Mtwapa** (10). Am Ortseingang zweigt rechts die Zufahrt zum **Kenya Marine Land** ab, einem Meerespark mit riesigen **Aquarien**, in denen sich Haie, Schildkröten,

Stachelrochen, Barrakudas und andere Meeresbewohner tummeln. Täglich einmal werden sie von einem Taucher gefüttert, wobei die Besucher zuschauen können. Auch kann man Wasserski fahren oder Hochseefischen; ein stimmungsvoller Ausflug ist die **Dhau-Fahrt** vom Anlegesteg des Meeresparks in den Creek. Weitere Attraktionen des Marine Land sind der **Schlangenpark** mit Mambas, Kobras etc. und ein nachgebautes Masai-Dorf, wo Schmuck und Schnitzereien hergestellt und Tänze vorgeführt werden, außerdem das am Wasser gelegene, sehr gute Restaurant **Aquamarin**.

Am Ortseingang links biegt eine Piste zum **Moorings** ab, einem schwimmenden Restaurant am Nordufer des Creeks mit exzellenter Fischküche.

Direkt am Ortseingang – rechts von Mombasa aus – steht das berühmt-berüchtigte 24-Stunden-Restaurant/Disko **Casaurina Nomad**: Frauen aus ganz Afrika amüsieren sich hier mit einsamen Expats und Urlaubern. Hier wie auch im **Lollipop Mtwapa** floriert die in Kenia eigentlich verbotene Prostitution.

Am nördlichen Ortsausgang von Mtwapa zweigt eine 3 km lange Zufahrt nach **Jumba la Mtwana** (11) („Haus des Sklaven") ab, einem von Kenias Nationaldenkmälern. Die Ruinen dieses 400 Jahre alten Außenpostens des Sklavenhandels sind heute ein sehenswertes **Freilichtmuseum**. Besonders interessant ist die **Mosque by the Sea** mit einem Extra-Raum für Frauen und einer noch erhaltenen Zisterne. Der schöne **Jumba Beach** eignet sich gut für eine erholsame Pause.

Weiter Richtung Norden liegt **Kikambala** (12), ein touristisch kaum entwickelter Ort mit einem 10 km langen, sehr schönen **Sandstrand**, den man jedoch nur über etwa 2 km lange, schlechte Pisten erreichen kann. Unterkunft findet man am Strand in drei größeren Hotels oder in einfachen Gästehäusern. Baden kann man hier allerdings nur bei Flut.

Bis ins 40 km entfernte Kilifi säumen

 » Plan S. 119, Info S. 131

Foto: Mark Boulton (Alamy / mauritius images)

Sisalplantagen die Straße. Der Sisalhanf wird aus der Blattfaser der Sisalagaven gewonnen. Die Leute hier fertigen hübsche Artikel aus diesem Material, vor allem Matten und die typischen afrikanischen Körbe, die *kiondos*.

★Kilifi Creek

Nach den Plantagen schlängelt sich die Straße zum ★**Kilifi Creek**, einer der schönsten Buchten der Küste. Jenseits der Bucht, die sich 8 km weit ins Festland gefressen hat, liegt die Ortschaft **Kilifi** ❶ etwa auf halbem Weg zwischen Mombasa und Malindi. Kurz vor dem Creek führt eine Abzweigung nach rechts zum **Mnarani Hotel**, einem der ältesten Hotels Kenias und gleichzeitig einem Zentrum für Hochsee-Sportfischer und Taucher. Die Brücke von Kilifi ersetzt nun die Fähre. In der Nähe des alten Fähranlegers befinden sich auf einem Felsen hoch über dem Südufer des Kilifi Creeks die schön gelegenen, sehenswerten arabischen **Ruinen von Mnarani** aus dem 15. Jahrhundert, inmitten riesiger Baobab-Bäume. Der Kilifi Creek ist wegen seiner geschützten Lage für Windsurfer und Wasserski-Fans ideal. Außerdem bietet er vor allem abends eine malerische Szenerie, wenn man bei Sonnenuntergang mit dem Boot die Bucht durchfährt. Zu dieser Zeit sammeln sich ganze Wolken von karminroten **Bienenfressern**, so dass die Luft nur so vibriert von ihrem Flügelschlag, während das letzte Sonnenlicht das rote Gefieder der Vögel beleuchtet.

Oben: Sisalplantage nahe der Küste.

★Gedi und ★Watamu

Nördlich von Kilifi, vor der Abzweigung nach Watamu, dehnt sich der 400 km^2 große **Arabuko-Sokoke-Wald** aus, ein sehr gefährdetes Waldgebiet, das bei Ornithologen für seine äußerst seltenen Vogelarten bekannt ist. Zur Zeit werden neue Reservatsgrenzen diskutiert, um die wertvolle ökologische Zone vor den Köhlern und der holzverarbeitenden Industrie zu retten. Doch

Foto: Rafal Cichawa (Shutterstock.com)

wie so oft ist ein Kompromiss zwischen Industrie und Naturschutz schwierig. Das Gebiet ist für Besucher zugänglich; Informationen im **Visitor Centre** in **Gedi**.

Weiter nördlich in Richtung Watamu führt eine beschilderte Abzweigung zu den ★**Ruinen von Gedi** ❷, einer der bedeutendsten Ausgrabungsstätten Kenias. Auf einer Fläche von 18 ha erstreckte sich hier im Urwald einst eine blühende islamische Handelsstadt mit mehr als 2500 Einwohnern, die Anfang des 17. Jh. verlassen wurde. 1884 wiederentdeckt, wurde die Ruinenstätte 1948 zum Nationaldenkmal erklärt und unter James Kirkman wissenschaftlich ausgegraben. Heute kann der Besucher auf gepflegten, informativ ausgeschilderten Wegen durch die gut erhaltene Ruinenstadt spazieren.

Erbaut wurde Gedi um 1300. Zeugen seiner einst hochentwickelten Kultur sind eine Reihe gut erhaltener Häuser aus Korallenstein, zahlreiche Brunnen und Wasserleitungen, dazu verschiedene Moscheen, wie etwa die Große Moschee mit 17 Säulen, mehrere riesige Säulengräber und ein Gefängnisbau. Eindrucksvoll ist auch der große Sultanspalast, in dessen Vorhöfen man in den Boden versenkte Behälter zum Auffangen von Regenwasser sehen kann. Ein archäologisch wichtiger Fund ist das „datierte Grab" mit der eingravierten Jahreszahl 802 islamischer Zeitrechnung, was 1399 n. Chr. entspricht.

Bis heute blieb ungeklärt, wer die Gründer der Stadt waren und warum sie sie hier und nicht verkehrsgünstiger am Meer errichteten. Als Zeugnis ihres Reichtums gelten Funde – das kleine **Museum** am Eingang zeigt die interessantesten – wie chinesisches Porzellan aus der Zeit der Ming-Dynastie, glasiertes Steingut aus Persien, Glasperlen aus Venedig und eine Lampe aus Indien. Ein ungelöstes Rätsel stellen auch die 4 Skelette dar, die man in einem Brunnen fand. Weshalb diese Stadt nach 300-jährigem Bestehen plötzlich verlassen wurde, weiß man nicht.

In der Nähe des Eingangs befindet sich die **Kipepeo Butterfly Farm**, Kenias erfolgreiche Schmetterlingsfarm. Das **Visitor Centre** informiert über das Projekt und über den **Arabuko Sokoke Forest**, den nahen Küstenregenwald mit seltenen Tierarten; außerdem wird lokales Kunsthandwerk gezeigt.

Von Gedi ist es nicht weit zum Badeort ★**Watamu** ❸ mit der wohl schönsten ★★**Küstenlandschaft** Kenias. In den herrlichen, sichelförmigen Strandbuchten von **Watamu Bay**, **Blue Lagoon** und **Turtle Bay** sieht man überall kleine Felsen und malerische Inselchen, die die Überreste fossiler Korallenriffe darstellen und ein wahres Paradies für Taucher und Schnorchler sind. Seit 1968 sind die Korallenbänke, die zu den schönsten der Ostafrikanischen Küste zählen, durch den ★★**Watamu Marine Nationalpark** geschützt. Die zu

Oben: In der Nähe des Badeortes Watamu liegt die Ruinenstadt Gedi. Rechts: Korallenfelsen am schönen Watamu Beach.

» Karte S. 120, Info S. 131

Foto: FernandoQuevedo (iStockphoto)

bestimmten Jahreszeiten vorbeiziehenden, bis zu 12 m langen Walhaie sind ein Traum für jeden Taucher. Beste Zeit zum Schnorcheln und Tauchen oder für Glasbodenbootsfahrten ist zwischen Oktober und März, wenn das Wasser klar und die See ruhig ist. Die Mangrovenwälder um den **Mida Creek** sind für ihren Vogelreichtum bekannt.

Sehr interessant ist ein Besuch der von Wissenschaftlern betriebenen **Bio-Ken-Schlangenfarm**: Hier werden Schlangen erforscht und gemolken.

Malindi

Weiter nördlich liegt **Malindi** ❹. Es ist nach Mombasa wichtigstes Touristenzentrum der Küste mit 70 000 Einwohnern, doch anders als dort gruppieren sich hier die Hotels direkt um den Stadtkern, so dass die ganze Stadt und ihre Bewohner vollkommen in den Tourismus einbezogen sind. Angeblich ist Malindi über 1000 Jahre alt, doch seine Existenz ist erst seit dem 13. Jh. nachweisbar, wie arabische Berichte und Keramikfunde belegen. 1498 lief Vasco da Gama auf dem Weg nach Indien im Hafen von Malindi ein und machte es zum Verbündeten Portugals. Das **Vasco-da-Gama-Steinkreuz** auf einer Landzunge im Süden und die **Portugiesische Kapelle** erinnern daran. Ein Altstadtrundgang ist ab dem **Malindi Museum** ausgeschildert (kombinierte Eintrittskarten).

Über Jahrhunderte beliebte Zwischenstation für Schiffe, die ums Kap der Guten Hoffnung nach Indien segelten, verlor Malindi im 17. Jh. durch Überfälle an Bedeutung. Ein Aufschwung durch den Sklavenhandel im 19. Jh. war nur von kurzer Dauer. Erst der Tourismus erweckte den Ort in den 1930ern zu neuem Leben. Die ersten Hotels **Blue Marlin** und **Lawfords** entstanden und beherbergten Prominente wie Ernest Hemingway, der hier seiner Leidenschaft, dem Hochseefischen nachging und viele Nachahmer fand.

Viele Hotels – wie der (auch wegen seines Restaurants beliebte) **Driftwood Beach Club** – befinden sich direkt am

» Karte S. 120, Info S. 131

Strand, der sich in ein Mekka der Surfer verwandelt, wenn im Juli und August der Monsun Riesenwellen durch die Lücke im Riff hereintreibt. Zur Regenzeit trübt jedoch Schlamm des Galana River (im Unterlauf heißt er Sabaki River) das Wasser der Malindi Bay.

Kasinos und Nachtklubs wie das renommierte **Stardust** oder der **Club 28**, ein bunter **Markt**, italienische **Eisdielen** und **Pizzerien**, weiße Strände wie der beliebte ★**Silversands** und die fantastische Unterwasserwelt des ★★**Malindi Marine National Park**, der im Süden in den Watamu Marine Nationalpark übergeht, machen den Ort anziehend. Weitere Attraktionen sind der **Fischmarkt** und der **Sea Fishing Club** mit seinem guten Clubrestaurant, von dem schon viele Sportfischer aufbrachen, um den größten Marlin aller Zeiten heimzubringen – der bisher schwerste wog 566 kg. Da Fischen und das Ausbeuten von Muschel- und Korallenbänken im Meerespark untersagt ist, müssen Fischer weit hinausfahren.

Am Ortseingang Malindis, an der Lamu Road, befinden sich die **Post**, die **Polizei** und ein Ladenzentrum mit **Geldautomaten**.

In den unwirtlichen Norden

Von Malindi führt die Straße nach Norden an Lamu vorbei zur somalischen Grenze. Von Mombasa und Malindi aus verkehren auch Busse auf dieser Strecke. Doch nur wenige Touristen riskieren die Überlandfahrt durch dieses wegen der Nähe zu Somalia und der Al-Shabaab-Terrormiliz sowie einheimischer islamistischer Separatisten unsichere Gebiet (unbedingt vorab die **Sicherheitslage** erfragen!), zumal es Flüge nach Lamu und Kiwaiyu gibt.

10 km nördlich von Malindi überquert man auf einer Brücke den **Sabaki River**. 5 km nördlich des Flusses kommt man nach **Mambrui** ❺, einem Fischerort, den die Portugiesen schon im 15. Jh. anliefen. An diese Zeit erinnern ein **Säulengrab**, verziert mit Porzellankugeln aus der Ming-Periode, sowie eine **Moschee**, deren Kuppeldach mit Koransprüchen geschmückt ist.

Ca. 30 km nordwestlich von Mambrui (über eine Piste zu erreichen) liegt in der Nähe des Dorfes **Marafa** eine interessante geologische Formation, die als **Hell's Kitchen** ❻ bezeichnet wird. Mit seinen erosionszerfressenen Hügeln und Bergen und den bis zu 30 m hohen Wänden aus verschiedenfarbigem Gestein gleicht das Gebiet einer bizarren Mondlandschaft.

Die Fahrt führt weiter durch **Gongoni**, vorbei am italienischen Raumfahrtzentrum **San Marco**; einige Kilometer dahinter liegt mitten in der **Formosa Bay** die dazugehörige **Satelliten-Abschussrampe**, die hier, wo am Strand manchmal die Elefanten baden, sehr exotisch wirkt.

Im Norden der Formosa Bay verläuft die Straße landeinwärts durch trockenes Buschland, das vom Hirtenvolk der Orma bewohnt wird. Rechts der Straße erstreckt sich das riesige Feuchtgebiet des **Tana River Delta** ❼, in dem es zahlreiche Vogelarten, viel Wild und vereinzelte Fischerdörfer gibt.

111 km nördlich von Malindi erreicht man am oberen Ende des Deltas den Ort **Garsen** ❽ (bis hier ist die Straße geteert) mit Einkaufs- und Tankmöglichkeit und einer Brücke, die den Tana River überquert.

Der **Tana River** ist mit über 700 km der längste Fluss Kenias. Er entspringt in den schneebedeckten Höhen des Mt. Kenya und in der kühlen Bergregion der Aberdares und fließt größtenteils durch den trockenen Nordosten des Landes, von Galeriewäldern gesäumt und von Flusspferden und Krokodilen bewohnt. Über eine staubige, in der Regenzeit oft schwer befahrbare Piste Richtung Garissa erreicht man 40 km nördlich von Garsen das **Tana River Primate Reserve** ❾, ein Wildschutzgebiet, das vor allem

Rechts: Eine hölzerne Dhau, vor Lamu verankert.

 » Karte S. 120 u. S. 126-127, Info S. 131

Foto: javarman (Shutterstock.com)

für die seltenen **Roten Stummelaffen** und die **Kappenmangaben** eingerichtet wurde.

Für die Fahrt auf den Pisten zum Tana River Primate Reserve, nach Lamu oder Garissa sollte man sich aus Sicherheitsgründen unbedingt einem der Buskonvois anschließen, die von Soldaten begleitet werden. Die Sicherheitslage auf der Strecke nach Lamu ist prekär.

DER ARCHIPEL VON ★★LAMU UND SEIN HINTERLAND

Die Piste von Garsen Richtung Lamu verläuft auf den ersten Kilometern auf einem Damm, der die Flussebene des Tana River durchquert. Der kleine Ort **Witu** ⑩ mit ein paar Läden war Ende des 19. Jahrhunderts die Residenz des Sultans von Swaheliland, das 1885-1890 als „**Deutsch-Wituland**" ein Protektorat des Deutschen Reichs war und 1890 für die Anerkennung der übrigen deutschen Kolonialgebiete in Afrika an die Briten im Tausch gegen Helgoland abgetreten wurde. Nur eine Kanone am Marktplatz und ein Grabmal zeugen noch davon.

20 km südöstlich von Witu stehen in der Nähe von **Kipini** ⑪ die **Ruinen** einer vergessenen Stadt u. a. mit den Überresten einer Moschee aus dem 16. Jh. Die Küste mit ihren Stränden und Sanddünen ist weitgehend unberührt.

Von Witu aus erreicht man über die Dörfer **Mkunumbi** und **Hindi** nach ca. 65 km **Mokowe** ⑫, wo man das Fahrzeug stehen lassen muss, um mit einem Boot zur Insel Lamu überzusetzen.

Die Inselgruppe, bestehend aus Lamu, Pate, Manda und einigen kleineren Inseln, ist wegen ihrer abgeschiedenen Lage von den großen Touristenströmen verschont geblieben. Der Archipel kann auf ein Jahrtausend bewegter Geschichte zurückblicken, bestimmt von Kriegen und langen Perioden kultureller Blüte und florierenden Handels. Im 14. Jh. zuerst Araber – im 15. Jh. wohl auch einige schiffbrüchige Chinesen, im 16. Jh. Portugiesen und Perser – siedelten sich an den Handelshäfen des Archipels an. Wie von den anderen Ha-

» Karte S. 126-127, Info S. 131

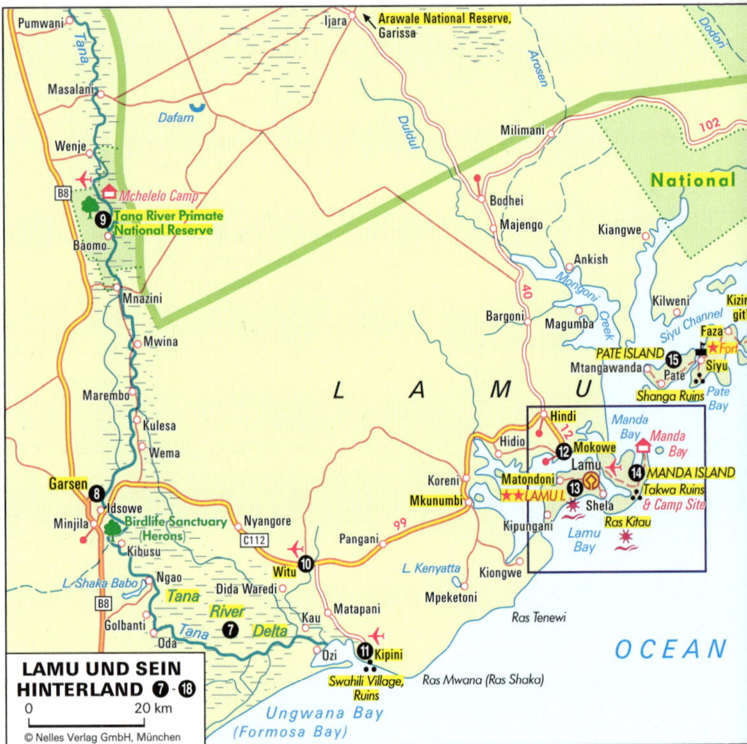

fenstädten Ostafrikas segelten Dhaus mit Sklaven, Elfenbein und Nashorn Richtung Arabien, Indien und China, um dann mit dem Wintermonsun Gewürze, Teppiche und andere Orientwaren nach Afrika zu bringen.

Rivalitäten zwischen den aufstrebenden Küstenstädten Lamu und Pate, die mehrmals ihre Bündnispartner wechselten, waren an der Tagesordnung.

Erst als Araber aus Oman ihren Machtbereich ausdehnten, büßten die selbstständigen Stadtstaaten ihre Unabhängigkeit ein. Der unaufhaltsame wirtschaftliche Niedergang des Archipels begann im Grunde bereits mit der Abschaffung des Sklavenhandels Ende des 19. Jahrhunderts. Doch in ihren bis heute dauernden Dornröschenschlaf fielen die Inseln erst, nachdem Mombasa durch den Bau der Eisenbahn und des neuen Tiefseehafens für große Schiffe, die Vorrangstellung als Tor nach Ostafrika erlangte. Handelsbeziehungen in der Vergangenheit haben den Inseln den Koran gebracht, und es heißt, dass der Lamu-Archipel der Ursprungsort der arabisch-islamisch geprägten Suaheli-Kultur sei, die sich über die gesamte Küste Ostafrikas ausgebreitet hat.

Derzeit plant China einen großen Containerhafen bei Lamu und forscht auch nach einem Anfang des 15. Jh. hier gesunkenen großen Schatzflotten-Expeditionsschiff des berühmten chinesischen Admirals Zheng He (Cheng Ho).

» Karte S. 126-127, Info S. 131

★★Lamu

Bis heute ist die ★★**Insel Lamu** ⓭ ein lebendiges Stück altes Arabien im schwarzen Afrika. Die Insel und die gleichnamige Stadt sind nur auf dem Seeweg zu erreichen, allerdings dauert die Überfahrt von der nahen Insel Manda gerade ein paar Minuten. Auf der Sandpiste des kleinen Flughafens von Manda landen Gäste aus Mombasa, Malindi und Nairobi.

Die meisten Besucher bleiben nur für einen Tagesausflug in Lamu und können den Zauber der Insel nach diesen Stunden nur erahnen. Ein Spaziergang durch die ★★**Altstadt von Lamu**, die zum UNESCO-Welterbe zählt, vermittelt den Eindruck, in einer anderen Zeit angekommen zu sein. In dem Gewirr enger Straßen und Gassen gibt es keine Autos, denn Autofahren ist auf der Insel verboten – nur der Polizeipräfekt ist davon ausgenommen. Und deshalb leben auf Lamu neben den 15 000 Einwohnern 6500 Esel, die jedes Transportproblem lösen. Es gibt sogar eine Klinik für die Grautiere (Donkey Sanctuary), in der sie kostenlos behandelt werden.

Die Verbindung zu den anderen Inseln besorgen Segelschiffe. Vom malerischen **Hafen**, von dem früher große Lastensegler zu ihren Reisen in ferne Länder in See stachen, segelt noch heute manche Dhau mit Ware ab. Doch die Fahrt geht nur noch nach Malindi oder Mombasa, gelegentlich auch mit Passagieren an Bord.

Der dem Meer zugewandte Teil der Stadt Lamu besteht überwiegend aus Steinhäusern (18. und 19. Jh.). Ihre dicken Mauern bieten wirksamen Schutz gegen die Hitze. Die Steinbänke neben den geschnitzten Haustüren sind der Ort, wo sich die Nachbarn zum abendlichen Schwatz treffen. Das Innere dieser Häuser kann man in den zahlreichen Gästehäusern kennen lernen. Stil und Atmosphäre entschädigen dort für die einfache Zimmereinrichtung. Malerische Innenhöfe, überwuchert von blühenden Bougainvilleas, alte geschnitzte Lamu-Möbel und Terrassen mit fantastischem Blick über die Stadt, sind nur einige der Annehmlichkeiten. Der westliche, arme Teil der Stadt besteht aus einfachen Lehmhütten mit Makuti-Dächern und grenzt direkt an die Felder, die die Stadt umgeben.

Um sich im Labyrinth von Lamus Straßen zurechtzufinden, sind die besten Orientierungspunkte die **Harambee Avenue** – die Hauptstraße, die zu **Fort** und **Marktplatz** führt –, sowie die **Hafenpromenade** (Kenyatta Rd.). Dort findet man neben dem **Tourist Office** und der Bank das traditionsreiche **Hotel Petley's Inn**. Das stilvolle Herrenhaus aus dem 19. Jh. bietet Gästezimmer, die

Foto: Freelance Press

auch Anspruchsvolle zufriedenstellen. Sogar ein Pool steht zur Verfügung. Auf der luftigen **Dachterrasse** von Petley's gönnt man sich zur Dämmerstunde einen Drink – Urlauber genießen wie so mancher Einheimische hier ihren *Sundowner*, denn die meisten Restaurants hier sind – nach muslimischer Sitte – alkoholfrei. Doch sie haben anderes zu bieten: arabisch-afrikanische Köstlichkeiten wie scharfe Fleischbällchen mit duftenden Kräutern gewürzt oder gebratenen Tigerfisch in Kokosnusssauce und dazu unvergleichliche frische Obstsäfte aus Limonen, Mangos oder Tamarinden.

Nur wenige Schritte vom Petley's Inn entfernt wartet das **Lamu Museum**, eine britische Kolonialresidenz von 1891, auf Besucher. Haushaltsgeräte, Möbel, kostbarer Schmuck und – die Attraktion des Museums – zwei riesige *siwa*, langgezogene Hörner aus Elfenbein und Kupfer, die nur zu besonderen Zeremonien geblasen wurden, geben einen Eindruck von der Kunstfertigkeit der Suaheli. Ein Blick in die prächtige Welt von 1001 Nacht eröffnet sich bei der Besichtigung des Hochzeitszimmers. Eine schöne **Aussicht** auf die Altstadt bietet sich vom Museumsdach.

Von der Seeseite führen Gässchen auf die Harambee Avenue zu und weiter durch die Stadt. Die Läden in den weißgetünchten, zweistöckigen Häusern beschwören das Bild eines orientalischen Basars herauf. Draußen an den schweren Holztüren hängen bunte *kangas*. Auf der Straße trifft man Männer, bekleidet mit den bodenlangen weißen *khanzus* oder den *kikois* (einer Art Wickeltuch) und auf dem Kopf die traditionelle *kofia*. Die Frauen sind von Kopf bis Fuß in ihre schwarzen *buibuis* gehüllt, die bei vorgezogenem Gesichtsschleier nur die Augen freigeben.

Bis in die späten Abendstunden ist die Stadt mit regem Treiben erfüllt. Es ist auch für Touristen gefahrlos, sich

Oben: Die Altstadt von Lamu. Rechts: Typisches Transportmittel in Lamu.

» Karte S. 126-127, Info S. 131

ins Getümmel zu mischen. Rücksicht erwartet man von Fremden bezüglich der Kleidung, die den moslemischen Vorstellungen angepasst sein sollte.

Im rein islamischen Lamu gibt es zwei Dutzend Moscheen, die man jedoch nur mit Erlaubnis betreten darf. Interessant ist die **Freitagsmoschee** aus dem 16. Jh. im Norden der Stadt. Lamus berühmtestes Gebetshaus ist die **Riyadha-Moschee** von 1901, südwestlich des Marktes. Dort findet alljährlich das *Maulidi-al-Nabi*-Fest statt, an dem die Moslems den Geburtstag des Propheten feiern. Tausende Pilger, von den Komoren, aus Ostafrika, Arabien und sogar aus Indien kommen dann hierher. In der Festwoche quillt Lamu von Gästen über, die man hinter der Riyadha-Moschee in einer Volksküche gratis verpflegt. Höhepunkt der einwöchigen Feiern ist die *ziyara*, die **Prozession** zum Grab von Habib Swaleh, einem Sufi und Korangelehrten von den Komoren, der sich nach 1880 auf Lamu niederließ, die Riyadha-Moschee und eine bedeutende Koranschule gründete.

Ausflüge auf Lamu: ★Shela, ★★Strand und Matondoni

Am Ostende der Insel Lamu liegt das Dorf ★**Shela**, dessen weißes **Minarett** von 1829 wie ein Leuchtturm in den Himmel ragt. Von der Stadt Lamu fährt man mit einem Boot dorthin oder man legt die 3 km als Strandspaziergang zurück. Die Hauptattraktionen des verschlafenen Dorfes, das Anfang des 19. Jh. Schauplatz einer blutigen Schlacht zwischen Pate und Lamu war, sind das kleine, legendäre ★**Hotel Peponi** – mit Sundowner-Terrasse, netter Bar und exzellenter Küche – und der traumhaft schöne ★★**Sandstrand**. Von hohen **Dünen** gesäumt, zieht er sich, fast schattenlos, 12 km bis Kipungani hin.

Westlich von Lamu liegt **Matondoni**, wo heute noch traditionelle **Dhaus** gebaut werden. Segelboote bringen Besucher dorthin.

Foto: Byelikova Oksana (iStockphoto.com)

Die Inseln Manda, Pate und ★Kiwaiyu

Die wichtigste Verbindung zur Außenwelt ist für die **Insel Manda** ⓮ ihr kleiner Flugplatz gegenüber von Lamu. Ansonsten kommt man nur mit dem Boot dorthin. Die kläglichen **Ruinen von Manda** erinnern an die älteste befestigte Siedlung (ca. 9. Jh.) an der ostafrikanischen Küste. Sehenswerter sind die **Ruinen von Takwa**, die an einem Meeresarm in Mangrovensümpfen liegen und als Reste einer Stadt aus dem 16./17. Jh. in ihrer archäologischen Bedeutung mit Gedi vergleichbar sind. Die südliche Halbinsel **Ras Kitau** lockt mit ihrem paradiesischen Strand: Am ruhigen **Ras Kitau Beach** genießt der Urlauber Weltabgeschiedenheit.

Von dichten Mangrovenwäldern umgürtet ist die **Insel Pate** ⓯, 32 km nordöstlich von Lamu. Gefährliche Riffe und Untiefen erschweren die Anreise per Boot, und auch der kleine Flughafen wird nur unregelmäßig angeflogen. Dementsprechend niedrig ist die Zahl

» Karte S. 126-127, Info S. 131

Foto: Ammonitefoto (iStockphoto)

der Besucher, obwohl Pate einiges zu bieten hat: die **Ausgrabungen** von **Nabahani** und die größeren von **Shanga**, und das imposante ★**Fort** des Dorfs **Siyu**.

Der größte Ort der Insel ist **Faza** mit 1500 Einwohnern. Das Fischerdorf **Kizingitini** ist bekannt für seinen schönen **Strand** und wegen der Schalentiere, die hier gefangen werden. Inselerkundungen sind zu Fuß oder mit dem Esel möglich. Übernachtungsmöglichkeiten gibt es nur in Privatzimmern.

Die Reservate Kiunga, Dodori, Boni, und Arawale

★**Kiwaiyu** ⑯, die nördlichste Insel des Lamu-Archipels, ist mit ihren herrlichen Stränden und Korallenfelsen ein Anziehungspunkt für Leute, die fernab vom Trubel baden, fischen oder schnorcheln wollen. Die kleine Insel liegt im **Kiunga Marine National Reserve**, das sich fast bis zur somalischen Grenze erstreckt und auch dem Schutz von Schildkröten und seltenen Korallen dient. Anreise per Flieger oder Dhau von Lamu oder per Dhau von Pate.

Das Hinterland von Kenias Nordküste ist kaum erschlossen und wegen des Bürgerkriegs in Somalia (mit Hunderttausenden Flüchtlingen in der Grenzregion) und somalischer Banditen und Wilderer unsicher. Auch wegen der z. T. kaum mehr befahrbaren Pisten ist ein Bereisen des Lamu-Distrikts mit dem eigenen Fahrzeug derzeit nicht ratsam.

Die Wildparks **Dodori** ⑰ und **Boni National Reserve** ⑱ nahe der somalischen Grenze sollen Elefanten und Topi-Antilopen Schutz bieten. Dichte Vegetation und schlechte Pisten erschweren jedoch die Tierbeobachtung.

Das **Arawale National Reserve** liegt an der schlechten Piste von Mokowe nach Garissa am Ostufer des Tana River. Einzig hier im Arawale-Reservat leben noch **Hunter-Antilopen**, die man jedoch in der unberührten Landschaft fast nie zu sehen bekommt.

Oben: Das traditionsreiche, feine, kleine Hotel Peponi liegt am einladenden Shela Beach.

» Karte S. 126-127, Info S. 131

Bamburi-, Kenyatta- und Shanzu-Beach (☎ 041)

Pirates, Kenyatta Beach, gut, aber nicht billig. **Maharaja**, Tel. 5487119, Bamburi Beach, nordindische Küche.

Bamburi Nature Park (Haller Park), Wiederaufforstung eines Steinbruchs zu artenreichem Dschungel mit Wildschutzgebiet, Fischzucht, Krokodilfarm, Restaurant. Tgl. 9-17 Uhr, Tierfütterung 16 Uhr.

Mtwapa (☎ 041)

Moorings Restaurant, www.themoorings.co.ke, schwimmendes Restaurant im Mtwapa Creek, exzell. Fisch, vor Mtwapa im Creek unter der Brücke links (von Mombasa aus).

Kenya Marineland, Tel. 485248, Meerespark mit riesigen Aquarien, Schlangenpark, Hochseefischen, Wasserski, Dhauausflüge auf dem Mtwapa Creek inkl. Mittagessen im **Aquamarine Restaurant**.

Club Lambada, am nördlichen Ende der Stadt, mit Schwimmbad (Splash Disco), www.clublambada.com.

Nyali (☎ 041)

Ziga-Restaurant, im Bombolulu-Zentrum, authentische Swaheli-Küche.
Whistling Pines, Tel. 5487464, im Haller Park, Barbeque u. a. mit Straußen, Oryx- und Krokodilfleisch, Fisch aus der eigenen Zucht, Sundowner, Terrasse mit Teichblick.

Mamba International Nightclub, Tel. 41475180, im Mamba Village, sehr beliebter, riesiger moderner Nachtclub, Lasershows, Shuttle-Service von der Innenstadt.

Mamba Village, Krokodilfarm, Botan. Garten mit Aquarium, Schlangenpark, 8.30-18.30 Uhr, 17 Uhr Krokodilfütterung.
Bombolulu Handwerks- u. Kulturzentrum, Verkauf von Kunsthandwerk (v. a. Schmuck), Tanz- u. Handwerksvorführungen, Restaurant, Verkaufsausstellung Mo-Sa 8-18, Werkstätten Mo-Fr 8-12.45, 14-17, Kulturzentrum Mo-Sa 8-17 Uhr.

Malindi (☎ 042)

The Old Man and the Sea, Tel. 31106, bestes Essen, große Portionen, v. a. Fisch, Meeresfrüchte, romantisch. **I love Pizza**, Tel. 20672, beliebter Italiener, exzellente Pizza und Fischgerichte. **Baobab**, Tel. 20489, afrikanische und internationale Küche, am Wasser, schöne Aussicht auf Strand und Fischerboote.

Malindi Marine Nationalpark, Tel. 20845, Parkeingang am Casuarina Point südl. der Stadt (7-19 Uhr), Schnorcheltouren, Glasbodenboote.
Tauchbasen: **Lawford's Hotel** und **Driftwood Beach Club**.

LAMU-ARCHIPEL

FLÜGE: regelmäßige Flüge zwischen der Insel Manda und Nairobi, Mombasa und Malindi. Tgl. Flugverbindung zwischen Kiwaiyu und Lamu oder Nairobi.
BOOT: Tägl. Postboot nach Pate. Vom Flughafen auf Manda Fähre nach Lamu. Mehrmals tägl. Boote von Lamu nach Shela; auf Vereinbarung zum Ras Kitau Beach Hotel.
AUTO / BUS: Straße endet in Mokowe am Festland, ab hier Fähre nach Lamu (autofrei).

Ein- oder mehrtägige Ausflüge nach Lamu organisieren viele Reiseveranstalter in Nairobi, Mombasa und Malindi.

Lamu (☎ 042)

Tourist Information Centre, Tel. 633449 (beim **German Post Office Museum**), Mo-Fr 8.30-12 Uhr u. 14-16.30 Uhr, Sa 8.30-13 Uhr. Zimmerreservierung, Dhaufahrten, Ausflüge, Stadtplan erhältlich.

Stone House Hotel, Rooftop-Restaurant mit herrlicher Aussicht.
Bush Garden und **Hapa hapa** sind beliebte preiswerte Fischlokale am Hafen.
Peponi Hotel (www.peponi-lamu.com) und **Kipungani Sea Breeze Lodge** (www.heritage-eastafrica.com) können auch nur zum Essen oder für Drinks aufgesucht werden.

Lamu-Museum, beim Petley's Inn, Suaheli-Kulturgeschichte, 8-18 Uhr.

I&M
Birger Meierjohann

Nairobis City Square mit Kenyatta-Statue und Oberstem Gericht

Foto: John Warburton-Lee (mauritius images)

NAIROBI

NAIROBI
AUSFLÜGE IN DIE UMGEBUNG
NAIROBI NATIONAL PARK

NAIROBI

Weniger als 100 Jahre dauerte es, bis aus einem einsamen Eisenbahnstützpunkt in Ostafrikas Wildnis die moderne Millionenstadt **Nairobi** wurde. Ursprünglich war dies Masai-Land: In der Maa-Sprache bedeutet *enkare nairobi* „Platz des kalten Wassers" – zutreffend, wenn man hier einmal in einen unbeheizten Swimmingpool springt; die Stadt liegt 1660 m hoch. Seit der Gründung 1896 hat Nairobi mit seinem für Europäer angenehmen Klima (bis vor kurzem malariafrei) eine rasche Entwicklung erlebt. Moderne Hotels und Hochhäuser im Zentrum, Villenvororte wie Karen und Slums am Stadtrand prägen das Stadtbild.

Etwas macht Nairobi als Hauptstadt mit 3,7 Mio. Einwohnern einmalig: Vor der Stadt, selbst am Flughafen, ziehen Giraffenherden durch die Savanne, lauern Löwen auf Beute und grasen Zebras.

Als größte Stadt Ostafrikas ist Nairobi nicht nur das führende Industrie- und Handelszentrum zwischen Kapstadt und Kairo, sondern hat als Kongressstadt und Sitz verschiedener UNO-Büros auch internationale Bedeutung.

Landflucht und zu schnelles Wachstum führen zu großen Problemen – extreme Armut, Kriminalität und riesige, ausufernde Armenviertel; in **Kibera** im Südwesten leben mehr als 200 000 Menschen. Auch das muslimische Somalierviertel **Eastleigh** („Little Mogadishu") und **Pangani** gelten als Problemzonen. Diebstahl und Raubüberfälle sind an der Tagesordnung: Man sollte keinen Schmuck oder andere Wertsachen offen sichtbar tragen.

Über 100 Jahre Geschichte

Kenias Entwicklung wurde durch den Bau der Kenya-Uganda-Railway vorangetrieben. Die Bahnlinie durch Britisch-Ostafrika, die Mombasa am Indischen Ozean mit dem Viktoria-See und Uganda verbinden sollte, erreichte 1896 die Stelle der heutigen Stadt Nairobi. Trotz umliegender Sümpfe wählte man diese Stelle für ein Zeltlager, da in der Nähe der schwierige Trassenbau am Steilhang des Rift Valley anstand. Und trotz Pestepidemien und Rattenplagen entwickelte sich aus ein paar Bretterbuden das aufstrebende Städtchen Nairobi. Weiße Siedler, Spekulanten und Abenteurer strömten ins Land und ließen sich in und um Nairobi nieder; um 1900 galt es als gesetzlosester, gefährlichster Ort Afrikas.

Großwildjäger machten die Stadt zum Ausgangspunkt ihrer Jagdsafaris,

Links: Freitagsgebet vor der im Mogulstil erbauten Jamia-Moschee – in Nairobi leben viele Muslime.

» Stadtplan S. 136-137, Info S. 152-153

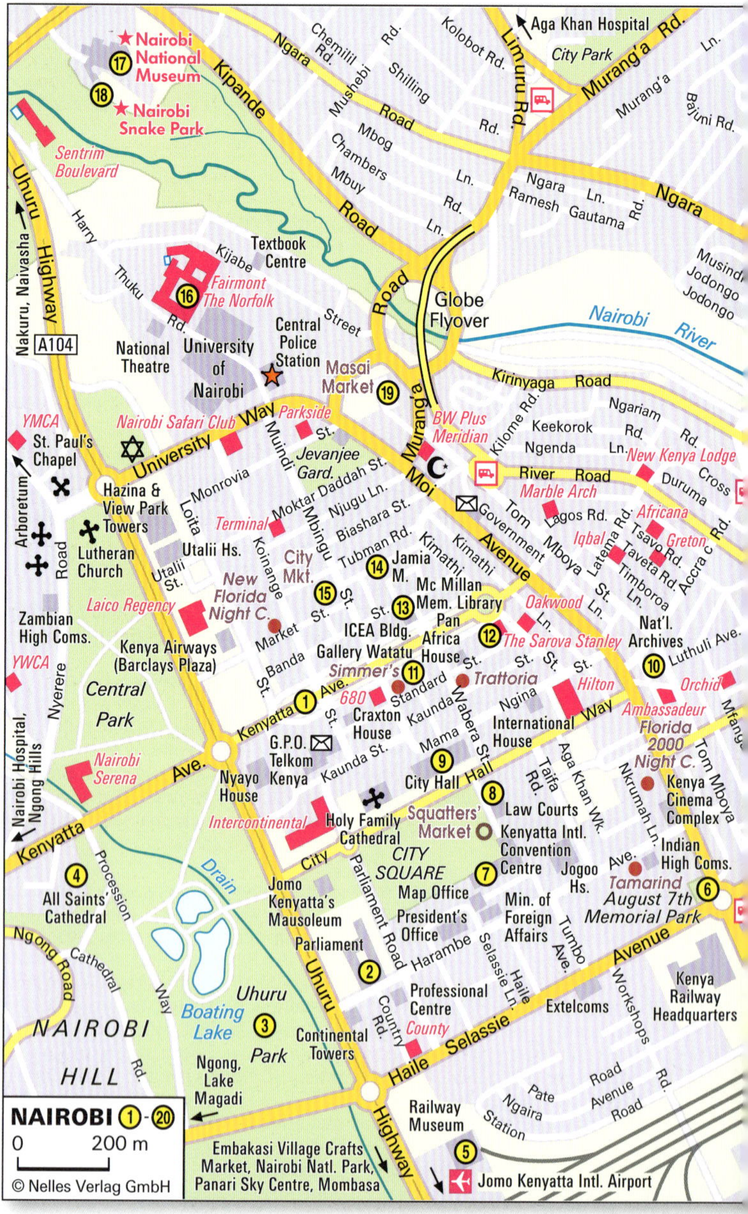

Nairobi National Museum
Nairobi Snake Park
Sentrim Boulevard
Aga Khan Hospital
City Park
Murang'a Rd.
Limuru Rd.
Kolobot Rd.
Chemilil Rd.
Ngara Road
Kipande Road
Mushebi Rd.
Shilling
Mbog
Chambers
Mbuy
Ngara
Ramesh
Gautama Rd.
Musindi
Jodongo
Uhuru Highway
Nakuru, Naivasha
A104
Harry Thuku Rd.
Kijabe Street
Textbook Centre
Fairmont The Norfolk
Globe Flyover
Nairobi River
National Theatre
University of Nairobi
Central Police Station
Masai Market
Kirinyaga Road
Ngariam Rd.
Keekorok Rd.
Ngenda Ln.
Kilome Rd.
New Kenya Lodge
Cross Rd.
River Road
Duruma
BW Plus Meridian
Murang'a
Moi Avenue
YMCA
St. Paul's Chapel
Nairobi Safari Club
University Way
Parkside
Muindi
Jevanjee Gard.
Arboretum Road
Hazina & View Park Towers
Monrovia
Loita St.
Moktar Daddah St.
Njugu Ln.
Biashara St.
Tubman Rd.
Government
Tom Mboya St.
Marble Arch
Lagos Rd.
Africana
Greton
Iqbal
Latema Rd.
Tsavo Rd.
Taveta Rd.
Accra Rd.
Timboroa Ln.
Terminal
Mbingu
City Mkt.
Lutheran Church
Utalii Hs.
Utalii St.
Koinange St.
New Florida Night C.
Jamia M.
Kimathi St.
Mc Millan Mem. Library
Oakwood
Laico Regency
Zambian High Coms.
Market St.
ICEA Bldg.
Pan Africa House
The Sarova Stanley
Nat'l. Archives
Luthuli Ave.
Kenya Airways (Barclays Plaza)
Banda St.
Gallery Watatu
Simmer's
Standard St.
Trattoria
Hilton
Orchid
YWCA
Nyerere
Central Park
Kenyatta Ave.
680
Craxton House
Kaunda St.
Wabera St.
Ngina
International House
Ambassadeur
Florida 2000 Night C.
Tom Mboya
Mfangano
Nairobi Hospital, Ngong Hills
Nairobi Serena
G.P.O.
Telkom Kenya
Nyayo House
Mama
City Hall Way
Taifa Rd.
Aga Khan Wk.
Nkrumah Ln.
Kenya Cinema Complex
Intercontinental
Holy Family Cathedral
Squatters' Market
Law Courts
Kenyatta Intl. Convention Centre
Indian High Coms.
All Saints' Cathedral
Procession
Drain
City
Parliament Road
CITY SQUARE
Jogoo Hs.
Tamarind
August 7th Memorial Park
Jomo Kenyatta's Mausoleum
Map Office
President's Office
Min. of Foreign Affairs
Ngong Road
Cathedral
Parliament
Harambe
Selassie Ln.
Tumbo Ave.
Kenya Railway Headquarters
Way
Uhuru Park
Boating Lake
Professional Centre
Extelcoms
Workshops
NAIROBI HILL
Rd.
Continental Towers
Country Rd.
County
Haile Selassie Avenue
Ngong, Lake Magadi
Uhuru Highway
Railway Museum
Pate Road
Ngaira Avenue
Station Road
Embakasi Village Crafts Market, Nairobi Natl. Park, Panari Sky Centre, Mombasa
Jomo Kenyatta Intl. Airport
NAIROBI 1-20
0 200 m
© Nelles Verlag GmbH

und bald entwickelte sich ein reges gesellschaftliches Leben, das den Farmern und Jägern, die oft in monatelanger Einsamkeit lebten, Abwechslung und Unterhaltung bot.

1907 wurde Nairobi Hauptstadt von Britisch-Ostafrika, und 1910 war die Bevölkerung auf 12 000 angewachsen. Dieses enorme Wachstum dauert bis heute an. Immer mehr Landbewohner zog es in der Hoffnung auf ein besseres Leben in die Stadt. Die Hoffnung erwies sich für die meisten als trügerisch; es gab zuwenig Wohnraum und Arbeitsplätze. So bildeten sich am Stadtrand kaum kontrollierbare Armenviertel.

Wegen der Verkehrsstaus und der nicht auf die Nacht beschränkten Kriminalität ziehen immer mehr Geschäfte und Restaurants in die Außenbezirke. Der Al-Kaida-Anschlag auf die US-Botschaft 1998 im Zentrum, in der Moi Avenue, der 212 Menschen das Leben kostete, war ein Schock, der diese Entwicklung beschleunigte.

Das früher sicherere **Westlands** (1500 m nordwestlich des Nationalmuseums) ist das neue Nightlife-und Einkaufszentrum Nairobis; an der **Mpaka Road** und der benachbarten **Woodvale Grove** reihen sich die angesagten Lokale, Bars und Clubs. Beliebte Shoppingziele in Westlands sind das großzügige **Sarit Centre** (Parklands Rd), **The Mall** und die **Westgate Shopping Mall**. Letztere war 2013 Schauplatz eines furchtbaren islamistischen Terroranschlags und ist mittlerweile wiedereröffnet.

Stadtbesichtigung/ Sicherheit

Machen Sie am besten eine Stadtrundfahrt mit einem seriösen Veranstalter oder mit einem „Taxifahrer ihres Vertrauens". Unternehmen Sie die Besichtigung nicht alleine! Nairobi ist auch tagsüber nicht besonders sicher – daher der Spitzname „Nairobbery" – und Wertgegenstände, seien es eine goldene Armbanduhr, eine Handtasche oder eine Aktenmappe, sollte man bei einem

Stadtbummel nie dabeihaben – lassen Sie auch nichts im unbewachten Auto, nicht einmal im verschlossenen Kofferraum. Nach Einbruch der Dämmerung sollten Touristen keinesfalls mehr zu Fuß unterwegs sein; nehmen Sie ein Taxi! Einen Laptop nicht in einer Laptop-Tasche, sondern im Rucksack verstauen und diesen vorne tragen.

Achtung: In der Innenstadt herrscht **Rauchverbot** – auch auf der Straße im Auspuffqualm! Neben einer Geldstrafe kann eine Haftstrafe bis zu 2 Monaten verhängt werden. An den Hauptstraßen stehen **Ampeln**, ausgestattet mit Zeitanzeige bis zum Umschalten und Rotlichtblitzern – trotzdem fahren viele bei Rot, also Vorsicht!

Südlich der Kenyatta Avenue

Als Ausgangspunkt für die Besichtigung des Stadtzentrums bietet sich die palmengesäumte **Kenyatta Avenue** (1) an. Es gibt zahlreiche Geschäfte, die Bürgersteige sind überfüllt mit Straßenhändlern, Bettlern und Geschäftsleuten. An jeder Ecke werden Dienstleistungen aller Art angeboten und zwischen die modernen Gebäude und Wolkenkratzer mischen sich vereinzelt Bauten aus der Kolonialzeit.

Das Hochhaus der **Hauptpost** (GPO) an der Ecke zur **Koinange Street** (nachts illegaler Straßenstrich) bildet einen markanten Orientierungspunkt. Dort befindet sich um die Ecke auch eine der wenigen „Smoking Zones" sowie öffentliche Toiletten. Geht man diese Straße südwärts bis zur **Kaunda Street**, hier rechts und dann gleich wieder links in die **Parliament Road**, kommt man, vorbei an der katholischen **Holy Family Cathedral** und dem Hotel Intercontinental, zum **City Square** und dem **Parlament** (2). Dieses Gebäude zieht vor allem durch den zwölfstöckigen Pfeiler seines **Uhrturms** die Aufmerksamkeit auf sich. In der **Long Gallery** des Parlaments hängt eine Sammlung von 49 Leinwand- und Wollteppichen, die von Mitgliedern der East African Women's League gefertigt wurden. Die Wandteppiche erzählen von der Kolonialgeschichte Kenias.

Nördlich vor dem Parlamentsgebäude steht das **Mausoleum Jomo Kenyattas**.

Auf der Westseite des **Uhuru Highway** kann man sich im **Uhuru Park** (3), der nördlich der Kenyatta Avenue in den **Central Park** übergeht, etwas entspannen; nach Einbruch der Dunkelheit allerdings wäre es aus Sicherheitsgründen extrem leichtsinnig, sich hier aufzuhalten.

Imposant erscheint auf der Westseite des Parks, am Fuß des Nairobi Hill, der neugotische Bau der **All Saints' Cathedral** (4).

Wer sich für die Geschichte der Kolonialzeit interessiert, sollte dem **Eisenbahnmuseum** (5) (südlich des Parlaments, neben dem Bahnhof) ei-

Oben: Im KICC. Rechts: Eingang des 140 m hohen Times Tower in der Tumbo Ave, im Hintergrund der runde, 105 m hohe KICC Tower.

» Stadtplan S. 136-137, Info S. 152-153

Foto: Volkmar E. Janicke

nen Besuch abstatten. Hier findet man historische Fotografien, elegante Salonwagen und alte Lokomotiven aus den Pioniertagen der *East African Railway* von Mombasa nach Kampala, die das Herz jedes Eisenbahnfans höher schlagen lassen. Dokumentiert ist auch die „Menschenfresserstory" von Tsavo aus den Tagen des Eisenbahnbaus, die von einem Löwenrudel handelt, das den Bau des so genannten *Lunatic Express* („Wahnsinns-Express") erheblich verzögerte, indem es die Gleisarbeiter angriff. Die Bauleitung engagierte einen beherzten Jäger, der jedoch selbst den Löwen zum Opfer fiel. Hier im Museum kann man das Eisenbahn-Abteil besichtigen, aus dem ein Eisenbahninspektor von einem der Raubtiere gezerrt wurde.

Geht man auf der **Haile Selassie Avenue** nordostwärts, erreicht man an der Ecke **Moi Avenue** die Stelle, an der sich das islamistische Bombenattentat auf die **US-Botschaft** im Jahr 1998 ereignete, das auch das benachbarte Bürohaus zerstörte. Eine **Gedenkstätte** (6) (Memorial Park) erinnert am Ort der Explosion an die mehr als 200 Toten und 5000 Verletzten.

An der südöstlichen Ecke des **City Square** ragt das moderne Wahrzeichen Nairobis empor, das 1972 fertiggestellte **Kenyatta International Convention Centre** (7), mit einer riesigen Kongresshalle und dem runden, 105 m hohen **Tower** (www.kicc.co.ke). Vom Dach (Helipad) des Turms hat man die beste ★**Aussicht** über die Stadt, die sie umgebende Landschaft und an klaren Tagen sogar bis zum Mount Kenya und Kilimandscharo.

Daneben steht eines der ältesten Regierungsgebäude der Stadt, der neoklassizistische **Gerichtshof** (8) (Law Courts) mit seiner strengen Säulenfassade, und gegenüber die **City Hall** (9), das Rathaus von Nairobi.

Das **Nationalarchiv** (10) an der Moi Avenue, gegenüber dem Hilton, birgt eine Sammlung von Dokumenten aus Kenias Geschichte und eine bedeutende Ausstellung von Africana, die Joseph Murumbi, ein früherer Vizepräsident des Landes, zusammengetragen hat.

» Stadtplan S. 136-137, Info S. 152-153

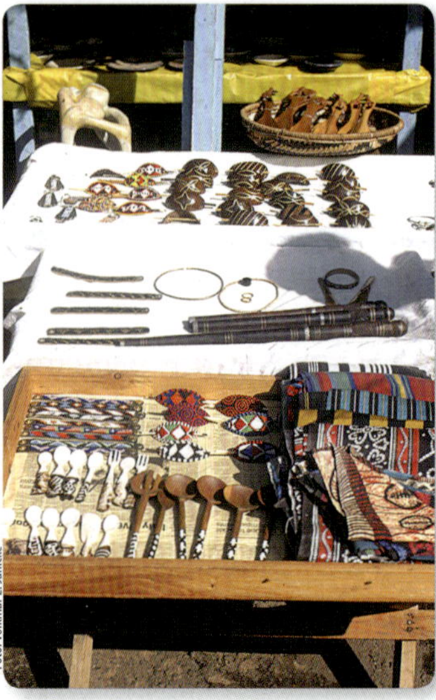
Foto: Volkmar E. Janicke

Kunstinteressierte sollten einmal in der **Gallery Watatu** (11) in der Standard Street vorbeischauen, der renommiertesten Galerie Kenias. Dort werden schon seit den 1960er Jahren Ausstellungen mit Werken zeitgenössischer afrikanischer Künstler veranstaltet.

Das traditionsreiche Straßencafé **The Thorn Tree** im alten **The Sarova Stanley Hotel** (12), an der Kreuzung Kenyatta Avenue / Kimathi Street, hat zwar seit der Renovierung zwar an Charme verloren, aber noch immer treffen sich dort Leute, die Trubel und Gesellschaft mögen.

Nördlich der Kenyatta Avenue

Nairobi hat zahlreiche Kuriosa- und Antiquitätenhändler zu bieten, doch sind deren Preise nicht selten exorbitant. Gelegentlich findet man schöne Stücke aus dem Besitz der ehemaligen Kolonialherren, doch ist es ein offenes Geheimnis, dass die meisten Händler diese Art von Ware aus Europa beziehen. Vorsicht ist beim Kauf von **Schnitzarbeiten** geboten! Viele Galerien haben wunderbare Stücke, doch häufig verderben nach relativ kurzer Zeit Risse im Holz die Freude am Kauf. Das liegt daran, dass die Schnitzer meist mit nicht abgelagertem, also feuchtem Holz arbeiten. Da die Stücke während der Bearbeitung häufig ungeschützt der Äquator-Sonne ausgesetzt sind, kann das zu rapiden Feuchtigkeitsverlusten und in der Folge zu Rissen im Holz führen. Und nach der Heimreise in einer zentralbeheizten Wohnung aufgestellt, können sich durch das rasche Austrocknen vor allem in großen Figuren Risse bilden.

In einer Parallelstraße nördlich der Kenyatta Avenue beherbergt der neoklassizistische Bau der **McMillan Memorial Library** (13) eine hervorragende Sammlung: Neben einem vollständigen Zeitungs- und Parlamentsarchiv findet man im Obergeschoss eine außergewöhnliche Bücherkollektion.

Nebenan ist die 1925 im indischen Stil erbaute **Jamia-Moschee** (14), die große Freitagsmoschee, das mit Abstand schönste sakrale Bauwerk der Stadt. Mit ihren beiden Minaretten und den silberglänzenden Kuppeln wirkt sie wie die Kulisse eines Märchens aus Tausendundeiner Nacht. Im ganzen Stadtgebiet gibt es zahlreiche Moscheen, Hindu- und Sikh-Tempel, welche die kulturelle Vielfalt Nairobis widerspiegeln.

Ganz in der Nähe der Banda Street, wo die Moschee steht, kommt man an der Mbingu Street zum pittoresken **City Market** (15) mit seinen farbenprächtigen **Blumen- und Obstständen**. Außerhalb der Hallen wird Kunsthandwerk wie z. B. Schmuck, Kleidung, Trommeln und Holz- und Specksteinschnitzereien angeboten. Auch hier gilt allerdings: Um den Preis feilschen, und Vorsicht vor Taschendieben!

Oben: Handgefertigte Souvenirs. Rechts: Im Nationalmuseum steht das Skelett des wegen seines 3 m langen Stoßzahns berühmt gewordenen Elefantenbullen Ahmed aus Marsabit.

» Stadtplan S. 136-137, Info S. 152-153

Foto: Images of Africa Photobank / Alamy (mauritius images)

Auf dem Weg Richtung Norden zum Museum Hill passiert man in der Harry Thuku Road das legendäre, traditionsreiche **Norfolk Hotel** (16). Es wurde schon an Weihnachten 1904 eröffnet und gehört zur Geschichte Nairobis genauso wie die Eisenbahn. Nach der Beschädigung durch ein Bombenattentat am 31.12.1980 wurde das Hotel originalgetreu im englischen Landhausstil restauriert und gehört nach wie vor zu den renommiertesten Hotels des Landes. In früheren Tagen beherbergte das Norfolk Berühmtheiten wie Ernest Hemingway oder Winston Churchill, die wohl auch an der **Lord-Delamere-Bar** ihre Drinks genossen haben. Ihren Namen verdankt die Bar, die noch heute beliebter Treffpunkt ist, dem damaligen Sprecher der weißen Siedler und Agrarpionier im Hochland, Lord Delamere (1870-1931). Der Lord pflegte bei gelegentlichen Sauftouren mit seinen „Kenya Cowboys" im Norfolk einzufallen, wobei er es nicht selten als besonders stilvoll ansah, nach Cowboymanier mit seiner Pistole herumzuballern.

Den besten Überblick über Geschichte, Kultur und Naturkunde des Landes bietet jedoch zweifellos das neugestaltete ★**Nairobi National Museum** (17) am **Museum Hill**. Die modernisierte Sammlung prähistorischer, ethnologischer und naturkundlicher Objekte genießt als umfangreichste Dokumentation über Ostafrika Weltruhm. Die **Abteilung Vor- und Frühgeschichte** ist vor allem mit bedeutenden Funden der Forscherfamilie Leakey bestückt, die in Kenia und Tansania spektakuläre, bis zu 3,5 Mio. Jahre alte Fußspuren und Skelettreste von Frühmenschen entdeckt hat. Ein Juwel der **Naturkundlichen Abteilung** ist die umfassende Sammlung afrikanischer Vogel- und Schmetterlingsarten. Zu sehen sind auch die Skelette eines Wals und des berühmten Elefantenbullen Ahmed aus Marsabit, dessen linker Stoßzahn drei Meter lang war. Seine Nachbildung ist im Hof des Museums aufgestellt. Völkerkundlich interessierte sollten sich in der **Ethnografischen Sammlung** die berühmten Stammesporträts der Schriftstellerin

» Stadtplan S. 136-137, Info S. 152-153

und Wildpflegerin Joy Adamson nicht entgehen lassen. Kenias jüngere Vergangenheit ist durch historische Fotografien, Manuskripte und Exponate belegt. Wer sich für die Erdgeschichte der Region, Vulkane und die Entstehung des Riftvalley interessiert, findet in der **Galerie für Geologie** umfangreiche Informationen und auch eine Mineralien- und Gesteinssammlung. Ostafrikanisches Kunsthandwerk wird in der **Gallery of Contemporary East African Art** ausgestellt und auch zum Verkauf angeboten. Ausgezeichnet ist auch die Ausstellung der **Lamu Gallery** über die Geschichte der kenianischen Küste vom 9. bis ins 19. Jh. Die *Kenya Museum Society* bietet gute Führungen durch die Ausstellungen an (Montag bis Freitag). Ein **Café/Restaurant** mit Außenterrasse bietet günstig lokale Speisen an.

Neben dem Nationalmuseum ist der ★**Nairobi Snake Park** (18), ein großartiger Schlangenpark mit Reptilien aus ganz Kenia zu bewundern. Auch eine interessante **Aquarienabteilung** wurde installiert.

Wer sich noch einmal in den Trubel eines afrikanischen Markts stürzen möchte, findet dazu Gelegenheit am **Masai Market** (19) (beim Kreisverkehr zwischen Kijabe Street und Murang'a Road, samstags zwischen 9 und 15 Uhr). Wer Durchsetzungsvermögen und Geduld beim Handeln aufbringt, kann hier zu sehr günstigen Preisen typische Masai-Produkte einkaufen.

Sehr empfehlenswert ist der nordöstlich des Stadtzentrums gelegene **Kariokor Market** (20) zwischen Ring Road und Racecourse Road. In diesem orientalisch anmutenden Bazar, der oft auch im Rahmen von Stadtrundfahrten auf dem Programm steht, gibt es ein riesiges Angebot an Kunstgewerbe und Handwerk. An den zahlreichen Essensständen kann man Grillspezialitäten aus Rinder- und Ziegenfleisch oder Kutteln vom Holzkohlengrill probieren.

Rechts: Holzschnitzer bei der Arbeit in Gikomba.

Ein gut organisierter großer Kunstgewerbemarkt ist der **Embakasi Village Crafts Market** an der Airport North Road (in Richtung Flughafen, nahe der City Cabanas). In entspannter Atmosphäre kann man dort recht günstig einkaufen.

Wer nach dem Stadtbummel Erholung im Grünen sucht, dem bieten sich im Norden des Zentrums zwei Möglichkeiten. Westlich des Museum Hill ist das **Arboretum** (21) (am Arboretum Drive, hinter der State House Road) ein Muss für Botanikfreunde. Der dschungelartige Wald mit seinen über 200 Baumarten lädt zum Picknicken und Spazierengehen ein. Auf zwei **Naturlehrpfaden** kann man sich mit Hilfe einer am Eingang erhältlichen Broschüre über die Pflanzen- und Vogelarten informieren. Bezüglich der Sicherheit genießt der Park einen relativ guten Ruf, da hier viele Polizisten zum Schutz des angrenzenden State House (dem Arbeitsplatz des Präsidenten) präsent sind.

1500 m nordöstlich des Nationalmuseums beginnt der **City Park** (22), an der Limuru Road beim Aga Khan Hospital in Parklands, einer der schönsten Parks Nairobis. Er geht in einen alten **Wald** mit Jacaranda- sowie endemischen Bäumen und vielen **Schmetterlingen** über. Hier finden sich Affen, die sich mit Erdnüssen oder Keksen füttern lassen; am freundlichsten sind die **Weißkehlmeerkatzen**, am unangenehmsten die Paviane. An Wochenenden wird hier gepicknickt. Unter der Woche hat man mehr Ruhe beim Spazierengehen, aber Vorsicht: Auch zwielichtige Gestalten haben dann mehr Freiraum. Interessant ist ein Besuch der **Boscawen-Collection** mit seltenen Pflanzen nahe dem Haupteingang an der Limuru Road oder ein Spaziergang durch das **Labyrinth** am Südostende des Parks.

Gikomba

Wenige Kilometer östlich des Zentrums von Nairobi liegt der riesige **Markt**

 » Stadtplan S. 136-137, Umgebungsplan S. 146-147, Info S. 152-153

Foto: Birger Meierjohann

von **Gikomba** (23), wo unter anderem die **Schnitzer** der **Akamba** tätig sind. Meist kommt man bereits im Rahmen einer Stadtrundfahrt dorthin. Ansonsten empfiehlt es sich, für den kleinen Ausflug ein Taxi zu mieten. Den Preis dafür sollte man vorher aushandeln, einschließlich der Besichtigungszeit. Natürlich erreicht man Gikomba auch mit öffentlichen Verkehrsmitteln, doch arbeiten gerade auf den Bussen dieser Linie ungewöhnlich viele Taschendiebe!

Die Zahl der Schnitzer in Gikomba schwankt, doch sind es meist nicht weniger als 500, die hier, zusammengedrängt in kleinen Werkstätten, arbeiten. Viele kommen aus der Kleinstadt Wamunyu im Machakos Distrikt.

Die Ausbildung zum Holzschnitzer findet ohne Theoretieunterricht direkt bei der Arbeit statt. Die Lehrlinge beginnen mit dem Abschleifen der Figuren mit Sandpapier und lernen dann, mit den Werkzeugen eines Akamba-Schnitzers umzugehen. Bei der häufig von Gesang begleiteten Arbeit hocken die Handwerker im Schneidersitz und benutzen ihre Knie oder Füße wie eine Art Schraubstock. Die meisten Schnitzer sind Mitglieder einer Kooperative, die das Arbeitsmaterial in großen Mengen einkauft und die Vermarktung der fertigen Stücke übernimmt.

Stadtentwicklung

Große Veränderungen stehen Nairobi bevor. Früher musste man vom Flughafen aus für alle Richtungen – außer Mombasa – durch die Innenstadt fahren. Fertig ist nun die neue Verbindungsstraße vom Flughafen zur Thika Road (Richtung Embu, Nanyukui und Nyeri).

Chinesische Firmen haben vom Museum Hill bis nach Thika einen gigantischen neuen „Highway“ gebaut. Desweiteren wurde von der Mombasa Road eine Stadtumfahrung über Langata realisiert (Südlicher Bypass). Dies spart bei Fahrten nach Naivasha/Nakuru Zeit.

Derzeit wird auch das gesamte Schienennetz Kenias modernisiert und ausgebaut *(Kenya Vision 2030)*.

» Umgebungsplan S. 146-147, Info S. 152-153

Foto: Kenya Tourist Board

AUSFLÜGE IN DIE UMGEBUNG

Zu den Ngong Hills

Im Westen Nairobis bieten die **Ngong Hills** mit herrlichen Ausblicken auf das Rift Valley ein schönes Ausflugsziel. Am Fuß der Berge kann man in den Vororten Karen und Langata die Sehenswürdigkeiten Karen Blixen Museum, Langata Giraffe Centre und Bomas of Kenya miteinander kombinieren; diese Rundtour wird von Reisebüros angeboten. Man kann die Gegend aber auch mit einem Taxi auf eigene Faust erkunden.

Man fährt den Uhuru Highway nach Süden und biegt am Nyayo-Stadion am Kreisverkehr rechts in die **Langata Road** ab; vorbei am Main Gate des Nairobi-Nationalparks erreicht man 8 km nach dem Kreisverkehr die Kreuzung „Bomas of Kenya". Rechts ab gelangt man auf der Forest Edge Road zu den **Bomas of Kenya** (24). In dem **Freilichtmuseum** sind die Wohnformen von 11 kenianischen Ethnien nachgebildet, außerdem werden, in etwas steriler und touristischer Atmosphäre, nachmittags traditionelle **Tänze** aufgeführt.

Oben: Das Karen Blixen Museum, ein Ausflugsziel für Afrika-Romantiker.

Weiter über die Langata Road und die links abzweigende Langata South Road kommt man zum **Langata Giraffe Centre** (25), in dem die vom Aussterben bedrohte **Rothschildgiraffe** gehegt wird. Besonders für Kinder ist der Besuch ein wunderbares Erlebnis. Der gegenüber befindliche **Naturpfad** ist, samt Führerbegleitung, im Eintrittspreis enthalten. Betrieben wird das Center vom „African Fund for Endangered Wildlife (A.F.E.W)".

Westlich vom Giraffe Centre (über die Bogani Road zu erreichen) ist das **Karen Blixen Museum** (26) zu einem beliebten Ziel für Fans des Kinofilms „Jenseits von Afrika" geworden. Die dänische Schriftstellerin Karen Blixen, deren Roman durch die Hollywood-Verfilmung weltberühmt wurde, lebte in den Jahren 1914 bis 1931 in dem hübschen Farmhaus. Aufgrund extrem schlechter Erträge musste sie ihre Kaffee-Plantage 1930

» Umgebungsplan S. 146-147, Info S. 152-153

verkaufen, kurz darauf verunglückte Dennys Finch-Hatton, der die Liebe ihres Lebens war, bei einem Flugzeugabsturz im Tsavo Park. Sie verließ Kenia, ihr Haus inmitten eines herrlichen parkähnlichen Gartens blieb erhalten. Im Inneren sind Requisiten des Films, ein paar persönliche Gegenstände aus ihrem Besitz und einige historische Fotografien zu sehen.

Auf dem Weg Richtung Norden zum Karen Shopping Centre kommt man am ehemaligen Verwalterhaus (Swedo) der Kaffee-Plantage, dem **Tamambo Karen Blixen Coffee Garden** (27) vorbei. Wer sich eine Erholungspause gönnen möchte, kann in diesem Restaurant gut essen und dabei in dem schönen Garten Vögel und Schmetterlinge beobachten.

Die Fahrt zu den grünen fruchtbaren ★**Ngong Hills** (28) (ungefähr 20 km von Nairobi entfernt) lohnt sich unbedingt. Steht man in 2460 Metern Höhe auf dem Gipfelkamm, bietet sich ein atemberaubender Rundblick. Richtung Osten schaut man auf die endlose Athi-Ebene und an ihrem nördlichen Rand auf die winzig wirkenden Wolkenkratzer Nairobis. Wendet man sich nach Westen, öffnet sich ein Blick auf das Rift Valley – auf ein Stück einsames, wildes Afrika. Wenn man bei gutem Wetter im Südosten den 300 km entfernten, schneegekrönten Kilimandscharo erkennt und im Nordosten bis zum Mt. Kenya und den Aberdares sieht, bekommt man einen Eindruck von der endlosen Weite Afrikas.

Auf dem Kamm der Berge kann man wandern, wegen der Gefahr von Überfällen sollte man sich jedoch einen bewaffneten Begleiter (von der Ngong Police Station oder dem KWS-Ranger-Office) mitnehmen oder sich am besten einer organisierten Wanderung anschließen. In der Nähe des Gipfels befindet sich die **Begräbnisstätte von Dennys Finch Hatton**. Eine Legende besagt, dass von Zeit zu Zeit ein Löwe und eine Löwin ans Grab kämen, um es zu bewachen.

★Nairobi National Park

Der 117 km² große ★**Nairobi National Park** (29) ist nur 8 km Luftlinie vom Zentrum enfernt und in 15 Minuten mit dem Auto zu erreichen. Der Park befindet sich auf einer Höhe zwischen 1540 und 1780 m. Neben einer Vielfalt von Steppentieren kann man hier auch Vertretern der *Big Five*, der „Großen Fünf", begegnen, allerdings in erster Linie Spitzmaulnashörnern und Büffeln; Löwen, Geparden und Leoparden sind im Nairobi-Nationalpark sehr selten geworden (sind aber beim separaten *Nairobi Safari Walk* am KWS Hauptquartier zu beobachten; siehe S. 151). Elefantenherden könnte ein so kleiner Park wegen ihrer zerstörerischen Ernährungsgewohnheiten nicht verkraften.

Auf der Nord-, Ost- und Westseite ist der Park mit einer 36 km langen Umzäunung eingefasst. Die offene Südseite führt in die Kitengela Conservation Area, durch die große Herden von Zebras, Weißbart-Gnus und Antilopen auf ihrer jährlichen Wanderung ziehen.

Der 1946 – gegen örtlichen Widerstand – eröffnete älteste Nationalpark Kenias sollte nach den Worten des ersten Parkverwalters ein Legat an die Nachwelt sein, ein Ort, an dem die Menschen mit der Natur in Verbindung treten und ihren Seelenfrieden finden können. Bevor das Gebiet vom Staat zum Naturpark erklärt wurde, diente es der Armee als Militärcamp und den Somali-Hirten als Weideland. Nach der Umsiedlung der Somali entstand allmählich die heutige Infrastruktur mit Straßen, Stauseen, Gebäuden und Einzäunungen.

Normale Pkw mit Zweirad-Antrieb können fast das ganze Jahr über das 250 km lange Pistennetz des Parks fahren. Schwierigkeiten treten nach längeren Regenfällen (April/November) auf.

Der **Haupteingang** (Main Gate) liegt an der **Langata Road**. Viele interessante Rundwege verlaufen kreuz und quer durch den Park, man kann sich nach Belieben eine Route zusammenstellen.

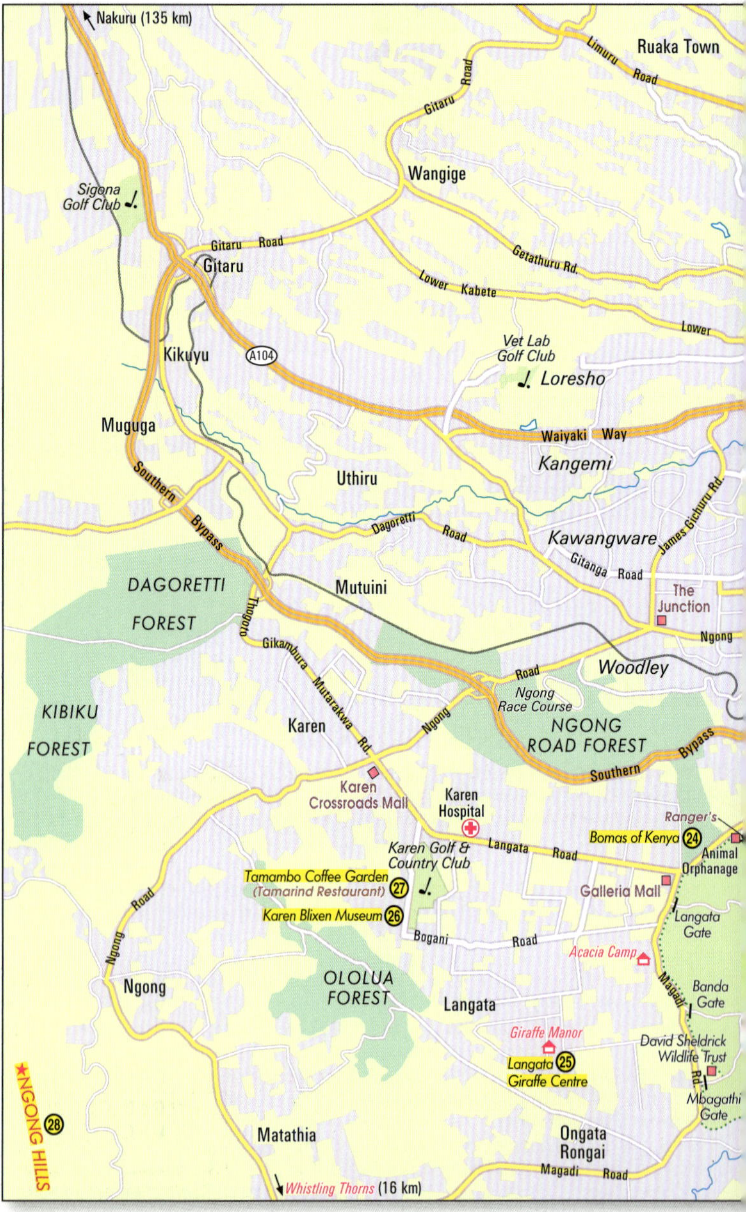

Nakuru (135 km)
Ruaka Town
Limuru Road
Gitaru Road
Wangige
Sigona Golf Club
Gitaru Road
Gitaru
Getathuru Rd.
Lower Kabete
Lower
Vet Lab Golf Club
Loresho
Kikuyu
A104
Muguga
Waiyaki Way
Kangemi
Uthiru
Southern Bypass
James Gichuru Rd.
Dagoretti Road
Kawangware
Gitanga Road
DAGORETTI FOREST
Mutuini
The Junction
Thogoto
Gikambura
Ngong
Woodley
Road
Mutarakwa Rd.
Ngong Race Course
KIBIKU FOREST
Karen
NGONG ROAD FOREST
Ngong
Southern Bypass
Karen Crossroads Mall
Karen Hospital
Ranger's
Bomas of Kenya 24
Karen Golf & Country Club
Langata Road
Animal Orphanage
Tamambo Coffee Garden (Tamarind Restaurant) 27
Galleria Mall
Karen Blixen Museum 26
Langata Gate
Ngong Road
Bogani Road
Acacia Camp
Magadi
Banda Gate
Ngong
OLOLUA FOREST
Langata
Giraffe Manor
David Sheldrick Wildlife Trust
Langata Giraffe Centre 25
Rd.
Mbagathi Gate
NGONG HILLS
28
Matathia
Ongata Rongai
Magadi Road
Whistling Thorns (16 km)

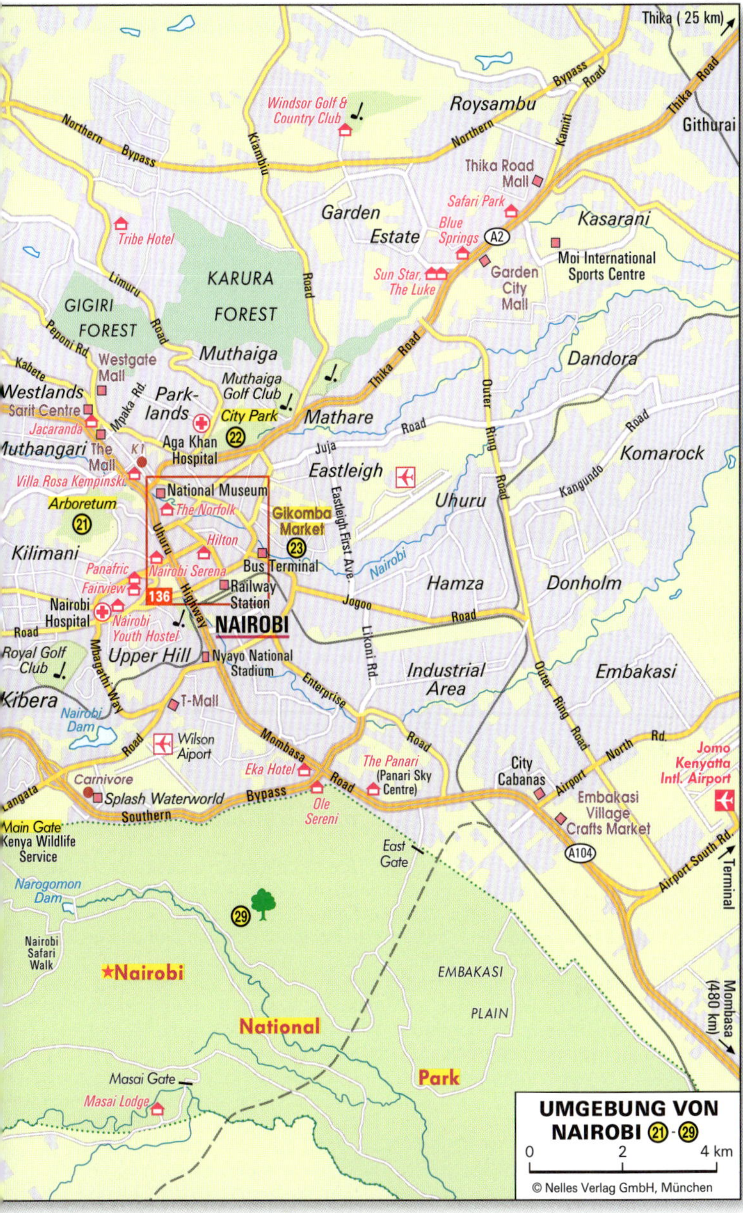

Thika (25 km)
Githurai
Thika Road
Bypass Road
Roysambu
Northern Bypass
Kamiti
Windsor Golf & Country Club
Kiambu
Thika Road Mall
Safari Park
Garden Estate
Blue Springs
A2
Kasarani
Moi International Sports Centre
Tribe Hotel
Sun Star, The Luke
Garden City Mall
Road
KARURA FOREST
GIGIRI FOREST
Limuru Road
Peponi Rd
Kabete
Westgate Mall
Muthaiga
Muthaiga Golf Club
Dandora
Westlands
Sarit Centre
Jacaranda
Mpaka Rd.
Park-lands
City Park
Mathare
Outer Ring Road
Komarock
Muthangari
The Mall
K1
Aga Khan Hospital
Juja Road
Eastleigh
Kangundo Road
Villa Rosa Kempinski
National Museum
The Norfolk
Gikomba Market
Uhuru
Arboretum
Eastleigh First Ave
Hilton
Kilimani
Bus Terminal
Nairobi
Hamza
Donholm
Panafric
Nairobi Serena
Uhuru Highway
Fairview
Railway Station
136
Jogoo Road
Nairobi Hospital
Road
Nairobi Youth Hostel
NAIROBI
Likoni Rd.
Royal Golf Club
Upper Hill
Nyayo National Stadium
Industrial Area
Embakasi
Mbagathi Way
Enterprise Road
Kibera
T-Mall
Nairobi Dam
Wilson Aiport
Mombasa Road
North Airport Rd.
Jomo Kenyatta Intl. Airport
Langata Road
Carnivore
Eka Hotel
The Panari (Panari Sky Centre)
City Cabanas
Splash Waterworld
Southern Bypass
Ole Sereni
Embakasi Village Crafts Market
Main Gate Kenya Wildlife Service
East Gate
A104
Airport South Rd.
Terminal
Narogomon Dam
Nairobi Safari Walk
Nairobi National Park
EMBAKASI PLAIN
Mombasa (480 km)
Masai Gate
Masai Lodge
UMGEBUNG VON NAIROBI 21 - 29
0 2 4 km
© Nelles Verlag GmbH, München

6 Nairobi

Foto: Adam Bennie (iStockphoto)

Besucher mit eigenem Fahrzeug sollten sich eine Karte des Parks kaufen (am Haupteingang) und sich strikt an die markierten Pisten und Tempobeschränkungen halten.

2016/17 plante die chinesische Staatsfirma CRBC eine Schnellbahntrasse quer durch den Park, was zu Protesten führte. Wildschützer und Bahn einigten sich als Kompromiss auf eine acht Kilometer lange Stelzenbrücke, welche die Tierwanderung weiterhin ermöglichen soll.

In den abwechslungsreichen Landschaftsformen des an sich relativ kleinen Reservats ist eine erstaunlich große Anzahl verschiedener Tier- und Vogelarten heimisch. Am westlichen Parkrand, in der Nähe des Haupteingangs, erstreckt sich ein bewaldetes Hochland mit herrlichen kenianischen Hochland-Bäumen wie etwa dem Kroton oder der Kap-Kastanie.

Oben: Geparde sind nicht nur sehr schnelle Läufer, sondern auch gute Kletterer. Rechts: Einer aus der Gruppe der Großen Fünf ist das Nashorn.

Etwas weiter östlich bietet sich beim Verlassen des Hochwaldgebietes eine grandiose Aussicht über die teils mit Flötenakazien (*Acacia drepanolobium*) und wilden Dattelpalmen (*Phoenix reclinata*) bewachsene Savanne unten im Tal, durch das sich kleine, nur in der Regenzeit Wasser führende Flussbetten ziehen, gesäumt von Galeriewäldern. Einer der hier typischen Bäume, die Gelbrindenakazie (*Acacia xanthophloea*), war den frühen britischen Afrikareisenden als „Fieberbaum“ (*Yellow fever tree*) bekannt. Dieser bevorzugt, wie die Malariamücke, die Nähe zum Wasser.

Der ganzjährig wasserführende **Mbagathi-Athi-Fluss**, der den südlichen Parkrand durchzieht, schießt an manchen Stellen durch tiefe, steilwandige Felsschluchten, und windet sich kurz darauf wieder träge durch flaches Land mit üppiger Sumpfvegetation.

Der Lebensraum der Tiere wird nicht zuletzt durch die vielen, unterschiedlich großen Staudämme im Inneren des Parks erheblich vergrößert. So ist beispielsweise der Stausee des **Narogomon-Dammes** in der Nähe des Parkhaupteingangs über einen Kilometer lang, während andere Gewässer nur Tümpel sind, die dennoch Scharen von Wasservögeln und Wildtieren zum Trinken oder Suhlen anlocken.

Nairobis friedliche Wildlife-Oase

Am nördlichen Horizont des Parks zeichnet sich die Skyline Nairobis ab, mit ihren Hochhäusern, dem burgartigen Kenyatta-Hospital und den großen Industrieanlagen, während man im Osten, jenseits vom Jomo Kenyatta International Airport, in der Ferne die Mua Hills und im Westen die Ngong Hills ausmachen kann.

Der Nairobi-Nationalpark gibt nicht nur dem Laien eine ausgezeichnete Einführung in Kenias Tierwelt: Auch erfahrene Tierbeobachter besuchen diese Wildlife-Oase immer wieder gerne.

Von den Vertretern der Großen Fünf,

» Umgebungsplan S. 146-147, Info S. 152-153

Foto: Herbert Schaible

die hier im Nationalpark leben, sind vor allem die **Spitzmaulnashörner** (*black rhino*) eine Besonderheit. Die seltenen Tiere, die man in anderen kenianischen Wildparks nur selten zu Gesicht bekommt, wurden in freier Wildbahn eingefangen und hierher umgesiedelt, wo sie – unter Aufsicht von Wildpflegern und vor Wilderern geschützt – in Ruhe leben und sich vermehren können. Besucher haben eine gute Chance, eines oder mehrere der über 50 Spitzmaulnashörner zu entdecken; in der offenen Kurzgras-Savanne sind die Sichtungschancen allerdings geringer.

Die **Kaffernbüffel** bevorzugen die Randgebiete des westlichen Waldbezirks. Hier verläuft ein Teil des ostafrikanischen Grabenbruchs, und der Park fällt steil zur Tiefebene ab. Dagegen kann man die ebenfalls in den Wäldern heimischen **Leoparden** ab und zu auch in den Bäumen und Klippen der Flussschluchten sehen.

Die offene Savanne ist das Jagdrevier der **Löwen**, deren Population sich in den letzen Jahren wieder erholt hat und für die die Herden der hier grasenden Tiere – darunter **Zebras** und **Gnus** sowie **Elands** – reiche Beute bedeuten. Bei heißem Wetter rasten die Löwen, deren sandfarbenes Fell so gut mit ihrer Umgebung verschmilzt, gern unter Akazien oder auf den Felsen ausgetrockneter Flussbetten.

Die Savanne ist auch das bevorzugte Terrain einer anderen Raubkatze: des **Geparden**, der dank seiner phänomenalen Sprint-Geschwindigkeit sogar die flinke **Thomson-Gazelle** überwältigen kann. Mit viel Glück kann man auf einer Safari auch die scheue Serval-Katze, den Wüstenluchs oder die afrikanische Wildkatze zu Gesicht bekommen.

Die nicht zu übersehende **Masai-Giraffe** knabbert permanent an den Blättern von Büschen und Bäumen. So ist die exzentrische Blattform vieler Dattelpalmen einzig auf das sorgfältige „Styling“ durch ungezählte Giraffenmäuler zurückzuführen.

Während der trockenen Jahreszeit, im Januar, Februar und März sowie in den Monaten Juli und August überque-

» Umgebungsplan S. 146-147, Info S. 152-153

ren große Herden, beständig umkreist von beutehungrigen Raubtieren, den Fluss und ziehen über die Kitengela Plains, um sich dort mit den Rindern der Masai zu vermischen. Bis zu 25 000 Tiere halten sich während den trockenen Zeiten hier auf. Es findet hier die zweitgrößte Tierwanderung nach der Masai-Mara/Serengeti-Migration statt, mit 80 beteiligten Säugetierarten.

Die graziöse **Impala-Antilope** mit ihrem leierförmigen Gehörn gehört zu den Tieren, die nicht auf Wanderschaft gehen. Sie hält sich gern unter verstreut wachsenden Bäumen auf, während der **Buschbock** nur frühmorgens oder am späten Abend seinen Platz im dichten Wald verlässt.

Neben dem **Wasserbock** mit seiner Vorliebe für langes Sumpfgras, kann man mit ein bisschen Glück und Ausdauer auch den Dikdik, den Schilfbock, Steinböcke und kleine Antilopenarten zu Gesicht bekommen. Der kleine Bestand an **Flusspferden** hält sich entgegen allen Erwartungen nur selten an den Stauseen auf, sondern bevorzugt den Südrand des Parks. Nach dem zweiten Drittel des **Athi-Flusses** gelangt man zum **Hippo Pool** (Flusspferdteich), wo Krokodile und Wasserschildkröten einträchtig zusammenleben; die Flusspferde allerdings verließen diesen Platz schon vor Jahren.

Der 5 km lange, rund um den Fluss verlaufende **Naturlehrpfad** bietet eine willkommene Abwechslung von der Enge des Autos. Endlich kann auch der passionierte Vogelkundler aus nächster Nähe und in aller Ruhe die vielen verschiedenen **Vögel** beobachten, die sonst nur am Autofenster vorbeiflattern.

Im Nairobi-Nationalpark wurden über 400 Vogelarten gezählt, mehr als in ganz Deutschland leben – ein Dorado für britische Birdwatcher. Auch wenn man sich für dieses englische Nationalhobby nicht ganz so intensiv interessiert, sollte man unbedingt ein Fernglas mitbringen und diese einmalige Gelegenheit nicht verpassen, verschiedene der hier heimischen Vogelarten kennen zu lernen, von denen einige außerordentlich groß und zugleich atemberaubend schön sind.

Für den größten Vogel des Parks, den **Strauß**, braucht man noch kein Fernrohr, er läuft einem fast bei jedem Besuch über den Weg. Auch der schlanke, graue **Sekretärvogel** mit seinen langen, manchmal abstehenden dunklen Federn am Hinterkopf stakt häufig über die Savanne und hält nach einem Imbiss aus Schlangen, Heuschrecken und anderen großen Insekten Ausschau.

Die Stauseen sind ein beliebter Aufenthaltsort für Wasservögel wie Vertreter verschiedener Storch- und Reiherarten, und mit ein bisschen Glück kann man hier Silberreiher und manchmal sogar den Kronenkranich, das Wappentier Ugandas, zu sehen bekommen.

Den tiefsten Eindruck hinterlassen jedoch die Greifvögel. Für viele Besucher ist der Anblick der weiten, flachen Steppe, über der hoch oben am Himmel die **Geier** kreisen, eine der klassischen Szenerien Afrikas. Im Park sind alle sechs der in Kenia heimischen Geierarten vertreten. Da ihre Sehfähigkeit bei weitem die des Menschen übertrifft, können sie einen Tierkadaver aus Tausenden von Metern Höhe erspähen. Eine Gruppe kreisender Geier am Himmel ist meist ein Hinweis darauf, dass unten in der Savanne ein größeres Raubtier seine Beute geschlagen hat. Wenn die Löwen oder Geparden sich sattgefressen haben, rücken die Geier an und säubern die Knochen von den restlichen Fleischfetzen. Dieser für ausländische Betrachter oft makaber anmutende und gleichzeitig faszinierende Vorgang ist ein wichtiger Bestandteil des Ökosystems der Savanne.

Das Flugbild der Geier mit ihrem charakteristischen Kahlkopf ähnelt sehr dem verschiedener Adlerarten und der etwas kleineren Bussarde, wenn

Rechts: Elefantenwaisen im David Sheldrick Orphanage brauchen viel Fürsorge – und Spezialmilch.

 » Umgebungsplan S. 146-147, Info S. 152-153

Foto: Birger Meierjohann

sie oben am Himmel kreisen. Am häufigsten sieht man im Park den braunen Kampfadler und den Gaukler, eine Adlerart mit schwarzweißem Gefieder. Der ostafrikanische **Felsenbussard** mit seinen roten Schwanzfedern ist im ganzen Gebiet häufig anzutreffen, und von Oktober bis April brechen große Schwärme von Steppenbussarden, die kleineren Turmfalken und weitere Raubvögel ins südliche Afrika auf, wo dann das Nahrungsangebot größer und das Klima wärmer ist.

An den Flussufern oder in der üppigen Vegetation nahe der Staudämme leben **Webervögel**. Auffällig sind auch die Honigsauger, die magisch von jeder Blüte angelockt werden. Die kleinen braunen Lerchen, Stelzen und Cistensänger, die die Savanne und die Gewässerränder bevölkern, sind für den Laien jedoch schwer zu unterscheiden.

Die vielen Arten von **Schlangen** entziehen sich dem Blick des Besuchers. Über 400 verschiedene Reptilien- und Amphibienarten existieren hier.

Ein ganzer Pulk von stehenden Fahrzeugen kann übrigens als sicheres Zeichen dafür angesehen werden, dass es dort etwas zu sehen gibt. Aber es hat auch seinen besonderen Reiz, die Tiere selbst zu entdecken und sie in Ruhe in ihrer natürlichen Umgebung zu beobachten.

Rechts vom Parkplatz neben dem **Haupteingang** lädt das **Animal Orphanage** (Tierwaisenhaus) zum Besuch. Dort werden elternlose Tierbabies und kranke Tiere gepflegt, wie etwa Elefanten, Zebras und Nashörner. Auf einem **Safari Walk** können Kinder hier die kenianische Tierwelt kennen lernen, außerdem soll auch das Verständnis für den Naturschutz gefördert werden.

In der Südwestecke des Parks (nur über die Magadi Road und einen separaten Parkeingang zu erreichen) wird das **Elefanten- und Nashornwaisenheim** von Daphne Sheldricks **David Sheldrick Wildlife Trust** betrieben, zum Gedenken an Daphnes Gatten David, der ein überaus engagierter Tierforscher und Tierschützer war und einst den Tsavo-Nationalpark mit aufbaute.

» Umgebungsplan S. 146-147, Info S. 152-153

Nairobi (☎ 020)

In Nairobi gibt es kein staatl. Tourist Office. Infos z. B. bei **Uniglobe**: Preisliste für alle Hotels, Lodges, Camps etc., Buchung von Mietwagen, Safaris, Flugtickets; Standard Str., Caxton House, www.uniglobeletsgotravel.com, Filialen im Karen Shopping Centre und in Westlands, ABC Place. **Bunson Travel Service**: Flüge, Zugreservierung, Mietwagen, Safaris etc.; 2nd Floor, Park Place, Limuru Road, Tel. 3085990/19, www.bunsontravel.co.ke.

INTERNATIONAL: **Thorn Tree Cafe**, im traditionsreichen Stanley Hotel, einst legendärer Treff für Reisende, mit Anschlagbrett am (inzwischen neu gepflanzten) *Thorn Tree*, gutes Frühstücksbuffet, Ecke Kenyatta Ave & Kimathi Str. **Sierra Brasserie**, mit **Hausbrauerei**, bestes Bier, gute Küche, Mombasa Road, neben Panari Sky Center, www.sierrapremium.com.
AFRIKANISCH: **Carnivore**, All-you-can-eat-Lokal mit jeder Menge Grillfleisch vom Spieß, auch Krokodil und Strauß, nahe Langata Rd., neben Wilson Airport, Tel. 605933.
INDISCH: **Haandi**, indisches Spitzenlokal, u. a. auch exzellente vegetarische *Curries*, The Mall, Waiyaki Way, Westlands, Tel. 4448294.
ITALIENISCH: **Trattoria**, angenehme Atmosphäre, v. a. auf der luftigen Veranda im 1. Stock, hervorragende Küche, gutes Eis, Ecke Kaunda Str./ Wabera Str., Tel. 340855.
JAPANISCH: **Furasato Japanese Restaurant**, Ring Road Parklands, Tel. +254 722 488706.
FISCH: **Tamarind**, das beste und teuerste Seafood-Restaurant der Stadt, in einem großen Garten mit angenehmer Atmosphäre, eigene Forellenzucht, Karen Road. Tel. 719865481, Reservierung: RESERVATIONS.NAIROBI@TAMARIND.CO.KE.

BARS: **K1 Klubhouse**, Ojilo Road, Parklands, www.klubhouse.co.ke.
Gipsy Bar, populärer Treff für Nachtschwärmer, Woodvale Grove, Westlands.
DISCO: **Florida 2000** („F2"), Moi Ave, für Singles die heißesten Discos im Zentrum.
Simba Saloon, gute Stimmung, Open-air Bar, Live Bands, in Langata, angeschlossen ans **Carnivore Restaurant** (siehe oben), hier kann das Essen „a la carte" bestellt werden, probieren Sie Ugali (kenianischer Maisbrei).

LIVE MUSIK: **Simmers**, Open-air Bar, afrikanische Bands aller Stilrichtungen, Tanzfläche, Ecke Kenyatta Ave u. Muindi Mbingu Str. Auch **K1** (s. oben) und **Simba Saloon** (s. oben) bieten Live-Veranstaltungen.

Nairobi National Museum, tgl. 9.30-18, Café u. **Schlangenpark**, tgl. 9.30-18 Uhr, Museum Road, www.museums.or.ke.
Eisenbahnmuseum, kostenlose Führungen, tgl. 8.15-16.45 Uhr, Station Road. **Nationalarchiv**, Mo-Fr 8.30-16.30 Uhr, Sa 8.30-13 Uhr, Moi Ave, im Gebäude der Bank of India. **Gallery Watatu**, Upper Hill, Tel. 228737. **McMillan Memorial Library**, Mo-Fr 9-18 Uhr, Sa 9.30-16 Uhr, Banda Str., Tel. 221844.

Das derzeit größte und modernste Einkauszentrum, die **Garden City Mall** (www.gardencitymall.co.ke), liegt am Thika-Superhighway.
Undugu Handicrafts Shop, gutes, preiswertes Kunsthandwerk, Erlös geht an SozialpProjekte, Woodvale Grove, Westlands.
Mzizi Arts Centre, zeitgenössische kenianische Kunst, Ausstellung und Verkauf, Mumias South Rd., Buru Buru Centre.
Zanzibar Curio Shop, gute Preise, vielfältiges Angebot, Moi Avenue.
Masai Market, **Kariokor Market** und **Embakasi Village Crafts Market**: siehe Beschreibung auf Seite 102.
In der Innenstadt ist **Nakumatt Lifestyle** eines der großen Einkaufshäuser, an der Ecke Monrovia/ Mokta Daddah Street.
Sarit Centre (www.saritcentre.com) und **The Mall** in Westlands liegen nebeneinander. Das Sarit Centre war das erste seiner Art. Unweit in Parklands steht das **Diamond Plaza**.
Village Market (www.villagemarket-kenya.com) in Gigiri, nahe der Deutschen Schule: Geschäfte, Kinos, Nakumatt-Supermarkt.
In Kilimani wird man im **Yaya Centre** bestens versorgt. Nicht weit davon an der Ngong Road: **The Junction** mit Restaurants, Kinos, Buchladen und Nakumatt. Fahren Sie dann in Richtung Karen, treffen Sie auf die **Crossroad Mall** in der Nähe des **Karen Shopping Center**. Zurück auf der

Langata Road in Richtung Innenstadt liegt rechts die neuere, große **Galleria Mall**. Weiter auf der Langata Rd. erreicht man nach dem Flughafen die **T-Mall** in Nairobi West.
Fahren Sie auf der Thika Road Richtung Mount Kenya, ist, nach der neuen **Mountain Mall**, die letzte größere Einkaufsmöglichkeit die **Thika Road Mall** (T.R.M.) in Kaserani.

***POST*: Hauptpostamt (GPO)**, Sa 9-12 Uhr, mit Poste-restante-Schalter, Kenyatta Avenue, Mo-Fr 8-18 Uhr. Kleinere Postämter: Moi Ave, Tom Mboya Str., Haile Selassie Ave und Mpaka Rd in Westlands.
***KURIERDIENST*: DHL**, Mama Ngina Str., International House, Tel. 534988.

Nairobi Hospital, da viele Ärzte ihre Praxis im Gebäudekomplex des Krankenhauses haben, ist hier meist für sofortige Hilfe gesorgt, Notaufnahme 24 Stunden, moderne Intensivstation, Labor, Argwings-Kodhek Road, Tel. 2722160.
Aga Khan Hospital, private Klinik mit gutem Ruf, Third Parklands Ave, Tel. 3740000.
Karen Hospital, neu, an der Karen – Langata Rd, Tel. 6613000, www.karenhospital.org.

***GELD*: Barclays Bank**, mit Filialen überall in der Stadt, Geldautomaten und gutem Service, Mo-Fr 9-15 Uhr, erster und letzter Sa im Monat 9-11 Uhr (Filiale am Flughafen durchgehend geöffn.). **Standard Chartered Bank**, ebenfalls zahlreiche Filialen und gleiche Öffnungszeiten, Filiale in der Kenyatta Ave. Die besten Wechselkurse bieten die zahlreichen **Wechselstuben**. **American Express**, im Hilton Hotel, Mo-Fr 8.30-16.30 Uhr. Beim Abheben größerer Geldbeträge das Taxi warten lassen!
***POLIZEI*: Central Police Station**, University Way/ Thuku Rd., Tel. 222222 oder 240000.
Notruf: 999.
***AKTIVITÄTEN*: Schlittschuhlaufen** und **Eishockey** in den Tropen: Afrikas größte Eislaufbahn ist im **Panari Sky Center** (2. Stock), alpines Ambiente, Schlittschuhverleih, Mombasa Road, www.panarihotels.com.
Go-Kart, an der Carnivore Road, Langata.
Splash Waterworld, Spaßbad, n. Carnivore Rest., Anfahrt via Langata Road, Tel. 603777.
Golf Club, Mucai Drive, off Ngong Road, www.royalnairobigolfclub.com.
Pferderennen, Jockey Club of Kenya Race Tracks, Ngong Road, Tel. 3873994.
Klettern, **Bergsteigen**, Mountain Club of Kenya, Klubhaus hinter dem Nairobi-Segelklub in Langata, Klubabend Dienstag ab 19.30 Uhr, www.mck.or.ke.

Umgebung von Nairobi (☎ 020)

***AUSFLÜGE*: Bomas of Kenya**, Freilichtmuseum mit Folklore u. Souvenirverkauf, Mo-Fr 13-17 Uhr, Sa/So 13-18 Uhr; Shows Mo-Fr 14.30 Uhr, Sa, So 15.30 Uhr, Langata Road, 2 km westl. v. Main Gate des Nairobi-Nationalparks, Tel. 891801.
Langata Giraffe Centre, tgl. 10-17.30 Uhr, Koitobos Rd., am Südrand von Langata, über Langata South Rd. zu erreichen, Tel. 891658.
Karen Blixen Museum, Karen Rd., Tel. 882130, tgl. 9.30-18 Uhr; 1 km Richtung Norden/Karen Shopping Centre befindet sich der **Karen Blixen Coffee Garden**, schönes Café mit exzellentem Essen in herrlichem Garten.

Nairobi National Park (☎ 020)

Ranger's Restaurant, afrikanische und westliche Küche, schöne Veranda mit Blick auf Wasserloch, beim Haupteingang.
Masai Lodge, mit Blick in den Nairobi-Nationalpark, preiswert, am Südrand des Parks, erreichbar über Magadi Road, Tel. 3003846.

***HAUPTEINGANG*:** 8 km südlich des Stadtzentrums, tgl. 6-19 Uhr, mit Miet-PKW befahrbar, Tempolimit 30 km/h, Plan am Haupteingang erhältlich. Organisierte Rundfahrten buchbar in den Safari Shops der City.
Kenya Wildlife Service, am Haupteingang, Tel. 602345, www.kws.org.
Nairobi Safari Walk, am Haupteingang, tgl. 8.30-17.30 Uhr.
Animal Orphanage, am Haupteingang, tgl. 8-18.30 Uhr.
David Sheldrick Wildlife Trust Elefanten- und Nashornwaisenheim, telefon. Anmeldung, Spende erwünscht, via Magadi Road, Tel. 891996, www.sheldrickwildlifetrust.org.

Paul Hampton (Dreamstime)

Im Amboseli-Park – Elefantenherde am Fuß des (tansanischen) Kilimandscharo

Foto: Bodo Bondzio

SÜDLICH VON NAIROBI
Tierparadiese am Fuß des Kilimandscharo

OLORGASAILIE
MAGADI-SEE / SHOMPOLE
AMBOSELI NATIONAL PARK
TSAVO-PARK
TAITA HILLS
JIPE-SEE / CHALA-SEE

TIERPARADISE

Im Süden Kenias liegen einige der interessantesten Tierschutzgebiete des Landes wie der **Amboseli National Park** und der **Tsavo National Park**. Der majestätische Kilimandscharo im Hintergrund steht zwar in Tansania, beherrscht aber ebenso die kenianische Landschaft hier. Die Parks sind von Nairobi und Mombasa gut zu erreichen und verzeichnen hohe Besucherzahlen, was sich nicht immer positiv auf die Pflanzen- und Tierwelt auswirkt.

Neben den großen Parks hat die Region entlang der tansanischen Grenze auch einige kleine Besonderheiten zu bieten: die Vogelparadiese an den Seen Lake Magadi und Lake Jipe sowie das Shompole Conservancy im Rift Valley und das private Taita-Hills-Reservat.

Olorgasailie, Magadi-See, Shompole Conservancy

Das Vogelparadies am Magadi-See kann man gut in einem Tagesausflug von Nairobi besuchen (Teerstraße), wobei sich für archäologisch Interessierte ein Abstecher zu den **Prähistorischen Fundstätten** von **Olorgasailie** ❶ anbietet. Übernachten kann man in einfachen Hütten bei Olorgasailie, muss sich aber selbst verköstigen; auch Bettzeug und Trinkwasser sollte man mitbringen.

Die Fahrt führt von Nairobi auf der Magadi Road an den **Ngong Hills** vorbei ins Rift Valley, wo man nach 66 km die Abzweigung nach Olorgasailie (1 km) erreicht. Archäologischen Forschungen zufolge lag hier in der Altsteinzeit ein großer See, an dessen Ufern Jäger und Nomaden ihre Lagerplätze errichteten. In den 1940er Jahren entdeckte das berühmte Forscherehepaar Leakey in dem 4 km^2 großen Grabungsareal Hunderte von Steinwerkzeugen, zwischen 0,5 und 1 Mio Jahre alt, sowie Tierknochen von ausgestorbenen Arten. Olorgasailie entpuppte sich als einer der reichhaltigsten Fundplätze der Altsteinzeit, dessen Lagerplätze mit Hilfe moderner archäologischer Methoden sogar in den Grundrissen rekonstruiert werden konnten. Einige Funde sind im kleinen **Museum** von Olorgasailie ausgestellt.

Wieder zurück auf der Hauptstraße, fährt man ca. 30 km nach Südwesten bis zum **Magadi-See** ❷, den man riechen kann, ehe man ihn sieht. Der sodahaltige See schimmert von ferne in der Sonne rosa bis weiß, doch aus der Nähe stellt er sich als salzverkrustetes Brackwasser dar. Die große wirtschaftliche Bedeutung des Sodas, das zu Kenias wichtigsten Exportgütern zählt, ließ die Ortschaft **Magadi** entstehen. Von

Links: Ein Gerenuk bei der Baumweide.

SÜDLICH VON NAIROBI
0
15
30 km
1-15
© Nelles Verlag GmbH, München
NAIROBI
J. Kenyatta Intl. Airport
Karen
Ngong
Langata
NGONG
HILLS
2461
Ongata
Rongai
Masai L.
Nairobi Nat. Park
Kiserian
Olepolos
Marimbeti
Athi River
Mitaboni
MACHA
Ngelani
MACHAKOS
Kitooni
ATHI
PLAINS
Kitengela Game Conserv. Area
Lukenya
Stony Athi
Mosiro
Oltepesi
Olorgasailie Prehistoric Site
RIFT VALLEY
1758
2025
Endoinyo Narok
Isinya
KAPITI PLAINS
Kapiti Plains Estate
Konza
Kiima Kiu
2018
Ulu
Salama
Kiu
Kima
Kalembwam
Nasikie Engida
L. Kuenia
Sampu Camp
Olkiramatian
Lake Magadi
Magadi
Koora
Elangata Wuas
Kenya Marble Quarry
Kajiado
Singiraini
2158
Ilemelego
Enkorika
1726
Engare Ngiro Swamp
Birdlife Sanctuary (Flamingoes), World biggest Soda Supplier
1305
Lake Loongojit
Oloika
KAJIADO
1940
Shompole
Shompole Conservancy
(Shompole Camp)
1260
L. Kabongo
Ilbisil
Olkejiu Adu
Mashuru
2120
MAPARASHA HILLS
Selengei
Eselenkai
KENYA
TANZANIA
Oloiserri
Ilpartimaro
Ngatataik
Emotoroki
1312
2120
METO HILLS
Amboseli
Game
Reserve
Mailua
Lengesim
Engare Naibor
Meto
2301
Meto
Orok
2524
Namanga River Hotel
Namanga
Namanga Gate
Kibalbal
Lake Amboseli
Amboseli Nat. Park
2210
Gelai Lumbwa
Oldinka Legeru
ARUSHA
2637
Longido
(Salt Pan)
Tortilis Camp
Observation Hill
Amboseli Serena
Gelai Bomba
Maasai Cultural Centre
Longido
Sinya Mine
Mabati
West Kilimanjaro Camp
TANZANIA
Kitumbeine
Trans-East African Highway
Ol Molog
Mount Kilimanjaro
Tinga Tinga
Londorossi Gate
Lariboro
Kilimanjaro
A104
C58
C99
A109
C103
112
22
16
27
48
38
26
87
111
56

7 Südlich von Nairobi

der *Magadi Soda Company* für ihre 500 Beschäftigten errichtet, hat die in einer heißen Einöde gelegene Siedlung für Touristen wenig zu bieten; der Swimmingpool im Restaurant-Club-Komplex ist nur für Angestellte gedacht.

Ein Schlagbaum markiert die Grenze des Geländes, das der Soda Company gehört. Nachdem man registriert wurde, kann man entlang des Uferdamms zur Südseite des Sees fahren. Dort blubbern **Heiße Quellen** (bis zu 40 °C), die bei Haut- und Gelenkleiden Wunder wirken sollen. Doch die meisten Besucher kommen wegen der **Vögel**: Marabus, Pelikane, Regenpfeifer, Gänse, Enten tummeln sich am Wasser, auch rosafarbene Flamingos bevölkern das Ufer in Scharen, wenn sie am Nakuru-See nicht mehr genug Nahrung finden.

Südwestlich des Lake Magadi wurde 2002 das **Shompole Conservancy** ❸ gegründet, ein unberührtes, wildreiches Schutzgebiet am Rande des Nguruman Escarpment mit Blick über die weiten Ebenen und Vulkane des Great Rift Valleys. Im einzigartigen, stilvollen **Shompole Camp** ist Wasser dominierendes Gestaltungsmittel. Es fließt überall in kleinen Kanälen und sammelt sich in den zur Savanne hin offenen Zeltunterkünften in privaten, kühlen Tauchbecken. Zu den ausgefallenen Aktivitäten gehören Kanufahrten auf dem Ewaso Ng'iro River, geführte Mountainbike-Touren und Exkursionen zum nahen, rötlich schimmernden **Lake Natron** mit seinen Flamingos und der an den Ufern heimischen Wüstenrose.

Das 2006 auf einer Anhöhe des Nguruman Escarpment errichtete **Sampu Camp** bietet einfache Unterkunft und herrliche Ausblicke.

★★Amboseli National Park

Der wie eine Fata Morgana aus der Steppe aufragende und – mitten in den Tropen! – von Gletschern bedeckte **★★Kilimandscharo** in Tansania ist der größte optische Anreiz für einen Besuch im **★★Amboseli National Park**. Der magische Anblick bezauberte schon viele; doch dem ersten, der 1848 davon in Europa berichtete, dem deutschen Missionar Rebmann, glaubte man die Geschichte vom Tropeneis nicht. Die Briten überließen den „Kili" 1886 den Deutschen, dafür behielten sie Mombasa. Ernest Hemingway inspirierte der Berg 1934, bei einer Großwildsafari, zu seiner Kurzgeschichte *Schnee am Kilimandscharo*.

Der Amboseli-Park bietet einen enormen Reichtum an Tier- und Vogelarten. Wenn sich die Tiere in der Dürreperiode an den drei Sümpfen des Parks aufhalten, kann man auf einer einstündigen Fahrt außer Nashörnern fast alle Vertreter der „Großen Fünf" zu Gesicht bekommen, vor allem Elefanten.

Von Nairobi erreicht man den etwa 240 km entfernten Park über **Athi River** und die gute Straße Richtung **Namanga** / Tansania. Eine etwas längere Anfahrt führt von Nairobi auf dem Nairobi-Mombasa-Highway bis **Sultan Hamud** oder **Emali**, wo man auf die 98 km lange neue Teerstraße Richtung Oloitokitok abbiegt. Ab Mombasa empfiehlt sich die Fahrt via Emali, oder ab dem Ort **Tsavo** der direkte Weg durch den Tsavo-West-Park. Von Nairobi und Mombasa besteht Flugverbindung zum Park.

In seiner heutigen Ausdehnung ist der Nationalpark der klägliche Rest des 1906 angelegten Southern Game Reserve mit 27 700 km². 1948 wurde das Tierschutzgebiet auf 3200 km² beschränkt und in Amboseli Game Reserve umbenannt. In der Masai-Sprache bedeutet *Amboseli* „salzige Erde". 1973 noch einmal verkleinert, erstreckt sich der Amboseli-Nationalpark heute nur noch über eine Fläche von 390 km².

Der Südostzipfel des Parks reicht bis an den Fuß des **Kilimandscharo** heran, dessen mächtiger schneebedeckter Vulkankrater 5895 m über der Landschaft thront. Oft verhüllen Dunst-

Rechts: Auf Safari im Amboseli National Park.

» Karte S. 158-159, Info S. 171

Foto: Kenya Tourist Board

schleier und Wolken den höchsten Berg Afrikas: Frühmorgens hat man die beste Chance, ihn klar zu sehen! In jedem Fall beeindrucken die riesigen **Elefantenherden**, die oft den Weg kreuzen; Herden mit hunderten Tieren, darunter viele Jungtiere. Die Szenerie mit Elefanten, Akazien und dem Kilimandscharo im Hintergrund bleibt unvergesslich!

Die Vegetation des Parks ist je nach Wasservorkommen oder Alkaligehalt des Bodens sehr unterschiedlich. Im Umkreis des meist ausgetrockneten, nur periodisch mit Wasser gefüllte **Lake Amboseli ❹** wachsen spärliche Riedgräser; weiter ostwärts wird dann die Vegetation artenreicher: Ein Gürtel von Akazienbäumen zieht sich über die alkalischen Böden des Kurzgraslandes, während die offene Savanne, das Kernstück des Parks, neben lockeren Akazienwäldern nur Büsche und Sträucher aufweist. Im Süden und Osten findet man bei den Wasserstellen ausgedehnte Papyrusbestände, wie man sie ebenso in den Sumpflandschaften des Reservates antrifft. In vielen unterirdischen Rinnsalen fließt das Schmelzwasser des Kilimandscharo bis zu den drei mit Papyrus und Zyperngras bestandenen Sümpfen **Enkongo Narok**, **Oltukai** und **Longinye**. Sie sind für das ökologische Gleichgewicht des Parks von äußerster Wichtigkeit, denn während der Dürreperioden halten sich hier 95% der Wildtiere auf, die in den Regenzeiten das Reservat verlassen und bis zu den umliegenden Ranches abwandern. Neben großen Herden von **Weißbart-Gnus**, **Thomson- und Grant-Gazellen** kann man **Elefanten**, **Giraffen**, **Löwen**, **Geparde**, **gelbe Paviane**, **Büffel**, **Impalas**, **Zebras**, **Steppenschliefer** und **Strauße** sehen.

Ein Erlebnis besonderer Art erwartet den Besucher um die Mittagszeit auf dem Aussichtspunkt des **Observation Hill ❺**: Wenn der Amboseli-See ausgetrocknet ist, lässt die Glut der Mittagssonne aus dem ausgedörrten Seegrund bizarre, silbrige Formen wachsen. Das großartige Panorama der Savanne beginnt in der flirrenden Hitze zu schwimmen, die Fata Morgana gaukelt dem

» Karte S. 158-159, Info S. 171

Foto: Tortilis Camp

Auge endlose Wasserflächen vor.

Mitten im Park wurde Amboselis erste Lodge **Ol Tukai** ❻ für das Filmteam eingerichtet, das hier 1952 *Schnee am Kilimandscharo* drehte. Man wohnt in gut eingerichteten Bungalows aus Naturstein mit Terrasse und hat einen fantastischen Blick auf den Kilimandscharo und die endlose Savanne. Elefanten ziehen nahe der Terrasse vorüber. Ein hervorragendes Essen, guter Service und abendliches Lagerfeuer runden den äußerst angenehmen Aufenthalt in dieser Lodge ab. Ebenso schön gelegen, stilvoll und luxuriös ist die **Amboseli Serena Lodge**.

Besondere Erwähnung verdient das preisgekrönte **Tortilis Camp** ❼ am südwestlichen Rand des Parks: Man wohnt traumhaft schön in einem der 17 luxuriösen Zelte, mit Pool und fantastischem Blick auf den Kilimandscharo. **Schirmakazien** (*acacia tortilis*) geben dem Camp seinen Namen. Das Camp bemüht sich, die Richtlinien des Ökotourismus einzuhalten (Solarenergie für Warmwasser etc.) und unterstützt die ansässigen Masai-Gemeinden.

Oben: Das Tortilis Camp wird nach ökologischen Prinzipien betrieben.

Für Selbstversorger gibt es nahe der Amboseli Serena Lodge einen umzäunten Campingplatz.

Neben seinem reichen Tierbestand und seinen landschaftlichen Reizen hat vor allem die Nähe des Reservats zu Nairobi dazu geführt, dass sehr viele, vielleicht zu viele Besucher hierher kommen. Das unerlaubte Verlassen der vorgeschriebenen Pisten – sei es mit dem eigenen Wagen oder weil die Fahrer der Touristenbusse dazu gedrängt werden – hat der ohnehin kargen Grasnarbe teilweise sehr geschadet. In der Folge ist der Bestand an Tieren, deren Nahrungsgrundlage das Weideland ist, bereits zurückgegangen.

Eine weitere Bedrohung für die Vegetation des Parks stellen die riesigen Elefantenherden dar. Durch die Bestandszunahme können die Tiere nicht mehr ihren alten Wanderrouten durch den Tsavo-Park bis an die Küste zu den

» Karte S. 158-159, Info S. 171

Shimba Hills folgen und bleiben im geschützten Gebiet des Parks. Die Vegetation hat keine Zeit mehr, sich von den enormen Fraßschäden zu erholen.

Früher weideten in dieser Gegend die Masai ihre Viehherden. Doch heute ist es ihnen per Gesetz verboten, mit ihren Tieren in den Nationalpark zu ziehen. Deshalb ermutigte man die Masai, Teile ihres Landes außerhalb der Parkgrenzen in private Schutzgebiete umzuwandeln, in denen eine Reihe besserer Zeltcamps errichtet wurden. Die Einnahmen durch den Tourismus werden aufgeteilt und für Projekte der Masai genutzt. Ein beispielhaftes Projekt ist das **Kimana Wildlife Sanctuary** ❽ etwa 30 km östlich von Amboseli, an der Straße in Richtung Tsavo-Park.

Zwischen Amboseli und Tsavo gibt es viele private Schutzgebiete und luxuriöse Zeltcamps mit herrlichen Ausblicken auf den Kilimandscharo und reicher Tierwelt. Die Atmosphäre ist eigentlich viel friedlicher als in vielen Teilen Amboselis, das Gebiet ist jedoch nur über die schlechten Pisten von Sultan Hamud (auf der Nairobi-Mombasa-Strecke) südwärts nach Oloitokitok und von Tsavo West Richtung Amboseli zu erreichen.

Die ★★Tsavo- Nationalparks

Von Nairobi nach Mombasa

Die **Nationalstraße** A 109 (*Mombasa Road*) von Nairobi nach Mombasa ist eine der wichtigsten Verkehrsverbindungen Kenias. Zwischen Mtito Andei und Manyani Gate durchschneidet sie den Tsavo-Park, Kenias größtes Wildschutzgebiet. Wer nicht mit dem Flugzeug, sondern auf dem Landweg in den Nationalpark reisen will, wird – gleichgültig, wo er aufbricht – immer ein Stück des Weges auf der 498 km langen Straße zurücklegen. Durch das hohe Verkehrsaufkommen und die landesüblich halsbrecherische Fahrweise kommt es immer wieder zu schweren Unfällen. Selbstfahrer sollten mit querenden Tieren rechnen und Nachtfahrten unterlassen. Geschwindigkeitsübertretungen werden mit hohen Geldstrafen geahndet! Die Erneuerung dieser Hauptverkehrsader ist abgeschlossen, Teilstücke sind aber schon wieder beschädigt.

Vom Hochland um Nairobi führt die Strecke durch eine Ebene in den Industrieort **Athi River** am gleichnamigen Fluss, weiter über **Sultan Hamud** nach **Kiboko** ❾ (160 km von Nairobi). Hier ist die **Hunter's Lodge**, die wunderschön am Ufer eines kleinen Sees – einer Oase für Vögel – liegt, ein beliebter Rastplatz. 15 km südöstlich erreicht man **Makindu** ❿. Wahrzeichen der Stadt ist der **Sikh-Tempel**, dessen goldene Kuppel inmitten der afrikanischen Savanne fremdartig wirkt. Der Tempel ist ein wichtiger Zeuge der Geschichte des großen Eisenbahnbaus am Ende des 19. Jh. Damals waren Tausende indischer Arbeiter ins Land gekommen, unter ihnen zahlreiche Sikhs. Der von ihnen errichtete Tempel wurde nach dem Ende des Eisenbahnbaus zu einem gastfreundlichen Ort für Reisende aller Konfessionen und Rassen.

Auf der Weiterfahrt blickt man im Süden auf die **Chyulu Range** ⓫ mit dem kürzlich gegründeten **Chyulu Hills National Park** (früher Game Conservation Area) als Erweiterung des Tsavo West. Diese Bergkette, die an ihrem höchsten Punkt 2170 m erreicht, ist eines der jüngsten Vulkangebirge der Welt und von vielen Höhlen mit teilweise beträchtlichen Ausmaßen durchzogen. Über **Kibwezi** erreicht man **Mtito Andei** ⓬ am Eingang zum Tsavo-Nationalpark. Der Ort ist beliebter Rastplatz auf halber Wegstrecke von Nairobi nach Mombasa.

Von Mtito Andei aus erreicht man auch das romantische **Tsavo Safari Camp** ⓭ im Tsavo-Ost-Park. Wer sich jedoch die anstrengende Fahrt auf der Piste ersparen will, kann das Camp auch mit einem kleinen Charter-Flugzeug von Mombasa und Nairobi aus direkt

Foto: Birger Meierjohann

anfliegen. Die holprige Piste zum Camp endet zunächst am **Athi River**, wo man mit einem Schlauchboot ans andere Flussufer übersetzen muss. Die Ankunft eines Wagens wird auf der gegenüberliegenden Seite meist so schnell bemerkt, dass man höchstens eine halbe Stunde auf die Fähre warten muss. Im Camp wohnt man in bequemen Zelten und genießt die Abende am offenen Feuer. Die nächtliche Ruhe stört allenfalls das Quaken der Frösche.

Den Ausflug mit dem Jeep des Camps, der zum Sonnenuntergang auf das **Yatta Plateau** ⓮ führt, sollte man sich nicht entgehen lassen. Das Plateau, ein riesiges Lavafeld, hat sich zu einem fantastischen Vogelparadies entwickelt und die absolute Einsamkeit sowie der weite Blick über das unberührte Land und auf die hinter dem Kilimandscharo versinkende Abendsonne machen den Ausflug zu einem unvergesslichen Erlebnis. Das entschädigt auch dafür, dass man im Umkreis des Camps wegen der dichten Vegetation meist nur wenige Tiere zu sehen bekommt.

Oben: Der Lateritschlamm des Tsavo National Parks färbt die Elefanten rot. Rechts: Ein Gaukler-Adler hält Ausschau nach Beute.

Wieder zurück auf der Nairobi-Mombasa-Route, ist die nächste Station **Tsavo** ⓯. Der Ort erlangte während des Eisenbahnbaus Berühmtheit – heute findet man hier nur noch eine Bahnstation, das **Tsavo-Gate** (einer der Zugänge zum Tsavo-West-Park) und die **Tsavo-Brücke**. Der Brückenbau wurde 1898 von menschenfressenden Löwen behindert, was in die Weltliteratur und in die Filmgeschichte einging. Sie überspannt den Tsavo am Zusammenfluss mit dem Athi River, der dann als Galana und etwas weiter östlich als Sabaki River zum Indischen Ozean fließt.

Außerhalb des Tsavo-Parks, im Süden, liegt umgeben von Sisalplantagen das Städtchen **Voi**, der Eisenbahnknotenpunkt für die Strecken Mombasa-Nairobi und Taveta-Tansania. Beidseitig des Highways gibt es größere Tankstellen und Rastanlagen. Hier sieht man auch die neue Schnellbahntrasse der

» Karte S. 158-159, Info S. 171

Foto: Herbert Schaible

„SGR-Railway", die den Tieren durch spezielle Unterführungen die Wanderungsmöglichkeit erhalten soll.

Weiter Richtung Mombasa ist die nächste Bahnstation der Ort **Mackinnon Road**. Seinen Namen erhielt er von dem Schotten Sir William Mackinnon, der 1892 einen Teilabschnitt der Eisenbahnstrecke bauen ließ. Eine bedeutende Pilgerstätte ist das in den 1950er Jahren erbaute, sehenswerte **Heiligengrab** persisch-indischen Stils, zu dem auch die **Pir-Padree-Moschee** gehört.

Weiter geht es über **Mariakani** Richtung Mombasa. Je mehr man sich der Küste nähert, desto fruchtbarer und dichter besiedelt wird das Land. Bananenstauden und Kokospalmen säumen immer üppiger den Straßenrand.

Tsavo im Überblick

1948 wurde der Tsavo als einer der ersten kenianischen Wildparks eröffnet und verwaltungstechnisch in „Ost" und „West" geteilt. Mit 21 283 km^2 ist er Kenias größter Nationalpark, durch ein Wegenetz von rund 2000 km gut erschlossen. Seine Popularität verdankt er den vielen Filmen, die hier über Elefanten gedreht wurden. Einst lebten hier die größten Elefantenherden Afrikas, doch Dürreperioden und Wilderer haben ihre Zahl stark dezimiert. Erst seit der Ernennung des Anthropologen Dr. Richard Leakey zum Direktor des *Kenya Wildlife Service* 1989 konnte das Wildern eingedämmt und die Bestände wieder vergrößert werden. Die berühmten „roten" Elefanten, deren Farbe vom Lateritstaub des Parks herrührt, richteten allerdings Schäden an der Vegetation an. So ist das ehemalige Waldland heute eher buschbewachsene Savanne.

Gerade Strandurlauber wählen oft den Tsavo-Park für eine kurze Safari, um einen ersten Eindruck von der Tierwelt und der Landschaft Kenias zu bekommen. Die knapp zweistündige Autofahrt von Mombasa aus ermöglicht auch eintägige Ausflüge. Da die Nairobi-Mombasa-Straße geradewegs durch den Park verläuft, lockt der verkehrsgünstig gelegene Tsavo jedes Jahr Hunderttausende von Besuchern an. Ein Höhepunkt, auch für eine Tagestour, ist ein Zwischenstopp in der legendären **Kilaguni-Lodge**. Von der großen Terrasse aus genießt man den Blick auf die endlose Weite der Savanne und die Tiere. Das Essen ist hervorragend, insbesondere das Käsebuffet!

Wer tiefer in den Tsavo-Ostpark hinein fährt, begibt sich in die Einsamkeit. Reifenpannen sind auf den Pisten nicht selten. Lassen Sie einen kaputten Reifen immer gleich reparieren, um bei der nächsten Panne nicht ohne dazustehen. Fahren Sie nicht durch Elefantenkot – unverdaute Akaziendornen können einen Platten verursachen!

Im Tsavo-Park leben über 50 verschiedene Säugetier- und fast 400 Vogelarten in einer trotz Schädigungen überraschend vielfältigen Vegetation. Im Gegensatz zu anderen Gebieten konnte sich der Tsavo nach Dürreperioden, Überflutungen und Zerstörung

Foto: Herbert Schaible

durch Elefantenherden bisher immer wieder regenerieren.

Wenn Sie Selbstfahrer sind, besorgen Sie sich eine genaue Karte des Parks noch in Mombasa oder Nairobi. Es gibt sie z. T. auch an Tankstellen, meist aber nicht an den Parkeingängen. Beachten sie, dass man im Park nur an bestimmten Stellen erlaubt ist, den Wagen zu verlassen – zu Ihrer eigenen Sicherheit!

★★Tsavo-West-Nationalpark

Der ★★**Tsavo-West-Nationalpark** erstreckt sich von der Nationalstraße Nairobi – Mombasa bis an die Grenze Tansanias. Auf einem gut ausgebauten Wegenetz fährt man durch hügelige Savannen und Akazienwälder, vorbei an faszinierenden Vulkanbergen, deren Lavaströme noch keine 200 Jahre alt sind.

Für die Anfahrt zum West-Park gibt es je nach Ausgangsort mehrere Möglichkeiten: Entweder biegt man bei **Mtito Andei** von der Nationalstraße in den Park ab, oder von Tsavo durchs **Tsavo Gate** ⓰, oder aber man fährt ab Voi durch das Taita-Hills-Reservat zum **Maktau Gate**. Vom Amboseli-Park kommend, nimmt man die Route über Kimana. Manchmal macht man die erste Bekanntschaft mit wilden Tieren bereits am Parkeingang. Die neugierigen **Paviane** toben gern auf Autos herum oder versuchen, Lunchpakete aus dem Inneren zu stehlen. Vorsicht, Pavianbisse können sehr gefährlich sein; machen Sie Fenster und Türen zu!

Die **Kilaguni Serena Safari Lodge** ⓱ mitten im Park ist der Ausgangspunkt der meisten Erkundungsfahrten. 1962 wurde sie als erste Unterkunft für Touristen im Tsavo-Park eröffnet. Mit ihrem herrlichen Ausblick auf die nahegelegenen Chyulu Hills ist sie noch heute so beliebt wie eh und je. Die Wasserstelle nahe der Lodge wird gern von **Elefanten**, **Zebras** und **Büffeln** besucht. Bei einem Kaffee oder Tee auf der Terrasse sitzend, kann man die Tiere wie im Film an sich vorbeiziehen lassen. Viele Ei-

Oben: Im Blattwerk der Bäume ist das gefleckte Fell des Leoparden eine gute Tarnung.

» Karte S. 167, Info S. 171

dechsen, Mungos, **Nashornvögel** und Glanzstare fühlen sich hier genauso zuhause wie die Touristen. Für Tagesbesucher gibt es ein **Visitor Centre** mit Informationen, Restaurant und Bar. Die Aussicht ist von hier nicht so gut wie im Empfangsbereich der Lodge selbst.

Südlich der Kilaguni Lodge liegen inmitten einer kleinen Oase mit Palmen und Akazien die ★**Mzima Springs** ⓲. Die kristallklaren Frischwasserquellen, idyllisch von Papyrusstauden gesäumt, sind hier in der trockenen Tsavo-Ebene ein wahres Paradies. Mehr als 240 Millionen Liter Wasser sprudeln täglich aus den Quellen und versorgen die Hauptstadt Nairobi und die Stadt Mombasa mit Trinkwasser. Am Parkplatz erwarten Sie Ranger, die Sie auf dem **Rundweg** zu den Quellen, am See entlang, zur Unterwasser-Beoachtungsstation und zurück begleiten, Die Ranger sind bewaffnet, denn es könnte zu gefährlichen Begegnungen mit Nilpferden kommen. Die Ranger bieten Ihnen Schutz und Informationen, ein Trinkgeld ist angebracht. In dem kleinen See gibt es eine ★**Unterwasser-Beobachtungsstelle**, von der aus man sowohl **Flusspferde** und **Krokodile** wie auch tropische **Fische** aus nächster Nähe beobachten kann.

Südöstlich der Kilaguni Lodge kann man eine schöne **Wanderung** auf den **Chaimu-Krater** ⓳ unternehmen. Aufgrund der scharfkantigen Lava benötigt man feste Schuhe; wegen des dunklen Bodens sollte man den Krater nicht unbedingt während der Mittagshitze erklimmen und vergessen Sie nicht die Wildtiere – etwas Vorsicht ist geboten.

Zu den attraktiven Zielen im Park zählt auch der Aussichtsplatz **Poacher's Lookout** ⓴ mit einem herrlichen Blick über das Buschland von **Ol Turesh** westlich der Mzima Springs.

Eine schöne und wenig befahrene Route führt von der Kilaguni Lodge nach Norden zu den Chyulu Hills und vorbei an den **Shetani Lavafeldern** ㉑, die erst vor 200 Jahren bei einem Vulkanausbruch entstanden sind.

Von Kilaguni Richtung Osten lohnt sich die Fahrt über die weniger befahrene und unwegsame Strecke durch das

Foto: Herbert Schaible

felsige **Rhino Valley** zum **Rhino Sanctuary** ㉒, das zum Schutz der wenigen noch verbliebenen **Spitzmaulnashörner** eingerichtet wurde. In den 60er Jahren lebten im Tsavo Park über 5000 Exemplare dieser Art, heute sind es nicht einmal mehr 100. Ein Besuch des Schutzgebiets (16-18 Uhr geöffnet) bietet sich an, da die Nashörner im übrigen Parkgebiet kaum zu sehen sind.

Hinter dem Rhino Valley windet sich die Straße steil vom Tal hinauf zur **Ngulia Safari Lodge** ㉓. Die romantisch gelegene Lodge thront hoch oben auf einem Steilhang der **Ngulia-Berge**. Hier verläuft ein beliebter Wildwechsel, und die nachts mit Flutlicht angestrahlte Wasserstelle unterhalb der Lodge zieht viele Tiere an. Mit einem Stück Fleisch, das man in einem Baum deponiert, versucht man allabendlich, **Leoparden** anzulocken – meistens, aber nicht immer mit Erfolg. Das Schauspiel kann man in Ruhe vom Speisesaal aus bewundern. Ein Tagebuch in der Lodge gibt Auskunft darüber, welche Tiere wo und wann zuletzt gesehen wurden. Die Kilaguni und die Ngulia Lodge sind beide mit allem Komfort ausgestattet. Das hat natürlich seinen Preis. Die renovierten **Bandas** (Bungalows) im **Ngulia** Safari Camp und **Kitani** Safari Camp sind ideal für Reisende mit knapperem Budget. Generell empfiehlt sich eine vorherige Reservierung.

Ein Höhepunkt für Reisende mit größerem Geldbeutel ist **Finch Hatton's Camp**. Es ist das einzige Camp, das über viele Jahre hinweg seine hohe Qualität bewahren konnte. Der tadellose Stil des Aristokraten Denys Finch Hatton (1887-1931), bekannt aus Karen Blixens Erfolgsroman „Jenseits von Afrika", ist immer noch Vorbild für das Management des Camps. Man wohnt in luxuriösen Zelten an einem der drei **Hippo-Pools**, die von Mineralwasserquellen gespeist werden. Das 35 ha große Gelände des Camps ist nicht eingezäunt – zum Dinner werden die Gäste von Rangern ab-

Oben: Flusspferde leben in großen Herden. Rechts: Masai-Giraffen grasen in der Baumkrone einer Akazie.

» Karte S. 167, Info S. 171

Foto: Andrew Emptage (Dreamstime)

geholt, um Zusammentreffen mit Nilpferden zu vermeiden. Bei Ausfahrten in der Umgebung von Finch Hatton's Camp kann man Giraffen, Büffel, Zebras, Straußenfamilien beobachten.

Um größere Tierherden zu sehen, empfiehlt sich die Weiterfahrt in den Tsavo-Ost-Nationalpark.

★Tsavo-Ost-Nationalpark

Der wesentlich größere Nationalpark ★**Tsavo-Ost**, der sich im Nordosten der Mombasa-Nairobi-Straße erstreckt, ist nur teilweise für Besucher zugänglich. Zugangsbeschränkt ist das wasserarme Gebiet nördlich des Galana River mit dem im Norden angrenzenden Pflanzen- und Tierschutzgebiet **South Kitui National Reserve**. Lediglich vom Tsavo Safari Camp, in der Nähe von Mtito Andei, kann man kleinere Ausflüge in die geschützte Zone unternehmen (siehe Seite 121). Für Besucher geöffnet ist das Gelände südlich des Galana-Flusses: ein weites, trockenes Gebiet – Inbegriff der ungebändigten Wildnis Afrikas.

Wenige Kilometer vom Parkeingang bei Voi liegt die **Voi Safari Lodge** ㉔ erhöht auf einem Hügel, von wo man 3 Wasserstellen überblickt. Ein unterirdischer Gang, der in der Lodge beginnt, endet an einem Beobachtungsstand an einer Wasserstelle. Von dort kann man die Tiere aus nächster Nähe sehen. Mit Glück kann man von der Lodge aus riesige **Büffel- und Elefantenherden** bei ihren Wanderungen beobachten.

Nördlich der Voi Safari Lodge ziehen sich auf einer Länge von eineinhalb Kilometern die Felsformationen der **Mudanda Rocks** ㉕ hin. Unter den steil abfallenden Felsen hat sich eine **Wasserstelle** gebildet, an der man hervorragend Tiere beobachten kann.

Eine besonders schöne Strecke durch den Park führt am **Galana River**, dem zweitgrößten Fluss Kenias, entlang. Papyrus und Palmen säumen das Flussufer, und nur wenige Safaribusse stören die Einsamkeit.

Die nach ihrem Entdecker, dem britischen Captain Frederick Lugard, benannten **Lugard's Falls** ㉖ sind zwar

Foto: Bodo Bondzio

nicht wegen ihrer Höhe, doch wegen ihrer idyllischen Lage einen Besuch wert. 1 km östlich der Wasserfälle, am **Crocodile Point**, kann man mit ziemlicher Sicherheit in der Sonne dösende **Krokodile** sehen. Den nötigen Sicherheitsabstand zu den Reptilien hält man automatisch ein, solange man den Aussichtspunkt nicht verlässt.

Bleibt man auf der Straße entlang des Flusses, der weiter zum Meer hin Sabaki heißt, kommt man zum **Sala Gate**. Von hier sind es etwa 115 km bis Malindi.

Die meisten Besucher nehmen jedoch die Strecke Richtung Süden zum **Aruba-Stausee** ㉗, der Tausende von Tieren anlockt. Die am See gelegene Lodge erstrahlt nach aufwändigen Umbau unter dem Namen **Ashnil Aruba Lodge** in neuem Glanz. Vom See gelangt man entweder in westlicher Richtung zurück nach Voi oder nach Südosten über das **Buchuma Gate** auf die Hauptstraße Richtung Mombasa.

Oben: Auf Pfählen erbaut – die Salt Lick Gamelodge im Taita Hills Game Reserve.

Taita Hills

Der übliche Anfahrtsweg zum **Taita Hills Game Reserve** ㉘, einem privaten Wildschutzgebiet, ist die Straße von Voi in westlicher Richtung nach Taveta an der tansanischen Grenze. Nach den Orten **Mwatate** und **Bura** – Schauplatz einiger Gefechte im 1. Weltkrieg, in der der deutsche General Lettow-Vorbeck mit seiner Schutztruppe gegen die Briten kämpfte (britischer Soldatenfriedhof in Voi) – erreicht man die Straßenkreuzung zum Reservat. Im hügeligen Waldgebiet der Taita Hills leben Gnus, Elefanten, Büffel, Zebras, aber auch Raubtiere wie Löwen und Geparde. Direkt am Eingang des Parks steht das Hotel **Sarova Taita Hills Lodge**, mitten in dem 113 km² großen Wildparkgelände die architektonisch außergewöhnliche, auf Pfählen erbaute **Sarova Salt Lick Gamelodge**, deren afrikanische Rundhütten über Hängebrücken miteinander verbunden sind. Ein **Wasserloch** lockt Wildtiere an, die man von einem **Bunker**, direkt davor, beobachten kann.

» Karte S. 167, Info S. 171

★Chala-See und ★Jipe-See

Bleibt man auf der Hauptstraße von Voi nach Taveta, trifft man einige Kilometer vor dem tansanischen Grenzübergang auf die Abzweigung zum Lake Jipe und wenig später auf die Straße zum Lake Chala. Es lohnt sich, einmal die üblichen Routen zu verlassen und diese noch relativ unbekannte Gegend zu besuchen, denn die beiden zauberhaften von Papyrus gesäumten Seen sind nicht nur landschaftlich sehr reizvoll, sondern bieten mit dem Jipe-See auch dem Vogelliebhaber ein ausgedehntes Beobachtungsfeld. Die Grenze zu Tansania verläuft mitten durch die Seen.

Der wildromantische **Lake Chala** ㉙ ist ein etwa 100 Meter tiefer Kratersee, vom Kraterrand hat man eine fantastische ★**Aussicht** über den See zum nahen **Kilimandscharo**. An mehreren Stellen des Kraters kann man zelten, über die Treppe der außer Betrieb befindlichen Lodge gelangt man bequem zum See hinab.

Inmitten ursprünglicher Wildnis in 700 m Höhe am Rand des **Tsavo-West-Nationalparks** liegt, in Kenia und Tansania zugleich, der ★**Jipe-See** ㉚, ein Vogelparadies. Er ist etwa 40 km² groß und wird vom **Lumi-Fluss**, der vom Kilimandscharo kommt, gespeist. An seinen Ufern leben zwischen Schilfgräsern, Papyrusstauden und Wasserlilien Wasservögel, Flusspferde und Krokodile, die man bei einer Bootsfahrt beobachten kann. Ist das Ufer auf der kenianischen Seite flach und gut zugänglich, so ragen am tansanischen Ufer die bis zu 2100 m hohen Pare-Berge in den Himmel. Entsprechend schön ist das Panorama. Unterkunft findet man am Campingplatz hinter dem Parkeingang. Großwild wie etwa Elefanten sieht man am besten am Ende der Trockenzeit, wenn sie zum Trinken hierher zum See kommen. Die Tiere sind hier wesentlich scheuer als in den stärker von Touristen frequentierten Gegenden.

Amboseli National Park

INFOS: geöffn. tgl. 6-18.30 Uhr, nach 19 Uhr keine Fahrten erlaubt, Höchstgeschwindigkeit 40 km/h, Karte „Blatt Amboseli Nationalpark" (KWS) an den *Gates* erhältlich. Besuchszeit das ganze Jahr über, am Wochenende sehr voll, während der Regenzeit April/Mai Pisten z. T. unpassierbar.

BESONDERE AKTIVITÄTEN: **Tortilis Camp**, von Masai geführte Buschwanderungen, Sundownerausflüge. **Amboseli Serena**, Vogelbeobachtungen.

FLÜGE: tgl. mit *Air Kenya* ab Wilson Airport in Nairobi um 7.30 Uhr, ab Amboseli 8.30 Uhr.

Tsavo National Park West

INFOS: geöffn. tgl. 6-18.30 Uhr, Höchstgeschw. 30 km/h, keine Fahrten nach 19 Uhr, **Visitor Centre** beim Mtito Andei Gate tgl. 8-17 Uhr, Karten für beide Tsavo Parks hier erhältlich, **Information Centre** in der Kilaguni Lodge, Restaurant und Bar auch für Tagesbesucher.

BESONDERE AKTIVITÄTEN: **Rhino Sanctuary**, Schutzgebiet für Spitzmaulnashörner, tgl. 16-18 Uhr.

Mzima Springs, Nähe Kilaguni Lodge, kristallklare Quellen mit Unterwasserbeobachtungsstelle.

Kilaguni Lodge, geführte Wanderungen in den benachbarten Seven Sisters Hills.

Tsavo National Park Ost

INFOS: geöffn. tgl. 6-18.30 Uhr, Höchstgeschw. 40 km/h, keine Fahrten nach 19 Uhr, kleines **Education Centre** am Voi Gate mit Infos über den Park, Region nördl. des Galana River nur z. T. für Besucher zugänglich.

BESONDERE AKTIVITÄTEN: **Tsavo Safari Camp**, Sundowner-Jeep-Ausflug auf das Yatta-Plateau (Vogelparadies).

Satao Camp, geführte Fußsafaris, Jeepvermietung, Sundowner im Busch.

Galdessa Safari Camp, nächtliche *Game Drives*, geführte Bushwalks, Kamel- u. Angelsafaris.

Shompole Conservancy

Wildschutzgebiet im Rift Valley, das exklusive Shompole Camp bietet u.a. Exkursionen zum Lake Natron.

» Karte S. 167

Im Nationalpark Masai Mara

Foto: Bodo Bondzio

MASAI MARA
Die größte Tierschau der Erde

MASAI MARA

MASAI MARA

Das Masai Mara National Reserve, eine natürliche Fortsetzung des Serengeti-Nationalparks in Tansania, erstreckt sich über ein zauberhaftes, wogendes Grasland mit sanften Hügeln und Akazienwäldern, durch das sich die Flüsse **Mara** und **Talek** schlängeln.

Ein Besuch des Masai-Mara-Reservates ist für Viele die Krönung ihre Urlaubseindrücke: Wenn die riesigen Tierherden über die weiten Ebenen dieses Wildtier-Paradieses wandern, versetzt das jeden Besucher in ehrfürchtiges Staunen. Während im äußeren Teil des Parks die Rinder der Masai weiden dürfen, ist das Kernstück den Wildtieren und Safaritouristen vorbehalten.

Die Anfahrtswege

Von Nairobi wie von Mombasa aus kann man eine der vielen Landepisten in der Masai Mara anfliegen. Für abenteuerlustige Reisende ist die Überlandfahrt von Nairobi eine interessante Alternative. Erkundigen Sie sich – vor Anfahrt – über den Zustand der Straße. Trotz stetiger Reparaturarbeiten verschwindet die Piste – nach langen Regenfällen – beinahe vollständig.

Links: Masai-Krieger.

Die Strecke folgt der Straße von Nairobi Richtung Nordwesten nach **Limuru**. Von hier aus geht es weiter auf der reizvollen **Old Naivasha Road** (nicht auf dem Nakuru Highway), die näher an der Abbruchkante zum Rift Valley entlangführt. Bevor sich die in den Steilhang geschlagene Straße halsbrecherisch ins Tal windet, bietet sich ein grandioser Ausblick vom **Kikuyu Escarpment** in 1800 m Höhe auf das **Rift Valley** und auf den Vulkankegel des **Mount Longonot** (2777 m). Kurz bevor man die Talsohle des Grabenbruchs mit seinem deutlich wärmeren Klima erreicht, kommt man an der Kapelle **St. Mary of the Angels** vorbei. Etwa 1 km nach der Kirche zweigt in dem Ort **Mai Mahiu** links die Straße nach **Narok** ab.

Auf der 82 km langen Fahrt von der Abzweigung in Mai Mahiu nach Narok begegnet man in der öden, unwirtlichen Region des Rift Valley den **Masai** mit ihren Rindern. Beidseitig der Straße kann man schon die ersten Herden von Gazellen, Giraffen und Zebras vor dem Hintergrund des zerfurchten Mt. Longonot nördlich und des erloschenen Vulkans **Mt. Suswa** südlich der Straße erblicken.

Narok ❶, ein staubiger Ort, ist das „Tor zum Masai Mara National Reserve". Hier sollte man sich mit Benzin, das im Park viel teurer ist, und Lebensmitteln versorgen. Im **Narok Maa Cultural Mu-**

» Karte S. 176, Info S. 181

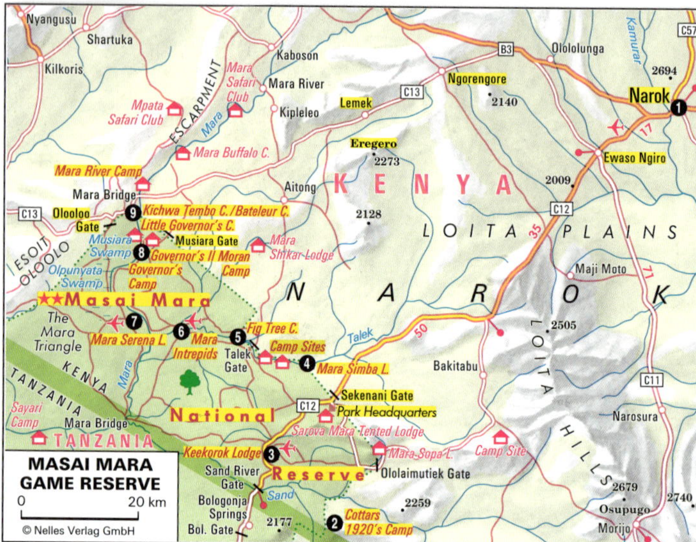

seum kann man sich über die Lebensweise der Masai informieren.

Von Narok gibt es zwei Routen, um zum Masai Mara National Reserve zu gelangen:

Fährt man auf der C 12 nach Südwesten, erreicht man über das **Sekenani Gate** den Ostteil der Masai Mara mit dem **Parkhauptquartier**, der **Keekorok Lodge** (87 km) – und den meisten Besuchern.

Die Alternativroute (anfangs auf der B 3 westwärts, dann C13 südwestwärts) bietet landschaftlich unvergessliche Eindrücke und führt durch Weizenfelder über **Ngorengore** und **Lemek**, vorbei am **Mt. Eregero**, zum Westteil des Parks (**Musiara Gate** und **Oloololo Gate**) mit dem **Mara River Camp** und weiteren Lodges und Camps.

Es ist ratsam, Fahrten auf eigene Faust nicht in Regenzeiten zu unternehmen.

Rechts: Dramatisch sind die Flussüberquerungen der Herden in der Masai Mara.

★★Masai Mara National Reserve

Durch den glücklichen Umstand, dass die großen Ebenen Ostafrikas von Masai dominiert, also Hirtenland waren, konnte sich im ★★**Masai Mara National Reserve** – mehr als im übrigen Kenia – eine außergewöhnlich reiche Flora und Fauna erhalten. **Löwen**, **Leoparden** und **Geparde** schleichen durch das Gebüsch, während **Gazellen**, **Zebras**, **Antilopen** und **Gnus** zufrieden auf der Savanne grasen. **Flusspferde** plantschen im Mara-Fluss, **Krokodile** aalen sich auf dem sandigen Flussufer, Katzenwelse und andere Fischarten tummeln sich in den Gewässern der Masai Mara.

Bei der letzten Zählung wurden im Masai-Mara-Reservat 1,5 Mio. Weißbart-Gnus, 0,5 Mio. Gazellen, 200 000 Zebras und 70 000 Impalas registriert.

Da die **Elefanten** durch das Eingreifen des Menschen in ihren Lebensraum sehr reizbar geworden sind, ist in ihrer Nähe größte Vorsicht geboten.

Absolute Hauptattraktion des grenz-

» Karte S. 176, Info S. 181

Foto: kuba (iStockphoto)

übergreifenden Masai Mara-Serengeti-Ökosystems ist die alljährlich stattfindende ★★**Migration**, die Wanderung von 2 Millionen Wildtieren. Wenn im Juli in der Serengeti die Trockenzeit beginnt, begeben sich die Tiere in riesigen Herden für 3-4 Monate in das Grasland der Masai Mara und überqueren in einer stampfenden, schnaubenden Masse den **Mara-Fluss**. Beutehungrige Raubtiere, einschließlich der schlanken Masai-Löwen, umkreisen unermüdlich die vorwärts preschenden Tiere. Das Grasland und die sanft gewellten Hügel der Mara verschwinden fast unter den Tierherden. Dicht an dicht ziehen sie zu neuen Futterplätzen, und ihre endlose Reihe reicht oft bis zum Horizont. Über eine Million Gnus und mehrere hunderttausend Zebras und Büffel bevölkern in dieser Zeit, gemeinsam mit Antilopen und Gazellen, das National Reserve. Wenn mit dem Regen im Oktober/November die Serengeti wieder grün wird, drängen die Herden wieder über den Mara-Fluss zurück nach Tansania.

Ein überwältigendes Erlebnis sind vor allem die dramatischen **Flussdurchquerungen**: Erst nach langem Suchen entscheiden sich die Leittiere für eine Stelle im Fluss, die ihnen geeignet erscheint. Über steile Böschungen stürzt sich die riesige Herde hinter ihnen in das reißende Wasser. Schwächere Tiere sind der starken Strömung nicht gewachsen und werden hilflos den Fluss hinuntergetrieben. Andere finden auf der gegenüberliegenden Uferböschung keinen Halt oder werden von stärkeren Herdentieren abgedrängt. Oft ist der Zugang zum rettenden Ufer auch so schmal, dass ein Teil der Herde ihn verfehlt und verzweifelt versucht, an einer viel zu schwierigen Stelle das andere Ufer zu erklimmen. Die Flussüberquerung einer Herde kann auf diese Weise mehrere Stunden dauern.

Manchmal sieht man Antilopen, die nur wenige Meter vor einem Rudel sattgefressener Löwen grasen – sie wissen genau, dass sie vom König der Tiere so lange nichts zu befürchten haben, wie er mit Verdauen beschäftigt ist.

Game Drive (Pirschfahrt)

Für einen erfolgreichen Game Drive zur Wildbeobachtung sind die frühen Morgenstunden und der Spätnachmittag am günstigsten. Die Sonnenaufgänge sind ein unvergessliches Erlebnis, frühes Aufstehen lohnt! V. a. Raubkatzen halten mittags Siesta. Morgens und abends sind die Tiere am aktivsten; diese kühleren Stunden des Tages nützen sie zum Grasen, zur Beutesuche und zum Besuch der Wasserstellen.

Nirgendwo sonst in Kenia leben so viele Löwen wie in der Masai Mara. Oft trifft man auf Löwenfamilien, deren possierliche Junge sich nicht von Zuschauern stören lassen. Mit Glück sieht man auch Geparde und Leoparden. Die ortskundigen Fahrer der Lodges und Camps wissen meist genau, wo man die scheuen Tiere entdecken kann. Leider kommt es wegen der vielen Besucher vor, dass eine regelrechte Autojagd auf die Tiere veranstaltet wird. Denn jeder der Fahrer ist bemüht, für seine Gäste den besten Foto-Standort zu ergattern. Gepardenmütter fühlen sich dadurch manchmal so bedrängt, dass sie ihre Kinder im Stich lassen; und Gepardenjunge sind ein beliebter Leckerbissen für Paviane.

Im Mara und Talek leben unzählige Flusspferdherden. Am frühen Morgen liegen sie dösend am sandigen Ufer in der Sonne. Später kann man sie nur noch entdecken, wenn sie schnaubend an der Wasseroberfläche auftauchen.

Fast ausgerottet sind im Gebiet des Masai-Mara-Tierschutzreservats jedoch die Nashörner. Nur noch wenige Exemplare leben hier unter dem intensiven Schutz der Wildhüter.

Für einen Besuch des Masai Mara sollte man immer einen Pullover oder eine Jacke dabeihaben. In der Hochebene, die etwa 1700 m erreicht, kann es nachts und frühmorgens empfindlich kalt werden. Außerdem ist man meist in offenen Geländewagen unterwegs.

Camps und Lodges

Zu einer Safari in der Masai Mara gehört die Übernachtung in einem der Camps oder Lodges. Vom einfachen Selbstversorger-Camp bis zu absoluten Luxus-Lodges reicht das Angebot. Von allen Camps und Lodges werden Pirschfahrten durch das Reservat angeboten. Zum morgendlichen Game Drive wird man noch im Dunklen mit einer Tasse Tee bzw. Kaffee geweckt. Die zweite Pirschfahrt findet meist mittags, die dritte am Spätnachmittag bis zur Dämmerung statt. Und einen erlebnisreichen Tag beschließt man am romantischsten am Lagerfeuer.

Es ist oft schwierig, ohne vorherige Reservierung in der Masai Mara Unterkunft zu finden. Trotz der vielen Lodges und Camps übersteigt die Nachfrage manchmal das Angebot, und die Regierung hat zum Schutz der Tiere den Bau weiterer Touristenanlagen gestoppt.

Die Lodges und Zeltcamps der Masai Mara stellen nicht nur eigene Fahrzeuge für *game drives* zur Verfügung, einige bieten sogar Flüge im Heißluftballon an. Lautlos schwebt man über die Savanne und bestaunt das grandiose Schauspiel der wandernden Herden. Auch veranstalten mehrere Camps Floß-Safaris auf dem flachen, sich meist träge dahinwindenden Mara-Fluss, der in den **Marurua-Sümpfen** versickert. Bis dorthin speisen im Mau Escarpment (südlich von Nakuru) entspringende Flüsse den Mara River, der sich in der Regenzeit in einen reißenden Strom verwandelt. Innerhalb weniger Stunden steigt dann der Pegel um 5 oder mehr Meter an, und die Wassermassen reißen Bäume und Tiere in schlammigen, brodelnden Strudeln mit sich.

Im äußersten Südosten der Masai Mara, an der Grenze zur Serengeti, bietet das kleine, nostalgische **Cottars**

Rechts: Die durch die Wanderung geschwächten Wildtiere werden eine leichte Beute für dieses Löwenrudel sein.

» Karte S. 176, Info S. 181

Foto: Kenya Tourist Board

1920's Camp ❷ Luxus im klassischen Safaristil für nur 12 Gäste. Die traditionellen Canvas-Zelte sind mit Safari-Antiquitäten aus den 1920er Jahren dekoriert. Das nur von den Gästen des Camps genutzte 90 km² große Areal unberührter Wildnis garantiert exklusive Privatsphäre.

Im vielbesuchten Ostteil des Parks, in der Nähe des **Park Headquarter**, liegt die **Keekorok Lodge** ❸, die älteste im gesamten Park, inmitten der Wanderroute der Tiere. Man kann zwischen unterschiedlichen Preiskategorien wählen, der Standard ist unverändert hoch. Der kühle steinerne Eingang führt an der Rezeption vorbei über einen kleinen Fußweg zu einer Bar mit Blick auf eine große Wiese und eine **Wasserstelle**, die tagsüber Unmengen von Wild anlockt. Da die Keekorok Lodge den Block-Hotels angehört, kann sich ihre Küche mit der der feinsten Hotels in ganz Kenia messen. Für Entspannung sorgt ein schöner Pool, und ein Wanderpfad begeistert die Gäste mit Wildtieren und herrlichen Panoramablicken. Die Lodge bietet Ballon-Safaris, und abends führen Masai aus der Umgebung traditionelle Tänze vor oder erzählen von ihren Gebräuchen und Legenden.

Zwischen Sekenani und Talek Gate befindet sich am Ufer des Talek River die **Mara Simba Lodge** ❹ mit Bandas aus Stein und Holz und *Makuti*-Dächern, und das exklusive **Mara Leisure Camp**. Die Ausstattung ist luxuriös, besonders schön ist die Aussicht auf den Fluss, der nachts von Scheinwerfern beleuchtet wird. Ein sachkundiger Naturführer bietet geführte Safaris zu Fuß an.

Gleich in der Nähe des Talek Gates, etwas außerhalb der Parkgrenze, bietet das **Fig Tree Camp** ❺ schlichtere Ausstattung. Das Camp ist in der Trockenzeit normalerweise mit Zweiradantrieb zu erreichen. Eine hölzerne Brücke führt zu den auf einer Insel gelegenen Unterkünften. Von den komfortablen Zelten hat man eine wunderschöne Aussicht auf den Talek River. Im Programm sind Ballonfahrten, Tierbeobachtung, Pferdesafaris, es gibt einen Pool und eine Baumhausbar.

» Karte S. 176, Info S. 181

Foto: Serge_Vero (iStockphoto)

Ebenfalls am Talek River, etwas weiter westlich auf einem Steilufer hoch über dem Fluss, stehen die luxuriös ausgestatteten Zelte des **Mara Intrepids Club** ❻. Abends kann man von der Bar aus den täglich mit Fleischbrocken angelockten **Leoparden** beobachten oder von einer Aussichtsterrasse den Sonnenuntergang über der afrikanischen Savanne genießen. Nicht weit entfernt, ebenfalls am Talek River, befinden sich die zehn Luxuszelte des **Mara Explorer Camps.**

Westlich des Mara River liegt die **Mara Serena Lodge** ❼, ein fantasievoller Nachbau zweier *manyattas*, den traditionellen Dörfern der Masai. Die hoch oben auf einem Felsgrat erbaute Lodge, mit atemberaubender Aussicht über die Savanne und nahegelegener Landebahn, besitzt 74 Zimmer. Besucher, die mit dem eigenen Fahrzeug anreisen, können die Lodge leicht über die gute Straße von Narok aus erreichen. Die Terrasse über dem Swimmingpool ist eine wunderbare Aussichtsplattform für einen Blick auf die Herdenwanderung und den Mara-Fluss. Die Lodge hat eine fantastische Lage – das Dreieck zwischen Mara River und Oloololo Escarpment weist vor allem in der Trockenzeit wegen seiner Sumpfgebiete die größte Tierkonzentration auf, und eine Fahrt entlang der **Hippo Pools** am Mara ist immer ein Erlebnis.

Nordwestlich der Mara Serena Lodge, auf der östlichen Uferseite des Mara, ist das **Governor's Camp** ❽ der Inbegriff für exklusiven Safaritourismus mit Top-Service in stimmungsvoller Busch-Atmosphäre. Es war die erste Zeltunterkunft in der Mara und dem obersten Briten vorbehalten, daher der Name. Besonders der nahegelegene **Musiara Sumpf** ist für die Wildbeobachtung bestens geeignet. Nachts wandern die Tiere durchs Camp, Gäste werden auf ihrem Weg zum exklusiven Restaurant von Wachen begleitet.

Vom Hauptcamp erreicht man per Boot auf der anderen Flussseite das

Oben: Bei einer Heißluftballon-Safari dabei zu sein ist ein aufregendes Erlebnis.

» Karte S. 176, Info S. 181

Little Governor's Camp an einem kleinen See, der von Scharen von Vögeln und Wildtieren aufgesucht wird. Das kleine, romantisch gelegene Camp mit seiner zauberhaften Atmosphäre ist meist ausgebucht. Alljährlich nach der Regenzeit wird südlich des Hauptcamps noch das etwas rustikalere **Governor's Paradise Camp** aufgeschlagen. Die luxuriöseste Ausführung der Governor's Camps findet man im **Governor's II Moran Camp**. In nur zehn Zelten direkt am Mara-Fluss genießt man exklusivstes Safari-Ambiente und absolute Privatsphäre. Von den Terrassen der Zelte (auf denen man auch auf Wunsch sein Abendessen serviert bekommt), vom offenen Restaurantzelt und vom Barzelt hat man eine fantastische Aussicht auf den Mara River. Neben den üblichen Aktivitäten ist sogar ein Ausflug per Charterflugzeug zum Lake Victoria möglich.

An der nordwestlichen Ecke des Reservats findet man etwas außerhalb der Parkgrenzen in der Nähe des Oloololo Gates im **Kichwa Tembo Camp** ❾ ein weiteres edles Zeltcamp. Am Fuß des Oloololo Escarpment gelegen, hat man eine wunderbare Aussicht auf die Savanne. Wegen der extrem hohen Dichte an Wildtieren ist das Camp leider eingezäunt. Meryl Streep und Robert Redford wohnten hier während der Dreharbeiten zu „Jenseits von Afrika". Etwas höher im Oloololo Escarpment gelegen und so mit noch besserem Ausblick versehen, befindet sich der noch luxuriösere **Mpata Safari Club**.

Luxus und Kolonial-Flair erlebt man im benachbarten **Bateleur Camp**. 9 Zelte sind mit Antiquitäten ausgestattet. Besonderheiten der Lodge sind ihr Logenplatz am Mara River, der hier während der Migration von den Gnu- und Zebraherden überquert wird, und die Ballonfahrten über die Savanne.

Campingplätze für Selbstversorger gibt es an allen Parkeingängen, oft in schöner Lage. Es ist ein unvergessliches Erlebnis, nachts im Zelt zu liegen und den Tiergeräuschen zu lauschen!

Masai Mara Game Reserve

INFOS: geöffn. tgl. 6.30-19 Uhr, keine Fahrten nach 19 Uhr erlaubt, Höchstgeschw. 40 km/h, während der Regenzeit Ende März bis Anf. Mai sind viele Pisten unbefahrbar, Tierwanderungen zwischen Aug. und Anfang November. Kühle Nächte.

BESONDERE AKTIVITÄTEN: **Keekorok Lodge**, Ballonflüge tgl. 6 Uhr mit Sektfrühstück am Landeplatz, 1-1,5 Std. für 450 US$, Hippo Pool. **Mara Simba Lodge**, nächtliche *Game Drives* außerhalb des Parks, Zoologe führt Buschwanderungen. **Fig Tree Camp**, Ballonflüge, Fuß- und Pferdesafaris. **Mara Intrepids Club**, „Night Sight Safaris" mit Infrarot-Videokameras (Videos zum Kauf), Fußsafaris. **Mara Serena Lodge**, Ballonflüge. **Governor's II Moran Camp**, Fußsafaris morgens mit Buschfrühstück, abends mit Sundownern, Ballonflüge mit Champagnerfrühstück im Busch, Ausflug zum Lake Viktoria mit Charterflug: Bootsfahrten und Angeln auf dem See, Übernachtung im Mfangano Island Camp. **Cottars 1920's Camp**, Game Drives, Fußsafaris im 90 km^2 großen, campeigenen Privatareal.

Keekorok Lodge, afrikanisches Mittagsbuffet auch für Tagesgäste, Bar mit Blick auf Hippo Pool.

FLUG: **Air Kenya** fliegt 2 x tgl. von Nairobi Wilson Airport nach Masai Mara. Abflug Nairobi 10 u. 15 Uhr, Abflug Masai Mara 11 u. 16 Uhr, die meisten Lodges haben Landebahnen, Jeep-Transfer zur Lodge, www.airkenya.com.
AUTO: Ohne Allrad kann man auf der C 12 über das Sekenani Gate (bei trockenem Wetter) in den Ostteil des Parks gelangen. Für die Zufahrt zu den Gates im Westen und die westliche Region des Parks ist ein Geländewagen unbedingt erforderlich!

Narok (☎ 050)

Narok Maa Cultural Museum, tgl. 9-18 Uhr, Tel. 22095, Thema: die Masai.

Kenol, Buffet-Restaurant und Supermarkt (Safariproviant !), Tankstelle.

» Karte S. 176

Javarman (Fotolia)

Ein Nashorn zwischen Flamingos und Pelikanen am Nakuru-See

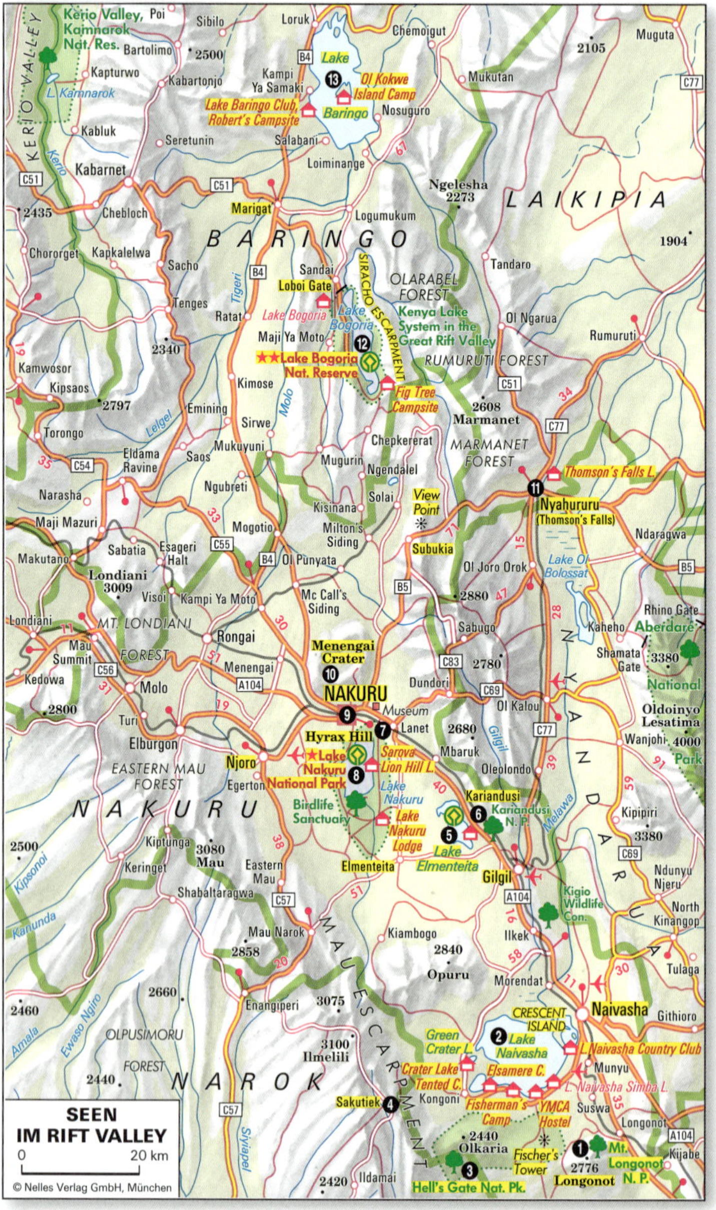

Kerio Valley, Kamnarok Nat. Res.
KERIO VALLEY
L. Kamnarok
Kerio
Poi
Sibilo
Loruk
Chemoigut
Muguta
Bartolimo
2500
2105
Kapturwo
Kabartonjo
Kampi Ya Samaki
B4
Lake Baringo
13
Ol Kokwe Island Camp
Mukutan
C77
Lake Baringo Club, Robert's Campsite
Nosuguro
Kablik
Seretunin
Salabani
Loiminange
67
Kabarnet
C51
Ngelesha 2273
LAIKIPIA
2435
Chebloch
Marigat
Logumukum
BARINGO
1904
Chororget
Kapkalelwa
Sacho
Sandai
SIRACHO ESCARPMENT
OLARABEL FOREST
Tandaro
Tigeri
Loboi Gate
Tenges
Ratat
Lake Bogoria
Kenya Lake System in the Great Rift Valley
Ol Ngarua
Rumuruti
Maji Ya Moto
12
2340
★★Lake Bogoria Nat. Reserve
RUMURUTI FOREST
Kamwosor
Kimose
C51
Kipsaos
2797
Molo
Fig Tree Campsite
34
Emining
2608 Marmanet
Lelgel
Sirwe
C77
Torongo
Chepkererat
MARMANET FOREST
Eldama Ravine
Saos
Mukuyuni
Mugurin
35
C54
Ngendalel
Thomson's Falls L.
Ngubreti
11
Narasha
Solai
View Point
Nyahururu (Thomson's Falls)
Kisinana
33
Maji Mazuri
Mogotio
Milton's Siding
71
Ndaragwa
Sabatia
Esageri Halt
C55
Subukia
15
Makutano
B4
Ol Punyata
Ol Joro Orok
Lake Ol Bolossat
B5
Londiani 3009
Visoi
Kampi Ya Moto
Mc Call's Siding
B5
2880
47
28
Londiani
MT. LONDIANI FOREST
Rongai
30
Sabugo
Kaheho
Rhino Gate
Aberdare
Mau Summit
51
Menengai Crater
Shamata Gate
3380
C56
Menengai
10
C83
2780
National
Kedowa
31
Molo
A104
NAKURU
Dundori
C69
Park
2800
19
Museum
Ol Kalou
Oldoinyo Lesatima
Turi
9
7
Lanet
2680
C77
Elburgon
Hyrax Hill
Mbaruk
Gilgil
NYANDARUA
Wanjohi
4000
Njoro
★Lake Nakuru National Park
Sarova Lion Hill L.
Oleolondo
39
91
EASTERN MAU FOREST
Egerton
8
Lake Nakuru
40
Kariandusi
Kariandusi N. P.
59
NAKURU
Birdlife Sanctuary
6
Lake Nakuru Lodge
Melawa
Kipipiri
2500
5
Kiptunga
3080 Mau
38
Lake Elmenteita
3380
Kipsonoi
Keringet
Eastern Mau
Elmenteita
Gilgil
C69
Nduny Njeru
Shabaltaragwa
C57
51
A104
Kigio Wildlife Con.
Kanunda
16
North Kinangop
Mau Narok
Kiambogo
Ilkek
2858
MAU ESCARPMENT
2840
58
30
Tulaga
20
Opuru
Morendat
11
2660
Naivasha
2460
Enangiperi
3075
CRESCENT ISLAND
Githioro
Amala
Ewaso Ngiro
OLPUSIMORU FOREST
2
Green Crater L.
Lake Naivasha
3100 Ilmelili
L. Naivasha Country Club
Crater Lake Tented C.
Elsamere C.
Munyu
2440
NAROK
L. Naivasha Simba L.
Sakutiek
4
Kongoni
Fisherman's Camp
YMCA Hostel
Suswa
35
C57
Longonot
A104
2440 Olkaria
Fischer's Tower
1
Mt. Longonot N. P.
Kijabe
Siyiapel
2776 Longonot
2420
Ildamai
3
Hell's Gate Nat. Pk.
SEEN IM RIFT VALLEY
0
20 km
© Nelles Verlag GmbH, München

GREAT RIFT VALLEY

NAIVASHA-SEE
NAKURU-SEE
ELMENTEITA-SEE
BOGORIA-SEE
BARINGO-SEE

RIFT VALLEY

Der gewaltige **Ostafrikanische Grabenbruch**, das **Great Rift Valley**, entstand, als vor Jahrmillionen die Erdkruste nach gewaltigem Aufwölben und Überdehnen entlang einem Tausende Kilometer langen Riss einbrach. Der Graben, an dem Afrika heute mit einem Tempo von einem Zentimeter pro Jahr auseinanderdriftet, reicht vom Jordantal über das Rote Meer, Äthiopien, Kenia und Tansania bis Mosambik. Entlang zweier Störungszonen sank das weichere Gesteinsmaterial in der Mitte ein und bildete den Grabenboden mit einer Kette salzhaltiger Seen, während das härtere hochgehobene Gestein als Teil der bis zu 3000 m hohen Grabenkante (**Escarpment**) stehen blieb. Die unzähligen Vulkankegel des RiftValley erinnern an die im wahrsten Sinne des Wortes bewegte Vergangenheit – und an die „fortschreitende" Zukunft.

Südlich vom **Naivasha-See** liegen die erloschenen Vulkane **Suswa** und **Longonot**, das Seeufer ist mit Lavagestein übersät. Hier findet man schimmernde Brocken des schwarzen Obsidian, den unsere Vorfahren zu Axtköpfen und Messern verarbeiteten. Die Talsohle um den **Elmenteita-See** weiter nördlich ist mit vielen kleinen Vulkankegeln getüpfelt. Auch zwischen den Seen **Lake Nakuru**, **Lake Bogoria** und **Lake Baringo** erstrecken sich weite Flächen mit vulkanischem Geröll.

Blickt man von der luftigen Höhe der Grabenkante hinab in die tiefer gelegene Ebene, ahnt man, welch gewaltige Erdverschiebungen hier bereits stattgefunden haben müssen. Quellen und Flüsschen speisen die Kette der Seen, die sich vom Naivasha-See im Süden bis zum Baringo-See im Norden hinzieht und zu der geologisch auch die etwas entfernten Seen Lake Magadi (Seite 117) und Lake Turkana (Seite 183) zählen. Jeder See besitzt nicht nur eine besondere chemische Zusammensetzung des Wassers, sondern auch eine interessante Umgebung. Von Nairobi aus sind sie bequem zu erreichen.

NAIVASHA-SEE

Die Straße A 104 von Nairobi nach Nordwesten zum Naivasha-See ist zugleich die Hauptverbindung nach West-Kenia und Uganda. Die erste Abzweigung von der A 104 in Richtung Naivasha (anfangs B 3 Richtung Naruk) ist die **Old Naivasha Road**; seit der Instandsetzung 2008 befindet sie sich in gutem Zustand und bietet eine großartige ★**Aussicht** vom Rand des Grabenbruchs auf das **Rift Valley**. Die alte Straße war 1940 von italienischen Kriegsgefangenen gebaut worden.

» Karte S. 184, Info S. 197

Wer einen Abstecher zum **Mount Longonot** (2776 m) plant, im **Mount-Longonot-Nationalpark** ❶, muss die Anfahrt über die „Alte Straße" wählen. Den relativ leichten Aufstieg zu diesem von Rinnen zerfurchten schlafenden **Vulkan**, vom 2200 m hoch gelegenen **Parkplatz** an seiner Nordostflanke, lohnt der eindrucksvolle Rundblick: Bei klarem Wetter reicht die Aussicht bis zum Gebirgszug der Aberdares im Norden und der Masai-Savanne im Süden. Der gut ausgetretene Pfad rings um den Kraterrand, der über den höchsten Punkt des Longonot führt, ist jedoch ziemlich anstrengend. Wer dann noch bei Kräften ist, kann den steilen Abstieg in den tiefen **Kratergrund** wagen, der von Buschwald bewachsen ist und in dem Antilopen und Büffel leben. Trittsicherheit ist hier unbedingt erforderlich. Für die Wanderung auf den Mount Longonot muss man etwa zwei Stunden veranschlagen, der Weg um den Krater dauert ungefähr drei bis vier Stunden. Zur eigenen Sicherheit wird empfohlen, sich ab dem **Gate** von einem Ranger begleiten zu lassen, da hier in der Vergangenheit Überfälle stattfanden.

Will man Naivasha auf dem schnellsten Weg erreichen, verzichtet man besser auf den Umweg über die malerische alte Straße und fährt auf der neuen Schnellstraße **A 104** rund 90 km geradeaus weiter, wobei sich einige ausgeschilderte **Aussichtspunkte** für einen Fotostopp anbieten. Diese Route besteht im wahrsten Sinn des Wortes aus einer einzigen Berg- und Talfahrt und bietet vom Ostrand des Rift Valley an ihrem Scheitelpunkt 2600 m ü. M. einen spektakulären **Panoramablick**. Auf der Talsohle angekommen, weist eine Abzweigung den Weg in den Marktort **Naivasha**.

Der **Naivasha-See** ❷ ist ein beliebtes Ziel für einen Tagesausflug von Nairobi oder auch für einen Wochenendurlaub, bei dem man sich beim Fischen und Bootfahren entspannen kann. Außerdem bietet er sich als Zwischenstopp für eine Seentour oder für eine Fahrt in den Norden Kenias an. Mit 1890 m Meereshöhe ist der Naivasha-See der höchstgelegene See des gesamten kenianischen Rift Valley. Hier haben schon zu prähistorischen Zeiten Menschen gelebt, deren über 4000 Jahre alte Artefakte noch heute in der Umgegend gefunden werden. Als der deutsche Forscher G. A. Fischer 1883 als erster Europäer in Naivasha ankam, war die Gegend um den See noch von Masai bewohnt. Die britischen Neuankömmlinge beanspruchten dann nach Umsiedelung der Masai das gesamte Ufergebiet für sich. Heute noch in Privatbesitz, wird das fruchtbare Land am See intensiv bewässert und für den Anbau von Gemüse und Blumen genutzt. Am Südufer breitet sich ein Weinbaugebiet aus.

Je nach Ausmaß der Regenfälle ist der Wasserspiegel des Sees und damit auch die Uferlinie in ständiger Bewegung. Die Menschen hier haben erlebt, dass der durchschnittlich 8 m tiefe See im Jahr 1917 die Eisenbahngleise von Naivasha umspülte, dagegen in den 50er Jahren fast gänzlich austrocknete.

Seinen tiefsten Punkt erreicht der Naivasha-See in einem etwa 20 m tiefen kleinen Kratersee im Nordosten. Der Kraterrand, der markant aus dem Wasser herausragt, ist zur Hälfte durch einen Felsrücken mit dem Festland verbunden, so dass **Crescent Island**, wie das kleine Stück trockenen Landes mit Bucht genannt wird, je nach Wasserstand des Naivasha-Sees sowohl das eine als auch das andere sein kann: entweder eine Halbinsel oder eine „richtige" Insel. Seit in den 1980er Jahren auf dieser Halbinsel Szenen für den Film „Jenseits von Afrika" gedreht wurden, vermehren sich hier die dafür eigens ausgesetzten Gnus zunehmend.

Zwei Flüsse münden in den See: der

Rechts: Die bunt gefiederte Gabelracke lebt in Baumsavannen, Busch- und Kulturland im gesamten Südosten Afrikas.

» Karte S. 184, Info S. 197

Foto: David Parsons (iStockphoto)

in den östlichen **Nyandarua Mountains** entspringende **Melawa** und der **Gilgil**, der sich von Norden her durch das Rift Valley schlängelt. Dass der See, der keinen sichtbaren Abfluss besitzt, aus Süßwasser besteht, ist wahrscheinlich auf unterirdische Sickerkanäle zurückzuführen. Der Wasserspiegel der meisten übrigen Seen im Rift Valley senkt sich, da auch sie keine Abflüsse besitzen, ausschließlich durch Verdunstung. Das erklärt auch den sehr hohen Alkaligehalt ihres Wassers.

3 km südlich des Orts **Naivasha** zweigt die **Moi South Lake Road** von der alten Naivasha Road ab. Die nun tadellose Asphaltstraße verläuft entlang des Südufers des Sees bis zum Elsamere Conservation Centre. Hier befinden sich die einzigen halbwegs öffentlichen Zugänge zum See auf den Grundstücken von Hotels und Campingplätzen.

Alle Hotels liegen nun rechter Hand: zuerst der inmitten wunderbarer Gärten gelegene **Lake Naivasha Country Club**, der auch hohe Ansprüche zufriedenstellt.

Das **YMCA-Hostel**, kurz vor der Abzweigung zum Hell's Gate National Park, ist eine Unterkunft für Selbstversorger, ebenso das **Fisherman's Camp** weiter am Seeufer, zu dem ein Campingplatz, Bungalows für Selbstversorger, Fahrrad- und Bootsverleih sowie die verbesserungswürdigen Hütten des **Top Camp** (auf einem Hügel hinter der Zufahrtsstraße) mit schöner Aussicht auf den See gehören. Nachts kommen unten am Camp Flusspferde zum Grasen vom Wasser ans Ufer.

Hinter dem Fisherman's Camp befindet sich als letzte Einrichtung für Touristen das **Elsamere Conservation Centre**, das nicht nur professionellen Naturforschern Unterkunft (mit Vollpension) anbietet. Ursprünglich befand sich hier das Heim der Künstlerin und Tierforscherin **Joy Adamson**, die zahllose Leser mit ihren Büchern über die zahme Löwin Elsa begeisterte. Reservierung ist unbedingt erforderlich.

Etwas westlich des Elsamere Conservation Centre geht die Teerstraße in eine holprige und sehr staubige Piste über, auf der man den ganzen See umrunden kann. Sie verläuft meist in einiger Entfernung vom Ufer und ermöglicht nur selten einen Blick auf den See. 6 km nach dem Ende der Teerstraße führt sie am **Green Crater Lake** mit einem Tierschutzgebiet vorbei. Im **Crater Lake Camp** im Inneren des Kraters kann man bei fantastischer Aussicht auf den See zu Mittag essen. Egal wo man sein Nachtlager aufschlägt, Schutz gegen Moskitos, die die Seeufer auch sehr lieben, ist in jedem Fall nötig.

Eine größere Anzahl von Flusspferden hat sich den Naivasha-See zur Heimat erkoren, Krokodile dagegen machen sich hier rar. Sportfischer erleben Sternstunden, wenn es ihnen gelingt, einen der aus Amerika eingeführten Schwarzbarsche oder einen Tilapia zu angeln.

Der Rand des Sees ist mit einem Dickicht aus feinblättrigem Papyrusgras bewachsen, das schon die alten Ägypter zur Papierherstellung benutzten. Und was von fern wie kleine, im Wind über den See treibende Inseln aussieht, sind in Wirklichkeit ineinander vermattete Klumpen von Papyruspflanzen.

Vogelbegeisterte Reisende werden in kürzester Zeit enttäuscht feststellen, dass es bei extrem niedrigem Wasserstand unmöglich ist, vom Ufer aus die gefiederten Freunde auf dem See zu beobachten. Vor allem auch, weil das Papyrusdickicht und umhertreibende Schilfklumpen die Sicht versperren. Wer sich nicht darauf beschränken will, die Vögel in den Bäumen und den umliegenden Feuchtgebieten zu studieren, sollte unbedingt eine **Bootstour** unternehmen. Auf diese Weise erreicht man das **Vogelschutzgebiet** mitten im Naivasha-See. Man kann dann unterwegs die vorbeischwimmenden Wasserlilien und die plötzlich schnaubend auftauchenden Flusspferde bewundern.

Rechts: Bei günstigem Wasserstand und entsprechendem Nahrungsangebot sammeln sich Millionen Zwergflamingos am Nakuru-See.

In den europäischen Wintermonaten, wenn sich die örtliche Vogelschar durch „Zugereiste" aus nördlicheren Gefilden vergrößert, kann es vorkommen, dass einem einige Enten- und Stelzvogel-Arten bekannt vorkommen. Dagegen wird der Anblick von fischenden Pelikanen wohl eine neue Erfahrung sein.

Hell's Gate National Park

Bei einem längeren Aufenthalt am Naivasha-See sollte man nicht versäumen, den 1984 eröffneten **Hell's Gate National Park** ❸ mit seinen spektakulären Klippen, Schluchten und Wildtieren zu besuchen. Die heißen Quellen des „Höllentors" können dank der Hilfe der UNO und der Weltbank zur Stromerzeugung genutzt werden. Heute deckt das **Geothermie-Kraftwerk** in der Nähe des Sees einen gar nicht so geringen Teil des kenianischen Stromverbrauchs. Die Bohrungen gingen bis in 1700 m Tiefe, die höchste dort unten gemessene Temperatur betrug 304 °C.

Hinter dem YMCA-Hostel führt eine Abzweigung Richtung Süden zum Haupteingang des Hell's Gate Parks, und bald darauf sieht man eine vulkanische Felsnadel aufragen: Den **Fischer's Tower**, den nach dem deutschen Forscher benannte „Fischerturm", der Alpinisten als Kletterübungsfelsen dient. Seine zackigen Klippen sind Heimat der Steppenschliefer und vieler seltener Vogelarten. Mit ein bisschen Glück kann man sogar die immer seltener werdenden **Lämmergeier** beobachten, die ihre Nester in die Klippen bauen. Herden von Zebras, Kuhantilopen und Grant-Gazellen durchziehen tief unten im Tal die flachen, weiten Ebenen.

In diesem Wildpark hat man endlich einmal Gelegenheit zu schönen **Spaziergängen**. Doch man sollte sich unbedingt an die markierten Pfade halten, um sich nicht zu verlaufen. Auch mit **Fahrrädern**, die man im Fischerman's Camp und in den Hotels am See ausleihen kann, ist der Park zu erforschen.

» Karte S. 184, Info S. 197

Foto: cucumber images (Fotolia)

Übernachten kann man auf drei einfachen Campingplätzen. Autofahrer können vom Haupttor aus eine Rundfahrt durch den Park machen und ihn am anderen Tor beim geothermischen Kraftwerk wieder verlassen. Vom Kraftwerk führt eine gute Teerstraße zurück zur South Lake Road.

Hollywood nutzte die einmalige Naturkulisse für Dreharbeiten zu den Filmen „King Solomon's Mines", „Magambo", „Born Free", „Sheena", „Queen of the Jungle" und „Tomb Raider II".

Wessen Abenteuerlust noch nicht befriedigt ist, dem sei ein Ausflug zum **Mau Escarpment** im Westen des Naivasha-Sees nach **Sakutiek** ❹ empfohlen. Das bis zu 3100 m hohe Mau Escarpment bildet hier den beeindruckenden westlichen Steilabfall des Rift Valley. Für die Fahrt auf den holprigen Wegen zum Hochplateau hinauf braucht man allerdings einen Geländewagen. Der Wechsel in die kühle grüne Bergidylle ist überwältigend.

Möchte man nicht denselben Weg zurück nehmen, kann man von Sakutiek aus entweder nach Norden über **Njoro** durch abwechslungsreiches Farmland bis Nakuru fahren, oder Richtung Süden zur Straße Narok-Nairobi.

ELMENTEITA-SEE UND NAKURU-SEE

Von Naivasha fährt man auf der Hauptstraße weiter nach Nordwesten, umrundet **Gilgil** (Militärbasis) und sieht kurz darauf erstmals den **Elmenteita-See** ❺. Noch südlich des Sees zweigt links eine auch für Fahrzeuge ohne Allrad geeignete Staubpiste zum südlichen Eingang des Lake Nakuru National Park ab. Im Dorf **Elmenteita** biegt man an der Kreuzung rechts ab und fährt nach 9 km über die nächste ausgeschilderte Abzweigung zum **Ndarit Gate** und in den Park selbst. Bei feuchter Witterung sollte man aber auf die malerische Staubpiste verzichten und auf der Hauptstraße weiterfahren.

Wie der Naivasha-See ist auch der Elementeita-See vorwiegend von Privatbesitz der Erben des berüchtigten

Foto: Liz Leyden (iStockphoto)

Lord Delamere umgeben. Das Ufer des periodisch austrocknenden Sees ist mit einem Band von rosa **Flamingos** gesäumt, die dem Besucher einen kleinen Vorgeschmack auf das Naturschauspiel geben, das ihn am Nakuru-See erwartet. Es wurden bis zu 400 Vogelarten registriert, der **Rosapelikan** hat hier eine seiner größten Nistkolonien Ostafrikas. In der Nähe des Sees lädt die koloniale Atmosphäre ausstrahlende **Lake Elementeita Lodge** zu einer Rast ein.

Kariandusi und Hyrax Hill

Fährt man über Nakuru in den Nakuru-Nationalpark, bleibt man hinter Gilgil auf der Hauptstraße und kommt so an zwei bedeutenden Ausgrabungsstätten vorbei. Die prähistorische Fundstelle von **Kariandusi** ❻ liegt östlich des Elmenteita-Sees auf der anderen Seite der Hauptstraße. Noch vor 10 000 Jahren soll hier das Ufer eines großen Sees gewesen sein. Die Steinwerkzeuge und Fossilien, die man hier gefunden hat, sind bis zu einer Million Jahre alt und in einem kleinen **Museum** ausgestellt.

Oben: Am Nakuru-See. Rechts: Gegen Moskitos gut geschützt auf Vogel-Fotopirsch.

Zwei Kilometer südöstlich von Nakuru erhebt sich **Hyrax Hill** ❼, ein etwa 50 m hoher Lavarücken, in dem in den 1930er Jahren Mary Leakey Ausgrabungen machte und Siedlungsgrundrisse und Gräber aus der Jungsteinzeit und Eisenzeit entdeckte. Wahrscheinlich siedelten hier einst auch Kalenjin, halbnomadische Hirten, die vor 2500 Jahren aus dem Niltal nach Ostafrika zogen und heute im Westen Kenias leben. Im **Museum** von Hyrax Hill sind die Funde ausgestellt: Schmuck, Töpferwaren, Stein- und Obsidianwerkzeuge. Interessanterweise fand man in den neolithischen Grabhügeln aus der Zeit um 3000 v. Chr. nur in den Gräbern der Frauen Beigaben. Vermutlich war also die gesellschaftliche Stellung der Frau jener frühen Ackerbaukultur höher als die des Mannes.

Vom Hyrax Hill hat man einen schönen Ausblick auf den Nakuru-See.

» Karte S. 184, Info S. 197

★Lake Nakuru National Park

Etwa 8 km vor Nakuru führt das **Lanet Gate** in den viel besuchten ★**Lake Nakuru National Park** ❽ (160 km von Nairobi). Er liegt mitten im Grabenbruch in 1750 m Höhe und ist mit 188 km² vergleichsweise klein, aber leicht erreichbar, landschaftlich reizvoll und tierreich, was ihn sehr beliebt macht. Ringsum umzäumt, ist er ein Refugium für bedrohte Arten. Dennoch kommgt selbst hier Wilderei vor.

Wer keine *Safari Card* besitzt, muss zum Haupteingang, dem **Main Gate**, das man über das Stadtzentrum von Nakuru erreicht. 1961 wurde der Nakuru-See zum ersten Vogel-Nationalpark Ostafrikas erklärt, er ist eines der schönsten Vogelparadiese der Welt. Zeitweise leben hier Millionen **Zwergflamingos**, die den Seerand in ein rosarotes Band verwandeln. In den Genuss dieses unvergleichlichen Anblicks kommt man allerdings immer seltener. Einerseits liegt das daran, dass die Flamingos nicht am Nakuru-See brüten, sondern zum Nestbau auswandern – normalerweise bis zum Natron-See an der Nordgrenze Tansanias. Zum anderen scheint es, dass die Vögel zum Bogoria-See oder zum Naivasha-See ausweichen, wenn der Wasserspiegel des Nakuru-Sees zu tief absinkt und bei gleichzeitig steigender Sodakonzentration die bevorzugte Nahrung der Flamingos – Larven, Wasserkerbtiere und Algen – knapp wird.

Neben den Scharen von Zwergflamingos leben hier auch die selteneren **Großen Rosaflamingos** und weitere 450 Vogelarten. So sieht man fischende **Pelikane**, die ihre Schnäbel mit der Hoffnung ins Wasser tauchen, einen der leckeren Tilapias zu erwischen, die vor einiger Zeit hier angesiedelt wurden, um die Larven der Moskitos zu vernichten. Ein Pelikan kann bis zu einem Kilo Fisch pro Tag verzehren, und wenn man bedenkt, dass dieser See etwa 5000 Pelikanen Nahrung bietet, kann man sich ein Bild seines Fischreichtums machen.

Foto: Freelance Press

Im Südwesten des Sees erstreckt sich ein Akazienwald mit den für diese Waldform typischen Baumvögeln, während in den felsigen, mit Kandelaber-Euphorbien bewachsenen Hügeln am Ostufer ganz andere Vogelarten anzutreffen sind.

Die Chancen, im Nakuru-Nationalpark einen **Leoparden** zu sichten, stehen gut – besonders am südöstlichen Parkrand zwischen den zwei Lodges. Die in der Wildbahn Kenias selten gewordenen **Rothschild-Giraffen** wie auch das **Spitzmaulnashorn** sind im Park angesiedelt worden.

Das **Nashorn**, das zu den ältesten Arten der Erde gehört, ist das zweitgrößte auf dem Land lebende Säugetier. In Afrika gibt es diese Kolosse seit 60 Mio. Jahren. Ob sie im Dickicht umherstreifen, über die Ebene laufen oder ruhig am Wasserloch trinken – ihr massiger Körper ist beeindruckend, und die zwei Hörner fordern jedem Respekt ab. Obwohl sie kaum etwas liebreizendes an sich haben, ungesellig, kurzsichtig und dickhäutig sind, sind sie bei den Tou-

» Karte S. 184, Info S. 197

risten sehr beliebt. Die schlechte Sehfähigkeit der Nashörner – vermutlich auf die Entstehung der Art im dunklen Regenwald zurückzuführen – erklärt wahrscheinlich ihre Erregbarkeit und Angriffslust. Oft ist berichtet worden, dass ein Nashorn manchmal mitten in der Attacke plötzlich innehält, um zu grasen. Doch wenn ein gepanzerter Zweitonner mit 50 km/h angerast kommt, tröstet das wenig...

Das sogenannte „Schwarze Nashorn" oder **Spitzmaulnashorn** wurde am stärksten dezimiert. Das sogenannte „Weiße Nashorn", das gerade noch vor der Ausrottung bewahrt werden konnte, ist gar nicht weiß. Die Bezeichnung ist vielmehr auf das Afrikaans-Wort für „breit" zurückzuführen, das dessen pferdeähnlichen Nüstern als *witre noster* bezeichnet, weshalb **Breitmaulnashorn** der korrektere Name ist.

Das Horn des Tieres (es hat – im Gegensatz zum asiatischen Rhino – zwei, ein großes und ein kleines) ist übrigens biologisch streng genommen gar kein Horn, sondern dicht gepresstes Haar.

Der Bestand beider Arten beläuft sich derzeit auf etwa 4000 Exemplare, doch noch 1970 zählte man allein 65 000 Spitzmaulnashörner. Im Schutz des Nationalparks können sich die Nashörner heute in ihrem angestammten Gebiet wieder ungestört bewegen und nach ihrem einfachen Verhaltensmuster leben: ausruhen, suhlen, trinken und fressen. Die Nahrung des Spitzmaulnashorns besteht aus Büschen und Gräsern, die es mit seinen scharfen, beweglichen Greiflippen abreißt – völlig ungerührt von den Dornen und Stacheln, die viele Pflanzen doch eigentlich zu ihrem Schutz entwickelt haben.

Die Akazienwälder um den Nakuru-See sind auch die Heimat des **Stummelaffen**. **Bohor-Riedböcke** grasen auf der Savanne südlich des Sees, während gewaltige Herden von **Defassa-Wasserböcken** den nördlichen Seerand durchstreifen. Im Norden, wo der See am tiefsten ist, hält sich eine kleine Gruppe von **Flusspferden** auf. **Impala-Antilopen** dagegen sind im gesamten Seegebiet anzutreffen.

Eine gute Straße verläuft rund um den See; verschiedene Abzweigungen führen zu den Aussichtspunkten am Ufer, die einen guten Blick auf die Wasservögel ermöglichen. Am südwestlichen Ufer eignet sich hierfür vor allem der **Pelican Point**. Bei niedrigem Wasserspiegel ist am Westufer Vorsicht geboten: Die Vögel sind dann sehr weit entfernt, und man ist versucht, über die flache Soda-Ebene näher ans Wasser heranzufahren – wer nicht den Rest des Tages damit zubringen will, sein Fahrzeug aus dem Schlamm zu schaufeln, sollte das bleiben lassen.

Im Park gibt es mehrere Übernachtungsmöglichkeiten: Die **Lake Nakuru Lodge** auf einem Hügel im Südosten des Sees, die **Sarova Lion Hill Lodge**, deren Cottages ebenso eindrucksvoll sind wie die malerische Aussicht oder im Süden des Parks das friedliche kleine **Naishi House** für nur acht Personen, ebenfalls mit wunderbarer Aussicht. Außerdem gibt es zwei herrliche Campingplätze inmitten der Akazienwälder: Der eine liegt am Haupteingang, der andere an einem **Wasserfall** am Südende des Parks.

Nakuru ❾ liegt nur wenige Kilometer vom Park entfernt in rund 1950 m ü. M.. Als Hauptstadt der Provinz Rift Valley ist die betriebsame multikulturelle 300 000-Einwohner-Stadt ein wichtiger Verkehrsknoten und das Markt- und Versorgungszentrum für die Landwirte des weiten Hinterlands. Zugleich ist sie nicht nur die viertgrößte Stadt Kenias, sondern auch eine der ältesten im Binnenland: 1903 ließen sich hier die ersten weißen Siedler nieder machten Nakuru zum Hauptort der sogenannten „White Highlands".

Neben dem Nakuru-See und Hyrax Hill gibt es in der Nähe der Stadt eine

Rechts: Wasserbock im Lake Nakuru National Park.

» Karte S. 184, Info S. 197

Foto: Marion Smith (iStockphoto.com)

weitere Sehenswürdigkeit. Der 2278 m hohe **Menengai Krater** ⑩ überragt mit seinem riesigen Vulkankegel die Umgebung. 12 km Durchmesser hat der gewaltige Krater, dessen Schlund 300 m in die Tiefe reicht. Den steilen Abstieg zum Kraterboden sollte man nur als geübter Kletterer wagen. Den abstoßenden Namen Menengai, „Ort der Leichen", bekam der Krater nach einer Schlacht Ende des vorigen Jahrhunderts, bei der Masai-Krieger Angehörige eines anderen Masai-Stammes über die Felsen in den Abgrund stürzten.

Thomson's Falls

Von Nakuru aus kann man einen Ausflug zu den **Wasserfällen von Nyahururu** ⑪ machen. Aus einer Höhe von 72 m stürzen die nach dem schottischen Forscher benannten **Thomson's Falls** in einer einzigen wuchtigen Kaskade herab.

2 km östlich von Nakuru zweigt die B 5 Richtung Norden nach Nyahururu ab. Die geteerte Strecke führt am Menengai vorbei (schöne Aussicht in den Krater), passiert ca. 30 km hinter Nakuru den **Äquator** (Hinweisschilder und Souvenirstände) und erreicht etwa 7 km nach dem Ort **Subukia** einen **Aussichtspunkt** in 2550 m Höhe und bald darauf Nyahururu. Der 25 000-Einwohner-Ort Nyahururu, der bis 1973 auch Thomson's Falls hieß, ist ein Agrarzentrum in den Aberdares mit einem Markt, Sägemühlen und einer Eisenbahn-Endstation. Die schöne alte, im Kolonialstil erbaute **Thomson's Falls Lodge** an den Wasserfällen bietet bequeme Unterkunft sowie gute Verpflegung.

Außer den Wasserfällen gibt es in der Stadt und um sie herum allerdings so gut wie nichts zu sehen. Die Fälle aber locken einen regen Besucherstrom an, der durch die verkehrsgünstige Lage des Ortes noch vergrößert wird.

Der Weg zu den Thomson's Falls, die nur 500 m vom Stadtzentrum von Nyahururu entfernt sind, ist ausgeschildert. Auf dem Gelände der Lodge liegt die einzige gesicherte **Aussichtsplattform**, die Touristen (und Souvenirhändlern)

Foto: Kenya Tourist Board

einen spektakulären Blick auf die Fälle bietet (freier Zugang auch für Besucher von außerhalb). Wer in der Trockenzeit hierher kommt, muss mit einer Enttäuschung rechnen: Dann nämlich verwandelt sich der Wasserfall in ein Rinnsal. Trotzdem wurde hier ein Wasserkraftwerk errichtet. Auf einem ungesicherten, schlüpfrigen Pfad gelangt man auf eigene Gefahr zu den Wasserbecken unterhalb der Fälle. Man muss auf demselben Pfad zurückgehen, da die Felsen keinen sicheren Halt bieten.

Ein Besuch der Thomson's Falls kann mit einer Fahrt durch den Aberdare National Park verbunden werden. Hier kann es recht kühl werden: Also Jacke nicht vergessen!

Oben: Geysire und Warmwasserbäder am Bogoria-See. Rechts: Ein Kaffernbüffel beim Baden zwischen Flamingos im Bogoria-See.

★★BOGORIA-SEE

Der **Bogoria-See** in einer Talsohle des **Rift Valley** lässt sich von Nakuru in einer Tagestour erkunden oder als Abstecher auf der Fahrt zum weiter nördlich gelegenen Baringo-See einplanen. Beide Seen erreicht man auf der Nakuru-Baringo-Route, die kurz hinter Nakuru den Menengai-Krater auf seiner Westseite umfährt. Nach 38 km zweigt bei Mogotio rechts eine nur für Allradfahrzeuge geeignete, mühsame Piste zum Emsos Gate und Maji Moto Gate des Lake Bogoria National Reserves ab. Bleibt man auf der Hauptstraße, passiert man kurz hinter Mogotio den **Äquator**. Nach 97 km, kurz vor **Marigat**, geht es rechts (Richtung Südosten) in die Senke hinunter zum ★★**Lake Bogoria National Reserve** ⓬, in dem man sich zu Fuß frei bewegen kann.

Der 30 km² große und ca. 9 m tiefe **Bogoria-See** liegt inmitten einer wildromantischen, von dunklem Lavagestein geprägten Landschaft in einer tiefen Senke (990 m ü. NN.). An seiner

» Karte S. 184, Info S. 197

Foto: GUDKOV ANDREY (Shutterstock.com)

Ostseite ragt das 1600 m hohe **Siracho Escarpment** empor. Das stark alkalische Wasser des Sees zieht Scharen von **Zwergflamingos** an. Reisende, die sich am Nakuru-See noch nicht sattgesehen haben, kommen vermutlich am Bogoria-See noch einmal voll auf ihre Kosten. Da in diesem See keine Fische leben, kommen jedoch Pelikane nur für Kurzbesuche hierher.

Neben den Flamingos sind **Geysire** Hauptattraktionen des Parks. Am Westufer des Sees schießen sie in kochend heißen Fontänen aus der Erde und verbreiten schwefelige Gerüche. Über die Erdkruste sollte man vorsichtig laufen, denn sie ist dünn und das Wasser darunter kochend heiß.

Parallel zum Westufer des Sees führt ein Weg, der vom **Loboi Gate** im Norden bis zu den heißen Quellen geteert ist. Die anschließende Piste in den Süden des Parks ist nur mit Allradfahrzeugen befahrbar und führt durch landschaftlich reizvolle, von Akazien durchsetzte Grassavanne. Mit etwas Glück trifft man hier auf einen Leoparden oder die **Großen Kudus** mit ihrem spiralförmigen Gehörn. Wer Campingausrüstung dabei hat, kann am Südende des Sees auf drei Campsites zelten. Endstation der Strecke ist im **Fig Tree Campsite**, der Weg am Ostufer zurück zum Loboi Gate ist aufgrund eines Erdrutsches unpassierbar.

In Legenden ist der Bogoria-See als der „Ort des verlorenen Stammes" bekannt: „In diesem Gebiet lebten vor vielen Jahrhunderten, lange bevor es hier einen See gab, zwei Völkerstämme, die Sokomo und die Kamale. Die gastfreundlichen Sokomo waren immer bereit, vorbeiziehende Reisende willkommen zu heißen und ihnen Speise und Trank anzubieten. Die knauserigen Kamale dagegen ärgerten sich über die „Ansprüche" der Durchreisenden und setzten ihnen saure Milch, verdorbenes Fleisch und verschimmeltes Gemüse vor. Dies erboste den Gott Chebet, der daraufhin schwere Regenfälle niederprasseln ließ. Unter dem Gewicht tagelanger Sintfluten brach das Land zusammen, das Wasser stieg und bildete

Foto: Marcel Brekelmans (Shutterstock.com)

einen See, der die Dörfer überflutete. Die Sokomo konnten sich auf die Anhöhen in Sicherheit bringen, während das Dorf der trägen Kamale unterging. Noch heute kann man, meist in den Nächten, die Schreie der Kamale hören."

BARINGO-SEE

Der **Baringo-See** ⓭ liegt 40 km nördlich vom Bogoria-See und 115 km von Nakuru entfernt. 16 km nördlich von **Marigat** zweigt rechts ein gut ausgeschilderter Weg von der Hauptstraße ab zum **Lake Baringo Club** am westlichen Seeufer. Am Pier, ungefähr 2 km hinter dem Club-Eingang, wartet sogar noch spät abends ein Boot, um Reisende in einer 20-minütigen Fahrt zur **Insel Ol Kokwe** mit dem zauberhaften **Island Camp** zu befördern.

Da der Baringo-See wie der Lake Naivasha ein Süßwassersee ist – obwohl auch er keinen sichtbaren Abfluss besitzt – vermutet man auch bei ihm unterirdische Sickerkanäle. Aufgrund der aus der Umgebung eingespülten roten Erde präsentiert sich der See in allen nur erdenklichen Farbschattierungen, von gelblich über rot, braun, bis hin zu purpur je nach Sonneneinstrahlung.

Im Wasser des Sees tummeln sich jede Menge Flusspferde und kleine Krokodile, außerdem Barben, Katzenwelse und Tilapia. Man kann sicher sein, dass diese schmackhaften Fische im Lake Baringo Club oder im Island Camp in vielen Variationen auf den Tisch kommen.

Die Gegend um den Baringo-See ist nicht gerade für ihre Wildtiere berühmt, doch man kann sich mit dem Anblick der **Flusspferde** trösten, die nach Einbruch der Dunkelheit den Clubrasen mit Beschlag belegen oder auf dem **Robert's Campsite** am Seeufer zwischen den Zelten grasen. Passionierte Ornithologen werden sich hier dagegen wie im Paradies fühlen: In der Baringo-Region sind über 480 verschiedene Vogelarten registriert.

In regenreichen Zeiten sollte man

Oben: Fischer mit Welsen in einem Boot aus den Zweigen des Ambatch-Baums auf dem Baringo-See

» Karte S. 184, Info S. 197

sich eine Bootstour auf dem **Molo-Fluss** nicht entgehen lassen, denn dabei kann man kleinere **Krokodile** beim Sonnenbad und viele **Vögel** beobachten, z. B. Scharen von Enten, Reihern, Stelzvögeln, Kiebitzen und Eisvögeln, die sich nicht daran stören, wenn das Boot sehr nahe an sie heranfährt. Auch die Vögel im Clubgarten und im Island Camp sind an die zahlreichen Besucher mit und ohne Feldstecher gewöhnt.

Kurze Spaziergänge außerhalb des Island Camps sind meist eher enttäuschend, denn hier betreibt man Recycling mit Hilfe von Ziegen, die alles Essbare aus dem überall ausgekippten Abfall herausholen. Wenn man jedoch ein Stück weiter läuft und die bewohnte Gegend hinter sich lässt, wird man nach einer Wanderung zum höchsten Punkt der Insel mit einem herrlichen Rundblick über den See belohnt. Mit etwas Glück finden Sie dort vielleicht eine rosafarbene steinerne Wüstenrose.

Morgens und abends bietet der Ornithologe des Clubs Führungen an. Die morgendliche Führung verläuft etwa 3 km vom Club entfernt am Fuß einer Steilklippe, wo man die vielen unterschiedlichen Vögel der Trockengebiete beobachten kann, während die Abendtour einen Einblick in das Leben der Vögel am südlichen Seeufer gibt.

Das Island Camp arrangiert häufig Bootstouren und versorgt seine Besucher mit Wasserski- und Windsurf-Ausrüstungen. Zwar gibt es tagsüber selten genug Wind, dafür aber erhebt sich abends oft eine recht steife Brise.

Das Camp bietet auch Touren zu einem **Njemps-Dorf** an, wo das Dorfoberhaupt dafür bezahlt wird, dass Touristen kommen und das Dorf und die Bewohner fotografieren dürfen.

Ein anderer Ausflug bringt Besucher zu den **Ruinen** eines um 1900 an der Sklavenkarawanenroute erbauten **Forts** am Ostufer des Sees bei Loiminange, das jedoch bald wieder verlassen wurde; vielleicht, weil die Moskitos der Besatzung das Leben zur Hölle machten.

Lake Baringo

AKTIVITÄTEN: Die Lodges vor Ort organisieren Bootsfahrten, Vogelbeobachtungstouren, Besuch im *Njemps*-Dorf, Wasserski im Island Camp, Kamelritte im Lake Baringo Club (www.lake-baringo.com).

Lake Bogoria

Lake Bogoria National Reserve, geöffn. tgl. 6-19 Uhr, Eintritt auch für Fußgänger und Fahrradfahrer, 3 Zeltplätze im Süden des Parks (Allrad-Antrieb!).

Papyrus Inn, am Loboi Gate, Camping, Bar, Restaurant, Zimmer, Fahrradverleih.

Lake Bogoria Spa Resort, ca. 3 km vor dem Gate, www.lakebogoria-hotel.com.

Naivasha (☎ 050)

Lake Naivasha Country Club, Mittagsbuffet im Freien.

Crater Lake Camp, empfehlenswertes Restaurant am Ufer des Green Crater Lake.

AUSFLÜGE: **Hell's Gate National Park**, tgl. von Sonnenauf- bis Untergang, Info Centre am Elsa Gate. Fahrradverleih im Country Club und Fisherman's Camp. **Crater Lake Game Sanctuary**, westl. des Naivasha-Sees, Anfahrt mit eigenem Fahrzeug oder mit dem Matatu, tgl. Abfahrt 15 Uhr in Naivasha und 9 Uhr am Crater Lake, Naturpfad um den See, guter Campingplatz.

Mt. Longonot National Park, tgl. 6-18.30 Uhr, Rangerbegleitung ratsam, Wanderung vom Parkplatz zum Kraterrand 2 Std., Umrundung des Kraters 3-4 Std, www.kws.org.

Nakuru (☎ 051)

Oyster Shell, Kenyatta Ave, gute indische und westliche Küche.

Nakuru Sweet Mart, Gusii Rd. und Moi Rd., köstliche indische *Thalis*, Kuchen, Gebäck.

Lake Nakuru Lodge, im Park, mit Pool, www.lakenakurulodge.com.

AUSFLÜGE: **Lake Nakuru Nat. Park**, Haupteingang 4 km südl. von Nakuru, hier Übersichtskarte des KWS erhältlich, www.kws.org. **Hyrax Hill**, prähist. Fundstätte 4 km östl. von Nakuru, tgl. 9-18 Uhr, Museum. **Kariandusi**, prähist. Fundstätte an der Straße nach Naivasha, tgl. 8-18 Uhr, kleines Museum.

» Karte S. 184

(Dreamstime)

Das Riesen-Kreuzkraut besiedelt die Steilhänge des Mount Kenya bis auf 4500 m Höhe

Foto: Bodo Bondzio

ZENTRALES KENIA

THIKA UND UMGEBUNG
RUND UM DEN MOUNT KENYA
ABERDARES
SOLIO GAME RESERVE
MOUNT KENYA
MERU NATIONAL PARK
MWEA NATIONAL RESERVE
SAMBURU / LAIKIPIA / MARALAL
MARSABIT

KENIAS MITTE

Nördlich von Nairobi erstreckt sich das zentrale Hochland Kenias bis zu den Ebenen von Laikipia und Embu aus. Im Herzstück des Landes liegen die Zwillingsgipfel des Mount Kenya und der Bergzug der Aberdares. Hier im fruchtbaren Hochland siedelten sich Anfang des 20. Jahrhunderts europäische Einwanderer an und verdrängten die Kikuyu. Aus dieser Zeit stammt der Ausdruck *White Highlands* – „Weißes Hochland" – für dieses Gebiet. Heutzutage sind es wieder vorwiegend Afrikaner, die als Bauern oder Viehzüchter hier leben.

Zwei Nationalparks sorgen in den wildreichen Bergregionen für den Schutz von Flora und Fauna: der Aberdare National Park und der Mount Kenya National Park. Am östlichen und südlichen Rand des Hochlands laden der berühmte Meru National Park und der kleine Ol Donyo Sabuk National Park zu einem Besuch ein.

Die wichtigsten Verkehrsverbindungen auf dem Weg von Nairobi durch das Hochland in den Norden sind die Strecke über Thika und Nyeri nach Nanyuki sowie die über Thika nach Embu und weiter nach Meru. Beide sind gut ausgebaut und zu jeder Jahreszeit befahrbar. Nach Osten führt die Hauptstrecke von Nairobi über Thika nach Garissa.

Links: Eine Kikuyu-Frau aus dem Hochland.

Thika und Umgebung

Die 70 000-Einwohner-Stadt **Thika** ❶, 40 km nordöstlich von Nairobi, ist als Verkehrsknoten und Industriestandort für den Norden und den Osten des Landes von Bedeutung. Eine gewisse Berühmtheit erlangte sie durch das Buch und die Fernsehserie *The Flame Trees of Thika* (dt. Die Flammenbäume von Thika), das von den ersten europäischen Siedlern erzählt. Zudem sind die **Ananasplantagen** rund um Thika einer der Hauptlieferanten des US-Konzerns *Del Monte*, dem die Plantagen gehören. Ansonsten hat der Ort nicht viel zu bieten, außer einem angenehmen Stopp im **Blue Post Hotel**, das allein schon einen Ausflug von Nairobi hierher lohnt.

Das Blue Post Hotel wird auch das „Hotel zwischen den Wasserfällen" genannt, denn auf seinem Gelände stürzen zwei eindrucksvolle Wasserfälle in die Tiefe: die **Chania Falls** rechts vom Hoteleingang und die **Thika Falls** zur Linken. Idyllisch von Bäumen umgeben, ergießen sich die Chania Falls aus einer Höhe von 25 m. Zu den 200 m entfernten Thika Falls führt vom Hotel aus ein Pfad, und man wird überrascht sein, wie sehr sich die beiden Wasser-

» Karte S. 202-203, Info S. 219

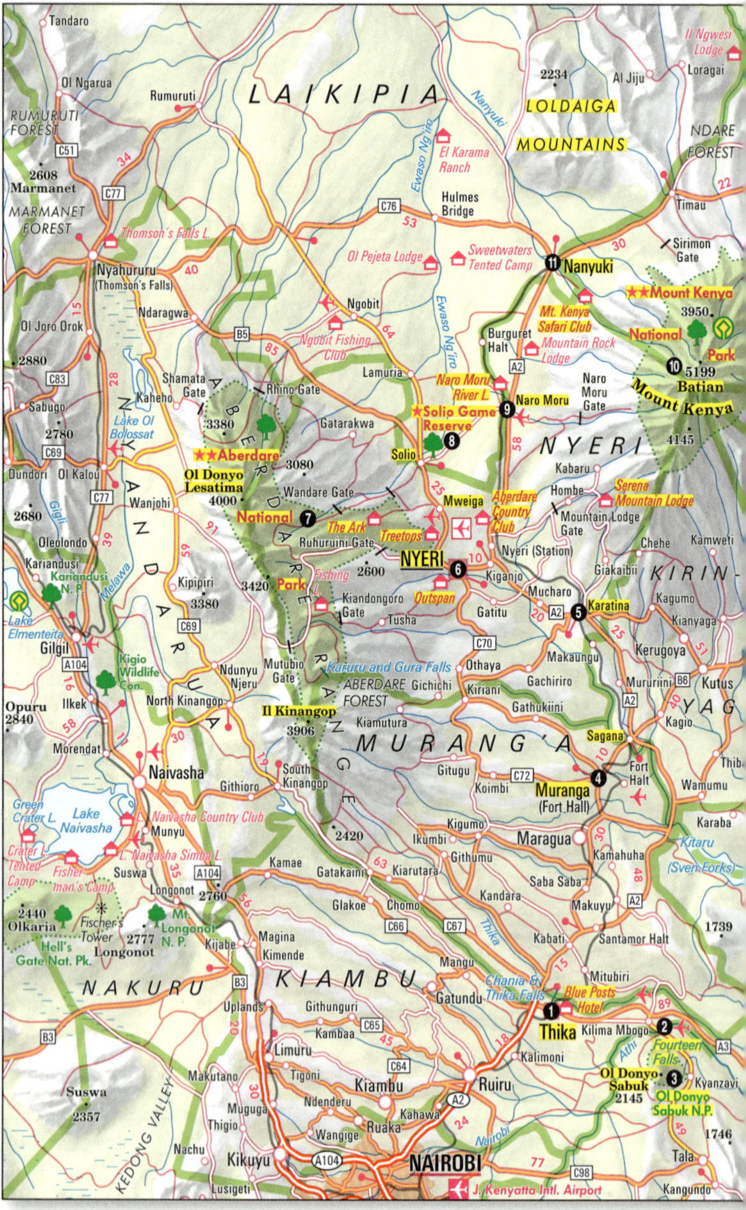

LAIKIPIA
LOLDAIGA MOUNTAINS
NDARE FOREST
RUMURUTI FOREST
MARMANET FOREST
NYANDARUA
ABERDARE RANGE
ABERDARE FOREST
NYERI
KIRINYAGA
MURANG'A
KIAMBU
NAKURU
KEDONG VALLEY
Tandaro
Ol Ngarua
Rumuruti
2234
Al Jiju
Il Ngwesi Lodge
Loragai
El Karama Ranch
Ewaso Ng'iro
Nanyuki
2608
Marmanet
Hulmes Bridge
Timau
Thomson's Falls L.
Ol Pejeta Lodge
Sweetwaters Tented Camp
Nanyuki
Sirimon Gate
Nyahururu (Thomson's Falls)
Ngobit
★★Mount Kenya
3950
National Park
Ndaragwa
Ngobit Fishing Club
Mt. Kenya Safari Club
Ol Joro Orok
Burguret Halt
Mountain Rock Lodge
5199 Batian
Mount Kenya
2880
Lamuria
Shamata Gate
Rhino Gate
Naro Moru River L.
Naro Moru
Naro Moru Gate
Kaheho
Sabugo
3380
Gatarakwa
★Solio Game Reserve
2780
Lake Ol Bolossat
4145
★★Aberdare National Park
Solio
3080
Dundori
Ol Kalou
Ol Donyo Lesatima 4000
Wandare Gate
Kabaru
Hombe
Serena Mountain Lodge
Wanjohi
Mweiga
Aberdare Country Club
2680
Gilgil
The Ark
Treetops
Mountain Lodge Gate
Oleolondo
Ruhuruini Gate
Nyeri (Station)
Chehe
Kamweti
Kariandusi
Kariandusi N. P.
Melawa
NYERI
2600
Kiganjo
Giakaibii
Kipipiri
3420
Fishing L.
Mucharo
Kagumo
Lake Elmenteita
3380
Kiandongoro Gate
Outspan
Gatitu
Karatina
Kianyaga
Gilgil
Tusha
Kerugoya
Kigio Wildlife Con.
Ndunyu Njeru
Mutubio Gate
Karuru and Gura Falls
Othaya
Makaungu
Gichichi
Gachiriro
Mururiini
Kutus
Opuru 2840
Ilkek
North Kinangop
Kiriani
Gathukiini
Kagio
Il Kinangop 3906
Kiamutura
Sagana
Morendat
South Kinangop
Gitugu
Fort Hall
Thiba
Naivasha
Githioro
Koimbi
Muranga (Fort Hall)
Wamumu
Green Crater L.
Lake Naivasha
L. Naivasha Country Club
Kigumo
Karaba
Munyu
2420
Maragua
Kitaru (Sven Forks)
Crater L. Tented Camp
Fisherman's Camp
L. Naivasha Simba L.
Ikumbi
Githumu
Kamahuha
Suswa
Kamae
Gatakaini
Kiarutara
Saba Saba
Longonot 2760
Kandara
Makuyu
2440 Olkaria
Fischer's Tower
Mt. Longonot N. P.
Glakoe
Chomo
1739
2777 Longonot
Hell's Gate Nat. Pk.
Kijabe
Magina
Kimende
Thika
Kabati
Santamor Halt
Mangu
Mitubiri
Chania & Thika Falls
Blue Posts Hotel
Uplands
Githunguri
Gatundu
Thika
Kilima Mbogo
Kambaa
Fourteen Falls
Limuru
Athi
Kalimoni
Makutano
Tigoni
Ol Donyo Sabuk 2145
Kyanzavi
Suswa 2357
Kiambu
Ruiru
Ol Donyo Sabuk N.P.
Ndenderu
Muguga
Kahawa
Thigio
Wangige
Ruaka
Nairobi
1746
Nachu
Kikuyu
NAIROBI
Tala
Lusigeti
J. Kenyatta Intl. Airport
Kangundo
C51
C77
C76
B5
C83
C69
A2
C70
A104
B6
C72
B3
C65
C64
C66
C67
C98
A3

10 Zentrales Kenia

fälle voneinander unterscheiden. Die Thika Falls sind durch dichte, hochgewachsene Bäume fast völlig vom Hotel abgeschirmt und erscheinen wilder und düsterer, obwohl ihre Kaskade etwa genauso hoch ist wie die der Chania Falls.

Das Blue Post Hotel mit seinen liebevoll gepflegten Anlagen und den herrlichen Bäumen ist eines der ältesten Hotels Kenias, in dem schon Churchill 1907 logierte. Hier kann man (an Rezeption erfragen) auch campen und angeln. Am Ende des Gartens – rechts vom Kinderspielplatz – befindet sich ein kleiner Tierpark mit Krokodilen, Straußen, Stachelschweinen, Bush Babies und Affen.

Ol Donyo Sabuk National Park und Fourteen Falls

Von Thika aus kann man einen interessanten Ausflug in den Oldoinyo Sabuk National Park machen und unterwegs die faszinierenden Wasserfälle Fourteen Falls besuchen.

Dazu fährt man auf die Straße Richtung Garissa und sieht schon bald rechts den 2145 m hohen **Mt. Oldoinyo Sabuk**, um dessen Fuß sich der **Athi-Fluss** windet. 20 km östlich von Thika zweigt rechts eine mit einer roten Lateritschicht bedeckte Piste zum Nationalpark und zu den Wasserfällen ab. Die Piste ist bei jedem Wetter befahrbar; Fahrzeuge mit wenig Bodenfreiheit müssen aber langsam und sehr vorsichtig fahren (Felsbrocken!).

Wie die **Fourteen Falls** ❷ zu ihrem Namen kamen ist unklar, da man je nach Wasserstand unterschiedlich viele Fälle zählen kann. Nach starkem Regen gehen die kleineren Fälle ineinander über und stürzen als breite Wassermasse über die Geländekante. Vom Rand der Wasserfälle kann man beobachten, wie der tosende Fluss tief hinabstürzt.

Da hier vor einigen Jahren Überfälle stattfanden, stationierte die Regierung bei Ol Donyo Sabuk einen Polizeiposten, der täglich ein Team von Wachleuten zu den Wasserfällen wie auch in den höhergelegenen Nationalpark schickt. Seit Beginn der Patrouillen gab es keinen ähnlichen Zwischenfall mehr.

Die Piste erreicht etwas weiter südlich den 20 km^2 großen **Ol Donyo Sabuk National Park** ❸. Seine waldreichen Berghänge bieten Lebensraum u. a. für Hyänen, Leoparden, verschiedene Affenarten, Buschbock- und Wasserbockherden. Dominiert wird der Park allerdings von **Büffeln**, nach denen der Berg – nach der Sprache der Masai der „Berg der Büffel" – benannt wurde. Die dichte Vegetation des Bergwaldes mit den für die Bergregionen Ostafrikas typischen Protea-Büschen ist ein Paradies für zahlreiche Vogelarten. Während des ca. 3-stündigen Aufstiegs (aus Sicherheitsgründen und wegen der Büffel nur mit Rangerbegleitung) eröffnen sich schöne Ausblicke. Der Gipfel ist bewaldet. Bei klarer Sicht entdeckt man in der Ferne die schneebedeckten Gipfel des Mt. Kenya und des Kilimandscharo.

Wieder zurück auf der Hauptstraße, führt die wenig befahrene Straße Richtung Osten durch kaum besiedeltes Gebiet bis Garissa, das auch als Ausgangspunkt für eine Fahrt in den Meru National Park dienen kann (s. S. 209).

RUND UM DEN MOUNT KENYA

Zu den Glanzpunkten einer Reise durch Kenias großartige Landschaften zählt sicher die Rundreise um den **Mount Kenya Nationalpark**. Von Thika führt die Strecke Richtung Norden zwischen den Gebirgszügen der Aberdares und des Mount Kenya hindurch bis nach Nanyuki. Der erste größere Ort ist **Muranga** ❹, das frühere Fort Hall. Dort hängt in der **Kirche St. James** ein beeindruckendes Gemälde des tansanischen Malers Elimo Njau, das einen guten Eindruck der zeitgenössischen ostafrikanischen Kunst vermittelt.

Die Straße von Muranga über **Saga-**

Rechts: Ein traditionsreiches Haus ist das Outspan Hotel in Nyeri.

» Karte S. 202-203, Info S. 219

Foto: Marek Dziok (iStockphoto)

na schlängelt sich durch grüne, fruchtbare Felder und bringt einen in das geschäftige **Karatina** ❺. Der Matatu- und Busbahnhof ist Zentrum des quirligen Markttreibens in der Ortsmitte.

Weiter Richtung Norden hat man bald die Wahl zwischen dem direkten Weg nach Nanyuki und dem etwas längeren über **Nyeri** ❻, dem Zentrum der Kikuyu, wo einer der Hauptanfahrtswege nach Westen zum Aberdare-Nationalpark abzweigt. In der 1790 m hoch gelegenen 53000-Einwohner-Stadt lebte der Gründer der Pfadfinderbewegung, Lord **Baden-Powell**, von 1938 bis zu seinem Tod 1941; sein **Grab** liegt im Stadtzentrum. Um sein Haus entstand das **Outspan Hotel**, das wegen seines Gartens, Sportanlagen und vielfältigem Tour-Angebot beliebt ist. Neben Wandern am **Chania River** oder Ausflügen in die nahen Aberdares bietet das Hotel Fischen, Golfen und traditionelle Tanzvorführungen. Im Hotel ist die **Rezeption** für die Treetops Lodge im Aberdares-Nationalpark, mit Hotelautos wird man dorthin gebracht.

★★Aberdares

Wilde Berglandschaft, steile Hänge, hohen Bambus, Bergregenwald, grüne Täler und wilde Tiere findet man im ★★**Aberdare National Park** ❼. Die nahezu 70 km lange Bergkette zieht sich entlang des Ostafrikanischen Grabenbruchs hin und wird von fast 4000 m hohen Gipfeln gekrönt. Während der Regenzeit sind die Straßen durch den Park wegen des schmierigen Black Cotton Soil schwierig zu befahren.

Die Aberdares steigen im Norden zum Hochmoor und dem im Rahmen einer Wanderung besteigbare Berg **Ol Doinyo Lesatima** bis auf 3999 m an. 40 km südlich davon erhebt sich der Gipfel des 3906 m hohen **Kinangop**. Dazwischen liegt das Hochmoorplateau, ein mit Bültgras und Heidekraut bewachsenes, hügeliges Gebiet. Nach Osten hat man einen großartigen Blick auf den Mount Kenya, im Westen hingegen sind das weite Great Rift Valley und in der Ferne bei guter Sicht der Naivasha-See und das dahinter liegende Mau Escar-

Foto: Dennis Guyitt (iStockphoto)

pment auszumachen. Ein einzigartiges Naturschauspiel sind die Wasserfälle in den Aberdares. Über 300 Meter stürzen die **Gura Falls**, Kenias größte Wasserfälle, in den gleichnamigen Fluss hinab. Fast gegenüber rauschen die **Karuru Falls** 275 Meter in die Tiefe und münden in den Chania-Fluss.

In den Aberdares leben Elefanten, Büffel, Löwen, Eland-Antilopen, Bongos, Wasser-, Busch- und Riedböcke, Waldducker-Antilopen, Sunis, Fluss- und Warzenschweine, Paviane, Hyänen und an die 60 Breitmaulnashörner.

Die den Park kreuz und quer durchziehenden Straßen wurden größtenteils von den britischen Truppen während des Unabhängigkeitskrieges in den 1950er Jahren angelegt. Die wichtigste Route ist die teilweise asphaltierte, bis in eine Höhe von 3170 m hinaufführende Straße von Nyeri nach Naivasha.

Die Hotels in den Aberdares, die als Aussichtspunkte und Beobachtungsplätze errichtet sind, erreicht man über **Nyeri**. Dort bietet sich das Outspan Hotel als Basis für eine Exkursion zu einem berühmten Baumhaus an: der **Treetops Lodge**. Direkt an **Wasserlöchern** liegt dieses außergewöhnliche Hotel in den Kronen riesiger Bäume, zu denen man nur über Leitern gelangt. Eine Tafel erinnert an den denkwürdigen Aufenthalt von Prinzessin Elisabeth und dem Herzog von Edinburgh 1952, bei dem sie die Nachricht vom Tod des englischen Königs George VI. erreichte – aus der jungen Prinzessin wurde quasi über Nacht Königin Elisabeth II. von England.

Noch weit mehr Komfort und Platz als das Treetops hat die naturnahe, von Noahs Arche architektonisch inspirierte Herberge **The Ark** zu bieten. Man erreicht sie über den Aberdare Country Club, der sich etwas außerhalb des Parks nördlich von Nyeri bei **Mweiga** befindet. Das hölzerne Hotel kann 79 Gäste in Doppel- und Einzelzimmern aufnehmen. Bei Einbruch der Dunkelheit finden sich am **Wasserloch** direkt

Oben: Eine Bongo-Kuh im Aberdares National Park. Diese Bergwald-Antilopenart ist vom Aussterben bedroht.

» Karte S. 202-203, Info S. 219

am Hotel neben den Vögeln Buschböcke, Elefanten und Büffel ein. Jedes Stockwerk des Hotels verfügt über eine Beobachtungsplattform mit bequemer, verglaster Lounge, wo man sich die ganze Nacht aufhalten und die Tiere an der beleuchteten Wasserstelle beobachten kann.

Der **Aberdare Country Club** bietet hervorragende Fischgründe zum Forellenangeln in dem Teil des Flusses, der auf dem Clubgelände liegt. Daneben gibt es viele weitere Möglichkeiten, seine Freizeit zu gestalten, wie z.B. Wandern, Reiten, Tennis spielen oder Vögel beobachten.

Die Gäste des Hotels The Ark und des Aberdare Country Clubs können von Nairobi aus mit dem Wagen anreisen oder werden nach Ankunft mit dem Flugzeug am nahegelegenen **Mweiga Airstrip** abgeholt.

★Solio Game Reserve

Auf dem Weg Richtung Norden, entlang der Ostausläufer der Aberdares, erreicht man, vorbei an **Mweiga**, den Ort **Solio**. Bemerkenswert ist das ★**Solio Game Reserve** ❽. Das private Wildschutzgebiet, das sich über 25 600 ha zwischen den Ausläufern der Aberdares und des Mount Kenya erstreckt, wird von der Familie Parfet geleitet. Die Naturschützer können einzigartige Erfolge bei der Nashornzucht vorweisen. In einer Zeit, in der Nashörner in Afrika und Asien vielerorts ausgerottet wurden, gelang es Court Parfet und seiner Frau Claude, **Spitzmaul- und Breitmaulnashörner** zu züchten und in ihrem Park mehr dieser wertvollen Tiere pro Quadratkilometer zu erhalten als an irgendeinem anderen Ort der Welt.

Solio teilt seinen Reichtum an Nashörnern heute bereitwillig mit anderen Tierschutzgebieten, deren Nashornpopulation stark dezimiert ist sowie mit privaten Tierreservaten, in denen Zuchtnashörner zur Vermehrung des Bestandes dringend benötigt werden. Bei einem eigenen Bestand von über 100 Tieren konnten z.B. 15 Nashörner aus dem Solio-Reservat in das Nakuru Rhino Sanctuary umgesiedelt werden, wo nur noch ein einziges Nashorn lebte. Drei weitere Tiere wurden nach Lewa Downs, vier nach Ol Pejeta und drei nach Ol Jogi, nördlich von Nanyuki, gebracht.

Der sorgfältig erhaltene Lebensraum im Solio-Wildschutzgebiet hat auch zur Vermehrung einiger anderer Arten wie **Büffel** und **Zebras** geführt, die einträchtig neben Nashörnern grasen. Das Reservat ist eine der letzten Enklaven, in deren sicherer und natürlicher Umgebung man die Tiere der Hochebenen erleben kann. Dazu gehören die Löwen und Leoparden ebenso wie Geparde, Gazellen und Zebras. Neben dem Strauß leben im Solio noch viele andere Vogelarten, wie etwa der Fischadler, das Helmperlhuhn und der braune Papagei. In der Ebene und am Rande der Sümpfe, im Zentrum des Solio, gibt es unter anderem Busch- und Steinböcke, Waldducker, Oryx- sowie Eland-Antilopen und das riesige Waldschwein.

Auf dem gepflegten, 300 km langen Straßennetz kommt man in jeden Winkel des Tierreservates. Das Gebiet ist durch einen Elektrozaun geschützt und rund um die Uhr streng bewacht. Der Aberdare Country Club bietet organisierte Touren zum Game Reserve. Übernachten kann man in der **Ol Pejeta Lodge** oder im **Sweetwaters Tented Camp**, aber auch auf einfachen Campingplätzen.

Von Solio verläuft eine Straße in nordöstlicher Richtung nach **Naro Moru** ❾, das man auch direkt von Karatina aus anfahren kann (ohne den Umweg über Nyeri und Solio). Der Blick fällt auf das imposante Vulkanmassiv des Mt. Kenya – vorausgesetzt, er zeigt seine oft wolkenverhangenen Gipfel.

In der Nähe des Orts Naro Moru steht die **Naro Moru River Lodge**, wichtigster Ausgangspunkt für den Aufstieg zum Mount Kenya (5199 m).

» Karte S. 202-203, Info S. 219

Foto: Barbara Credner

★★Mount Kenya National Park

Der erste Europäer, der den Mount Kenya sah, war 1849 der deutsche Missionar und Forscher Dr. Johann Ludwig Krapf. Keiner glaubte ihm damals, dass es am Äquator einen schneebedeckten Berg geben könne. Ganze 34 Jahre später bestätigte der Schotte Joseph Thompson Krapfs Entdeckung. Seit 1949 ist das Vulkanmassiv durch den ★★**Mt. Kenya National Park** ⑩ geschützt, der die gesamte Höhenstufe über 3200 m umfasst.

An klaren Tagen bietet der **Mount Kenya** mit seinen drei schneebedeckten Gipfeln **Batian** (5199 m), **Nelion** (5189 m) und **Point Lenana** (4985 m) einen überwältigenden Anblick – tatsächlich der einzige Ort direkt auf dem **Äquator**, an dem immer Schnee liegt. Die eigenartige Form des erloschenen Vulkans ist durch Erosion der Asche- und Lavafelder durch Gletscherbewegungen entstanden. Zu Füßen des zweithöchsten Berges in Afrika, der den Kikuyu heilig ist (er ist Sitz ihres Gottes Ngai), erstrecken sich fruchtbares Ackerland und Savannen. Mit zunehmender Höhe verändern Landschaft und Vegetation ihr Bild vom dichten Regenwald und Bambusdschungel zu Hochmooren und Heide mit **Riesenlobelien** und **Riesenkreuzkraut** bis hin zur Fels- und Schneezone.

Die Vogelwelt des Mount Kenya ist äußerst vielfältig und reicht von riesigen Adlern bis zu den farbenprächtigen Honigsaugern. Im Waldgebiet unterhalb des Moores leben ebenfalls viele Tiere in freier Wildbahn. Ungewöhnlich ist, dass sich die Löwen das Moor mit den Zebras teilen, die aus den niedriger gelegenen Ebenen heraufkommen. Hier gibt es auch zahlreiche Reptilienarten, wie etwa die Bergviper, die ausschließlich im Gebiet des Mt. Kenya und in den Aberdares zu finden ist.

Bergwanderungen und Klettertouren auf die schneebedeckten Gipfel des Mount Kenya beginnen meist bei

Oben: Mount Kenya, von Norden gesehen. Rechts: Folklore im Park des luxuriösen Mount Kenya Safari Club, den William Holden 1959 gründete.

» Karte S. 202-203, Info S. 219

Foto: Dr Ajay Kumar Singh (Shutterstock.com)

der **Naro Moru River Lodge** bei **Naro Moru** (**9**). Dort kann man sich auch eine Bergausrüstung ausleihen. Der **Naro Moru Trail** ist von mehreren Routen auf den Mt. Kenya die kürzeste und die Haupttouristenroute. Mit guter Kondition kann man in 3-4 Tagen den **Pt. Lenana** auch ohne große Bergsteigererfahrung meistern. Übernachtungsmöglichkeiten gibt es in der recht komfortablen **Austrian Hut** oder im **Mackinders Camp**. Batian und Nelion jedoch können nur von gut ausgerüsteten, erfahrenen Bergsteigern bezwungen werden. Die Wetterverhältnisse auf dem Berg sind unvorhersehbar, beste Zeit für eine Besteigung sind die Monate Januar/Februar und Juli bis September.

In den südwestlichen, waldigen Ausläufern des Mount Kenya, die auch zum Areal des Nationalparks gehören, liegt die mit dem Wagen erreichbare **Serena Mountain Lodge** in 2194 m Höhe, mitten im dichten tropischen Bergwald.

Eine Unterkunft der Luxusklasse ist der **Mount Kenya Safari Club** (von Nanyuki aus zu erreichen), in seinem 40 ha großen Park perfekt in Szene gesetzt vor dem majestätischen Hintergrund des meist in Nebelschwaden gehüllten Bergmassivs. Der exklusive Club wurde 1959 von Hollywoodstar William Holden gegründet, auf seiner Mitgliederliste stehen Berühmtheiten aus aller Welt. Aber auch Normalsterbliche und Nichtmitglieder sind zu einem Aufenthalt in diesem Paradies willkommen. Das beachtliche Clubangebot umfasst Pools, Restaurants, Kegelbahnen, Putting Greens, einen 9-Loch-Golfplatz, Tennisplätze, einen Pavillon und zahlreiche Türme zur Vogelbeobachtung.

★Meru National Park

Einige Kilometer nördlich von Naro Moru machen ein **Schild** und Andenkenläden darauf aufmerksam, dass man sich hier am **Äquator** befindet. Kurz vor Nanyuki erwarten einen weitere Andenkenläden und ein zweites Äquatorschild, das Souvenirhändler angebracht haben, um Geschäfte zu machen.

Foto: Rich Carey (Shutterstock.com)

Von **Nanyuki** ⓫, dem Marktzentrum des umliegenden Farmlandes, das außer ein paar Kolonialfassaden nicht viel zu bieten hat, führt die Route Richtung Meru. Die Strecke steigt an der trockenen Nordflanke des Mt. Kenya bis auf 2000 m ü.M. langsam an. Es eröffnen sich fantastische Ausblicke auf die **Loldaiga Mountains** (linker Hand) und über die weite Savannenlandschaft Nordkenias, bevor man 50 km nordöstlich von Nanyuki die Möglichkeit hat, Richtung **Lewa Wildlife Conservancy** und **Isiolo** abzubiegen. Nördlich dieses Schutzgebiets steht auf Masai-Land die luxuriöse, von Masai gemanagte **Il Ngwesi Lodge**, wo Prinz William im Jahr 2010 in einer der romantischen Bandas um die Hand seiner Kate anhielt.

Weiter auf der Hauptstrecke führt die Straße 25 km überwiegend bergab nach **Meru** ⓬. Mit 75 000 Einwohnern ist der Ort Handelszentrum der gesamten Region, in der hauptsächlich Tee, Kaffee, Mais und Tabak angebaut werden.

Oben: Giraffen im Meru-Nationalpark.

Von hier sind es noch ca. 80 km bis zum ★**Meru National Park** ⓭ und dem **New Murera Gate** im Nordwesten des Parks. Die 870 km^2 große, mit Sumpfgebieten, Vulkangestein und Weideland durchsetzte typische Buschlandschaft ist Heimat vieler Tiere.

Im Meru-Nationalpark wurde die berühmte **Löwin Elsa** geboren, die die Zoologin und Autorin Joy Adamson aufzog. Mit dem Buch *Born Free* (*In Freiheit geboren*) setzte sie der Löwin ein Denkmal, das den Stoff für den gleichnamigen Film und den bekannten Song lieferte. Nicht nur Elsa wurde der freien Wildbahn zurückgegeben. Joy und ihr Mann George Adamson gewöhnten viele Löwen aus der Gefangenschaft wieder an ein wildes Leben.

Im Südosten grenzt der Meru Nationalpark an das **Kora National Reserve**. Hier verbrachte George Adamson (s. S. 32) die letzten Jahre seines Lebens. Er kam 1989 in einer Schießerei mit Banditen um; seine Frau Joy war 1980 ermor-

» Karte S. 202-203, Info S. 219

det worden. Der *Elsa Conservation Trust* plant den Bau eines Gedenkmuseums.

Die südlich und östlich des Meru Nationalparks anschließenden Reservate **North Kitui**, **Kora**, **Bisanadi** und **Rahole** sind nur mit Allradwagen zu erkunden. Aus Sicherheitsgründen wird von Abstechern in diese Gebiete dringend abgeraten.

Im Nordwesten des sich direkt über den Äquator erstreckenden Meru-Parks bildet die bis zu 2514 m hohe **Nyambeni Range** eine beeindruckende Kulisse. Im Süden wird das Gebiet durch Kenias größten Strom, den **Tana River** begrenzt. 15 weitere Flüsse, die alle auf dem Mount Kenya entspringen, bahnen sich ihren Weg durch die Wildnis des Meru. Das Ergebnis ist eine ungeheuer vielfältige Vegetation und eine ebensolche Landschaft auf einer verhältnismäßig kleinen Fläche. Der Meru gehört zu den geografisch abwechslungsreichsten Parks Kenias. So schaffen weite afrikanische Savannen, neben dichten, baldachinartigen Bergwäldern und Sumpfgebieten die Voraussetzungen für einen unvergleichlichen Reichtum an Säugetieren, Reptilien und Vögeln.

Die größte Attraktion des Meru ist die hervorragende Möglichkeit zur Beobachtung von **Löwen** und **Geparden**. Zur Fauna des Meru gehören weiterhin ein recht großer Bestand **Grevy-Zebras**, die vornehmlich im Norden Kenias leben, die sanfte **Netzgiraffe** und eine große Anzahl blauhälsiger, **Somalischer Strauße**.

Neben Säugetieren lebt im Meru-Park ein Drittel der insgesamt 1068 in Kenia gezählten Vogelarten.

Der Tana River wird von Krokodilkolonien und Flusspferden bevölkert. In den dichten Feigen- und Tamarindenwäldern entlang seiner Nebenflüsse sind Papageien und Affen heimisch. Bei den malerischen **Adamson Falls** verengt sich der Tana plötzlich und stürzt über mehrere Granitstufen. Beeindruckend sind die vom Wasser geschaffenen, verschiedenfarbigen Erosionsformen des Gesteins. Nahe der Fälle überquert eine neuere Brücke den Tana Richtung Kora National Reserve.

Der Meru-Nationalpark gehört immer noch zu den am wenigsten besuchten Parks des Landes. In den 80er Jahren wüteten somalische Wildererbanden in dem Gebiet, der Tierbestand wurde dezimiert, es wurden aber auch Touristen überfallen. Trotz intensiver Anstrengungen wie verstärkter Sicherheitsmaßnahmen, Erschließung des Wegenetzes und der Bau von zwei neuen Luxus-Lodges, ist der Park von den Besuchern noch nicht wirklich wieder entdeckt worden. Man trifft kaum auf organisierten Safari-Tourismus und erlebt noch unberührte Wildnis. Man kann allerdings auch leicht die Orientierung verlieren, weswegen Rangerbegleitung empfohlen wird.

Die derzeit exklusivste Unterkunft ist das **Elsa's Kopje Camp**, ein kleines Luxuscamp direkt auf einem der Kopjes (Inselberge), die sich an vielen Stellen im Park über die flache Savanne erheben. Benannt ist das Camp nach der Löwin Elsa des Ehepaars Adamson (s. S. 32). Die Aussicht von den Veranden und vom Pool ist herrlich, Ausstattung und Service (wie auch im Tortilis Camp, dem Schwesterhotel im Amboseli) perfekt. Die **Leopard Rock Lodge** ist eine weitere Luxusunterkunft mit ausgezeichneter Küche.

Das Freizeitangebot im Park umfasst neben *Game Drives* auch nächtliche Tierbeobachtungsfahrten, Wandersafaris und Bootsfahrten. Einfache Übernachtungsmöglichkeiten findet man auf den Campsites im Park oder in den **Murera Bandas** direkt am Parkeingang.

Südöstlich des Mt. Kenya: Über Embu zum Mwea National Reserve

Verlässt man den Park und fährt weiter auf der landschaftlich schönen Straße an der Ostseite des Mount Kenya Richtung Süden, so ist das 23 000 Einwohner zählende **Embu** ⓮ (130 km von Meru) der einzige größere Ort, be-

Foto: Martin Thomas

vor man wieder zurück nach Thika und Nairobi kommt. Das Städtchen verdankt seinen Namen dem Volk der Embu, die in der Gegend leben. Embu ist Verwaltungszentrale der Eastern Province, liegt inmitten einer hügeligen, fruchtbaren und intensiv bewirtschafteten Landschaft und hat ein angenehmes Klima. Ansonsten hat der Ort wenig zu bieten, man kann ihn jedoch gut als Ausgangspunkt für einen Besuch des Mwea National Reserve nutzen.

Südlich von Embu wurde der **Tana River** zu mehreren riesigen Seen gestaut, die einen großen Teil der elektrischen Versorgung des Landes gewährleisten. Das am Rande der Wasserreservoirs gelegene 42 km^2 große **Mwea National Reserve** ⓯ wurde erst in den letzten Jahren zunehmend für Besucher erschlossen. In dem auf seiner Landseite von einem Elektrozaun umgebenen Reservat leben u. a. Elefanten, Krokodile, Büffel, Kleine Kudus, 200 verschiedene Vogelarten und Flusspferde, die man besonders gut am **Hippo Point** beobachten kann.

Übernachten kann man auf einem Campingplatz.

Oben: Bewaffneter Hirte im Samburu-Land. Rechts: Fotosafari im Samburu National Reserve.

SAMBURU, MARALAL UND MARSABIT

Das traditionelle Land der Samburu ist die Wildnis nördlich des Mount Kenya, wo die Reservate **Samburu**, **Shaba** und **Buffalo Springs** sowie das **Maralal National Sanctuary** liegen. Weiter im Norden gibt es noch zwei andere interessante Schutzgebiete für Tiere und Pflanzen, das **Losai**- und das **Marsabit-Reservat**. Bei einer Rundreise durch diese Gebiete lernt man vollkommen unterschiedliche Vegetationszonen Kenias kennen – vom grünbewaldeten Hochland bis hin zur halbwüstenartigen Landschaft um Samburu mit ihren Vulkanhügeln und Flussläufen.

Verlässt man das Gebiet um den Mount Kenya in Richtung **Isiolo**, sind

» Karte S. 202-203, Info S. 219

Foto: Emily Marie Wilson (Shutterstock.com)

schon bald ein erheblicher Temperaturanstieg und erste Anzeichen der Trockenheit der Wüste Kenias festzustellen, auch wenn hier, am Übergang zum Grenzland, noch weite Flächen mit Gras bedeckt sind. Dazwischen ragen immer wieder rund geformte Hügel auf.

Die Asphaltstraße endet in Isiolo, und die weitere Strecke nach Marsabit muss man auf einer staubigen, strapaziösen Piste zurücklegen. In der Gegend von **Archer's Post** ⓰ wird es noch heißer. Dies ist **Samburu-Land**: Stolze, hochgewachsene Samburu mit rötlich-gelben Haaren und bunten, togaähnlichen, lässig über der Schulter drapierten *shukas* stehen mit ihren langblättrigen Speeren gelassen in der Sonne und hüten ihre großen Viehherden, um Übergriffe von Viehdieben zu verhindern.

In dem kleinen Dorf zweigt die Zufahrt zum Haupteingang des Samburu-Nationalparks ab. Wer den Ort als Basis für einen Besuch der drei umliegenden Reservate nutzen möchte, kann in einfachen Lodges oder auf Campingplätzen Unterkunft finden.

★★Samburu National Reserve und Shaba National Reserve

Wie ein breites grünes Band ziehen sich die Bäume an den Flussläufen entlang durch das ★★**Samburu National Reserve** ⓱, ein 165 km² großes, kontrastreiches Gebiet westlich von Archer's Post, 315 km von Nairobi entfernt. Das Reservat ist relativ klein; seine Anziehungskraft besteht in der Dichte des großartigen Wildbestandes. Die hier lebenden Tiere wechseln zwischen diesem Wildschutzgebiet und dem 131 km² großen **Buffalo Springs National Reserve** ⓲ am anderen Ufer des **Ewaso Ng'iro River** hin und her.

An diesem Ort wird die ungeheure Faszination Afrikas deutlich – hier die Savanne mit ihren verkrüppelten Dornbäumen, unzähligen Termitenhügeln und abgeflachten felsigen Hügeln, und dort der üppige, jahrhundertealte Wald am Ufer des Ewaso Ng'iro. Der ständig wasserführende Fluss ist seit Menschengedenken die Leben spendende und erhaltende Ader dieses Gebietes.

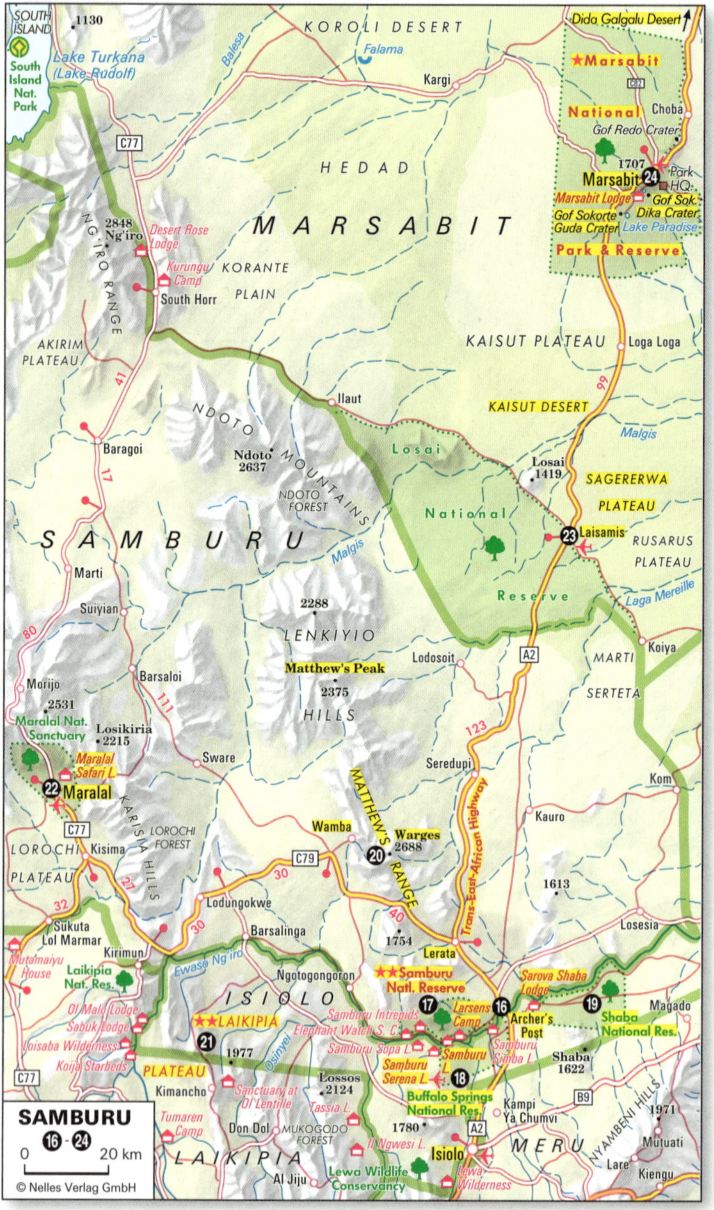
SOUTH ISLAND
1130
South Island Nat. Park
Lake Turkana (Lake Rudolf)
Balesa
KOROLI DESERT
Falama
Kargi
Dida Galgalu Desert
★Marsabit National Park & Reserve
C82
Choba
Gof Redo Crater
1707
Park HQ.
Marsabit
Marsabit Lodge
Gof Sok.
Gof Sokorte
Dika Crater
Guda Crater
Lake Paradise
C77
HEDAD
MARSABIT
2848 Ng'iro
Desert Rose Lodge
Kurungu Camp
South Horr
KORANTE PLAIN
NG'IRO RANGE
AKIRIM PLATEAU
KAISUT PLATEAU
Loga Loga
41
Ilaut
99
KAISUT DESERT
Malgis
NDOTO MOUNTAINS
Baragoi
Ndoto 2637
NDOTO FOREST
Losai National Reserve
Losai 1419
SAGERERWA PLATEAU
17
Laisamis
RUSARUS PLATEAU
SAMBURU
Malgis
Marti
Laga Mereille
Suiyian
2288
LENKIYIO HILLS
80
Lodosoit
A2
Koiya
MARTI SERTETA
Matthew's Peak
Barsaloi
Morijo
2375
2531
111
Maralal Nat. Sanctuary
Losikiria 2215
123
Sware
Seredupi
Maralal Safari L.
Maralal
Kom
KARISIA HILLS
MATTHEW'S RANGE
Trans-East-African Highway
Kauro
C77
LOROCHI FOREST
Wamba
Warges 2688
LOROCHI PLATEAU
Kisima
C79
30
1613
27
32
Lodungokwe
40
Sukuta Lol Marmar
30
Barsalinga
1754
Losesia
Kirimun
Lerata
Mutamaiyu House
Laikipia Nat. Res.
Ewaso Ng'iro
Ngotogongoron
★★Samburu Natl. Reserve
Sarova Shaba Lodge
ISIOLO
Ol Malo Lodge
Sabuk Lodge
★★LAIKIPIA PLATEAU
Samburu Intrepids
Elephant Watch S. C.
Larsens Camp
Archer's Post
Magado
Shaba National Res.
Loisaba Wilderness
1977
Osinyei
Samburu Sopa L.
Samburu L.
Samburu Simba L.
Shaba 1622
Koija Starbeds
C77
Kimancho
Sanctuary at Ol Lentille
Lossos 2124
Samburu Serena L.
Buffalo Springs National Res.
B9
Tassia L.
Kampi Ya Chumvi
NYAMBENI HILLS
1971
Tumaren Camp
Don Dol
MUKOGODO FOREST
1780
A2
Mutuati
Il Ngwesi L.
Isiolo
MERU
LAIKIPIA
Lare
Kiengu
Al Jiju
Lewa Wildlife Conservancy
Lewa Wilderness
SAMBURU
16 - 24
0 20 km
© Nelles Verlag GmbH

Foto: PETER HATCH (Shutterstock.com)

Das ausgewogene Ökosystem der Savanne gibt vielen Tieren einen Lebensraum, mit denen zu leben die Samburu gelernt haben. Das Grevy-Zebra, anderswo in Afrikas sehr selten, findet man hier häufig. Hier leben Elefanten und Büffel, und die großen Antilopenbestände haben zudem viele Löwen und Leoparden angezogen.

Der Ewaso Ng'iro River ist hier breit und friedlich. Er schlängelt sich durch die Savanne und bietet furchterregenden **Krokodilkolonien** (die Tiere können über 6 m lang werden!) ebenso Lebensraum wie **Flusspferden**, die halb untergetaucht im Wasser liegen oder sich am schlammigen Flussufer sonnen.

Unterkunft für Touristen gibt es unter anderen in der **Samburu Lodge**, in der **Samburu Serena Lodge**, im **Larsens Tented Camp** oder auf einem der vielen **Campingplätze**, die am Flussufer eingerichtet wurden.

Das dritte der wie in einem Dreieck angeordneten Reservate ist das **Shaba National Reserve** ⑲. Es ist mit 239 km² das größte der drei Tierschutzgebiete, aber weniger besucht wegen der nicht wetterfesten Fahrwege. In den bewaldeten Hügeln und an den zahlreichen Quellen haben Elefanten, Büffel, Löwen, die gefährdeten **Grevy-Zebras** und die seltene Williamslerche ihre Heimat. Die Tierforscherin und Schriftstellerin Joy Adamson hat im Shaba-Reservat u. a. Geparden aufgezogen und mit Erfolg in die Wildnis entlassen. Auf ihrem ehemaligen Zeltplatz befinden sich jetzt weltabgeschieden die Zelte des idyllischen **Joy's Camp**. Shaba war die Filmlocation u. a. für *Born Free* und *Out of Africa*.

Direkt am **Ewaso Ng'iro River** liegt die bezaubernde **Sarova Shaba Lodge**.

Für Wanderer bietet sich, nordwestlich von Archer's Post, ein Abstecher zum Bergzug **Matthew's Range** ⑳ an. Die Samburu nennen ihn *Ol Doinyo Lengeyo*, das bedeutet „Berg des Kindes". Um ihn zu erreichen, nimmt man von Archer's Post die Straße Richtung Nordwesten und biegt 20 km weiter hinter

Oben: Im Shaba-Schutzgebiet leben die gefährdeten Grevy-Zebras.

der kleinen Ansiedlung **Lerata** nach links Richtung Maralal ab. Nach ca. weiteren 40 km geht es rechts zum kleinen Ort **Wamba**.

Der nächstgelegene Gipfel ist der 2688 m hohe **Warges**, der auch für Bergunerfahrene einfach zu besteigen ist. Es ist dennoch ratsam, einen einheimischen Führer mitzunehmen. Fährt man auf unwegsamer Piste weiter in das Matthew's-Range-Gebiet, kommt man in eine herrliche Berglandschaft mit grünen Wiesen, klaren Bächen und Teichen. Der Weg ist nur mit Geländewagen zu befahren, doch am Ende lockt der lohnende Aufstieg auf den 2375 m hohen **Matthew's Peak**. Unbedingt sollte man sich jedoch vorher über die Sicherheitslage informieren.

★★Laikipia-Plateau

Die Strecke nach Maralal führt nördlich am ★★**Laikipia-Plateau** ㉑ vorbei. Diese hügelige, trockene Savannenlandschaft nordwestlich des Mt. Kenya wird von den Flüssen Ewaso Ng'iro und Ewaso Narok dominiert. Viele private Ranches haben hier in den letzten Jahren den enormen **Wildreichtum** der Gegend genutzt und auf ihrem Land z. T. sehr luxuriöse **Camps** eingerichtet. Zum Schutz des Wilds wurde das Laikipia Wildlife Forum (www.laikipia. org) gegründet.

Im und um das **Laikipia National Reserve** kann man mit Glück alle Vertreter der „Big Five" beobachten, riesige **Elefantenherden** wandern jährlich durch das Gebiet, über 50 % von Kenias **Spitzmaulnashörnern** und weitere Arten der nördlichen Region (wie **Grevy-Zebra**, **Netzgiraffe** oder **Jackson's Kuhantilope**) leben hier. Ein Besuch einer der privaten Ranches ist eine ideale Gelegenheit, Kenias Wildnis abseits der Touristenströme der großen Parks zu erleben.

Rechts: Im Umfeld der Maralal Safari Lodge kann man mit etwas Glück auch Leoparden beobachten.

Maralal Game Sanctuary

Über steinige Pisten (106 km von der Abzweigung bei Wamba) erreicht man schließlich **Maralal** ㉒. Der Ort mit etwa 21 000 Einwohnern liegt hoch in den Hügeln über dem Lorochi Plateau am Rande der Wildnis Nordkenias. Die Straßen sind staubig, windig, bei Regen schwer zu befahren und von bunten *Dukas* gesäumt. **Samburu-Krieger** dominieren das Straßenbild. Viele Touristen unterbrechen hier ihre Fahrt zum Lake Turkana. Man muss sich gegen eine große Anzahl ziemlich energischer Souvenirverkäufer behaupten. Wegen der Dürrekatastrophen haben die jungen Männer ihr traditionelles Leben als Samburu-Nomaden aufgegeben und versuchen auf diese Weise ihren Lebensunterhalt zu bestreiten.

Wer am 3. Samstag im Oktober in der Gegend ist, sollte das seit 1990 alljährlich ausgetragene Maralal International **Camel Derby** nicht verpassen – in der Amateurliga kann übrigens jeder daran teilnehmen. **Kamelreiten** wird ganzjährig angeboten.

Maralal liegt am Rande des **Maralal National Sanctuary**, in dem es Impala- und Elenantilopen, Büffel- und Zebraherden, Warzenschweinrudel und Paviane gibt.

Die **Maralal Safari Lodge** liegt unweit des Ortes und bietet den Besuchern gemütliche Holzhäuschen, die man eher in den Schweizer Bergen vermuten würde. Die Kamine in den Häusern weiß man spätestens in den kühlen Abend- und Nachtstunden zu schätzen, wenn man auf dem über 1900 m hoch gelegenen Plateau zu frösteln beginnt. Die Lodge wurde nur ein paar Meter von der ständig gefüllten Tränke des Parkes entfernt errichtet. Von der Veranda aus kann man die Wanderung der Tiere zum **Wasserloch** hervorragend beobachten. Von der Lodge aus werden Touren zu einem Platz organisiert, an dem Fleisch aufgehängt wird um **Leoparden** anzulocken – oft erfolgreich.

» Karte S. 214, Info S. 219

Foto: Martin Thomas

In Maralal besteht für den Selbstfahrer, der nach Norden zum Turkana-See oder nach Osten Richtung Marsabit fahren will, die letzte Gelegenheit, Geld zu wechseln und zu tanken.

★Marsabit National Reserve

Von Isiolo über **Archer's Post** (⓰) führt der **Trans-East-African Highway** weiter nordwärts über Marsabit (258 km von Isiolo) bis nach Moyale an der äthiopischen Grenze. Dies ist eine vor allem nach Regenfällen katastrophale Piste. Und zeitweise muss hier im polizeilich gesicherten Konvoi gefahren werden, da die Gefahr von Überfällen durch **Banditen**, *shifta* genannt, besteht. Die *shifta* sind Angehörige somalischer Stämme, die Anspruch auf dieses Gebiet erheben und Guerillas ausschicken, um entlegene Siedlungen zu überfallen oder einzelne Fahrzeuge auszurauben.

Vor **Laisamis** ㉓, der größten Ortschaft zwischen Archer's Post und Marsabit, durchquert man das **Losai-Nationalreservat**. Es ist kaum erschlossen.

Hinter Laisamis fällt die Piste ab in die staubige Einsamkeit des **Sagererua-Lavaplateaus** und der **Kaisut-Wüste**. Die Monotonie dieser schwarzen Lavawüste wird nur von wild zerklüfteten, bizarren Felsen unterbrochen, die wie Pilze aus dem Wüstenboden sprießen.

Nach 50 km passiert man **Loga Loga** mit ein paar Bretterbuden und erreicht bald darauf die bereits somalisch geprägte 22000-Einwohner-Stadt **Marsabit** ㉔ (1400 m ü. M.).

Sie liegt inmitten des 1222 km² Savannen- und Wüstenfläche umfassenden ★**Marsabit National Reserve**. Im Zentrum des Reservats sind die höheren Bereiche des Mt. Marsabit durch den 360 km² großen **Marsabit National Park** geschützt.

Für die Strapazen der Überlandfahrt wird man bei der Ankunft im Marsabit reich belohnt. Inmitten der trockenen Lavawüste und Hügel erscheint der 1707 m hohe **Mt. Marsabit**, der aufgrund seiner deutlich höheren Niederschlagsmengen von dichten Urwäldern überzogen ist, wie eine Oase. Der Berg

Foto: MarcPo (iStockphoto.com)

stellt die wichtigste Wasserquelle der ganzen Region dar. Die nahezu geschlossene, geheimnisvoll wirkende Baumlandschaft steht in starkem Kontrast zur Trockensavanne der Umgebung, die Verschiedenheit der Vegetationsstufen ist beeindruckend. Lavafelder und Krater weisen auf die vulkanische Entstehung des Berges hin.

Vom Haupteingang des Parks führt ein Weg durch dichten Wald zum ersten Krater, dem **Gof Sokorte Dika**, in dem die **Marsabit Lodge** romantisch an einem kleinen See gelegen ist. Am späten Nachmittag kommen die **Elefanten- und Büffelherden** zum Trinken ans Wasser. Nachdem sie ihren Durst gelöscht haben, weiden sie auf der Grünfläche, die an die Veranda des Speisesaales anschließt. Gäste können hier die Tiere aus nächster Nähe beobachten.

Ein paar Kilometer weiter südwestlich blickt man vom Kraterrand des **Gof Sokorte Guda** auf den **Lake Paradise** mit der **Lake Paradise Campsite** in landschaftlich schönster Lage.

Oben: Begegnung am Wegesrand, zwischen Marsabit und Laisamis.

Marsabit ist als die Heimat riesiger **Elefantenbullen** mit gewaltigen Stoßzähnen bekannt.

Die Faszination dieses unverfälschten Außenpostens wird durch zahlreiche andere Wildtiere wie **Grevy-Zebras**, **Löwen** und **Leoparden** noch verstärkt. Außergewöhnlich ist das Vorkommen der **Netzgiraffe**, die man hier an den Hängen antrifft. Giraffen leben normalerweise im weiten flachen Land, doch sind es die Bäume am Berg – in diesem Wüstengebiet weit und breit die einzigen – die die Giraffen von Marsabit veranlasst haben, ihre Gewohnheiten aufzugeben und sich dieser so andersartigen Umwelt anzupassen.

Auch die unwirtliche Lavawüste im Norden übt eine große Anziehungskraft aus. Der Weg dorthin führt durch einen sandigen Landstrich mit verkrüppelten Akazien. Zu den ornithologischen Raritäten der **Dida-Galgalu-Wüste** gehört der **Somalische Strauß**. Die majestätische schwarzgesichtige **Heuglin-Trappe** und der graziöse **Schwalbenschwanzfalke** sind hier ebenfalls heimisch. Auch die äußerst seltene **Maskenlerche** ist in diesem Lavameer relativ häufig zu finden.

Trotz unglaublicher Vielfalt von Flora und Fauna und landschaftlicher Attraktivität kommen wegen der Abgeschiedenheit und der kritischen Sicherheitslage kaum Besucher hierher. Im Reservat trifft man mitunter auf Nomadengruppen der Boran, Rendille und Gabra, die ihr Vieh seit jeher zum Tränken an die *singing wells*, die „Singenden Brunnen" des einst wasserreichen Flusses **Laga Sagante** treiben. Der Name der Quellen geht auf eine Wahrnehmung zurück, die man am Rand dieses großen felsigen Tales machen kann, wenn man dem heißen melodiösen Wind der Wüste lauscht. Das Geräusch des Windes vermischt sich mit dem rhythmischen Gesang der Hirten, wenn sie das Wasser aus der Tiefe holen.

» Karte S. 214, Info S. 219

RUND UM DEN MT. KENYA

Aberdare National Park

INFOS: **Park Headquarters**, Mweiga, Tel. 061/55024, Infos, Buchungen, Karte, 6.30-18 Uhr, Park bei Regen teils gesperrt.
WANDERN: Am besten Ende Sept./Okt. und Jan./Feb.; bewaffnete Begleitung vom Mweiga Park Headquarters empfehlenswert
ANGELN: Permit beim Park Headquarters, gute Basis: Kiandongoro Fishing Lodge, Rangerbegleitung, www.kws.org.

Embu (☎ 068)

Izaak Walton Hotel, ältestes Gebäude der Stadt, wunderschöner Garten, von Nairobi am Ortsausgang in Richtung Meru links, www.izaakwaltoninn. co.ke.

AUSFLUG: **Mwea National Reserve**, Geländewagen erforderlich, am Eingang ist eine Übersichtskarte und eine Liste der Vogelarten erhältlich, Campsites im Park.

Meru National Park

INFOS: tgl. 6-18.30 Uhr, keine Fahrten nach 19 Uhr, von Fahrten in die angrenzenden Reservate wird aus Sicherheitsgründen abgeraten. Organisierte Touren: **Kimbla Safaris**, Nairobi, Tel. (020) 891288.

FLUG: Zwischenlandung der **Air Kenya**, Tel. (020) 605745, auf der Strecke Nairobi-Samburu, jeweils Mi, Fr und So, www.airkenya.com.

Mt. Kenya National Park

TREKKING: **Naro Moru River Lodge**, organisiert Treks u. Klettertouren mit Führer, Träger, Koch etc., Verleih von Bergausrüstung, Gepäckaufbewahrung, www.naromoruriverlodge.com.
Mountain Rock Hotels & Safaris, Nairobi, Wabera St., spezialisiert auf Mt. Kenya-Besteigungen, www. mountainrockkenya.com.

Trout Tree Restaurant, fantastische Forellengerichte im riesigen Feigenbaum mit Blick auf die Fischteiche, 11-16 Uhr, 12 km südl. von Nanyuki, Tel. (062) 62059, www.trout-tree.com.

Nyeri (☎ 061)

Outspan, gutes Mittagsbuffet. **Greenoak**, hervorragendes Essen (z. B. Forelle), schöner Garten mit Terrasse, Gakere Rd.

AKTIVITÄTEN: **Solio Game Ranch**, nördl. von Mweiga, Farm mit Schutzgebiet für Nashörner; Aberdare Country Club u. a. organisieren Touren zur Ranch. **Sandai**, Gästefarm (dt. Leitung, Petra Allmendinger), Safaris, Reiten, Ferienhäuser, Tel. 073 3734619, www.africanfootprints.de.

Thika (☎ 067)

AUSFLUG: **Oldoinyo Sabuk National Park**, 27 km östl. Thika, Wanderung zum Gipfel des Oldoinyo Sabuk in 3-4 h, Rangerbegleitung! **Fourteen Falls**, spektakuläre Wasserfälle am Fuß des Oldoinyo Sabuk.

NÖRDLICH DES MT. KENYA

Isiolo (☎ 064)

AUSFLÜGE: **Kamelsafaris** ins Land der Samburu mit Zelten, Let's Go Travel, Nairobi, Standard Str., Tel. (020) 340331. **Samburu, Buffalo Springs** und **Shaba Nat. Reserves**, nördl. von Isiolo, kombinierter Eintritt für Samburu u. Buffalo Springs, Kamelritte, Fußsafaris, River Rafting, Vogelbeobachtung, Krokodil- und Leopardenfütterung, Besuche in Samburu-Dörfern.

FLUG: **Air Kenya** fliegt tgl. vom Wilson Airport Nairobi zum Samburu Nat. Reserve.
BUS: Verbindung 1 x tgl. mit Nairobi über Nanyuki, tgl. nach Maralal.

Maralal (☎ 065)

AKTIVITÄTEN: **Yare Safari Club & Camp**, 4 km außerhalb an der Isoilo Road, organisiert Kamelsafaris und ist Veranstaltungsort für das **Maralal International Camel Derby**.

Marsabit (☎ 069)

AUSFLUG: **Marsabit National Park**, lohnend ist ein Aufenthalt am Lake Paradise mit Campsite, Rangerbegleitung!

Bewachte Konvois zwischen Isiolo-Marsabit u. Marsabit-Moyale (äthiop. Grenze).

Kenya Tourist Board

Vulkaninsel im Turkana-See

Foto: ajlber (iStockphoto.com)

TURKANA-SEE
Der „Jade-See“

TURKANA-SEE
SIBILOI NATIONAL PARK

TURKANA-SEE

Als der österreichisch-ungarische Forscher Graf Sámuel Teleki von Szék und der kaiserliche Leutnant Ludwig von Höhnel 1888 Nordkenia durchquerten, stießen sie nach mühevoller Reise am 6. März auf einen riesigen, jadefarbenen See inmitten der Halbwüste. Zu Ehren ihres Schutzherrn Erzherzog Rudolf von Österreich nannten sie ihn **Rudolf-See** und den kleineren im Nordosten (Äthiopien) nach ihrer Erzherzogin Stephanie-See. Im Rahmen der Afrikanisierung erhielt der Rudolf-See 1975 seinen neuen Namen ★**Turkana-See**.

Ein Schriftsteller beschrieb ihn treffend: „Ein Binnensee von unvergleichlicher Schönheit, umgeben von Lavagestein und lila Hügelketten, überspannt von gleißendem Sonnenlicht und sternengesprenkelten Nächten. Die vielen Algen im See verwandeln das Wasser in ein farbiges Kaleidoskop von Schiefergrau bis Brillantblau, während die Wolken darüber hinwegjagen. Die meiste Zeit lässt das Sonnenlicht jedoch den See in sattem Grün aufschimmern, das trug ihm den Beinamen Jade-See ein.“

Die wüstenhafte Turkana-Region, lange weltabgeschieden, zieht immer mehr Besucher an, denn abseits der Zivilisation ist hier „ursprüngliches Afrika“ erhalten geblieben. Die landschaftliche Schönheit, die traditionsbewussten Ethnien und die unberührte Wildnis sind eindrucksvoll. Dies war vielleicht eine der Wiegen der Menscheit: Hominidenfossilienfunde deuten darauf hin.

Der Nordzipfel des 300 km langen, 50 km breiten Turkana-Sees liegt in Äthiopien, wo sein Hauptzufluss, der Omo, neuerdings aufgestaut wird. Dem See entspringt kein einziger Fluss. Die weitere Austrocknung und Desertifikation (Verwüstung) dieser ariden Gegend führt zu Versalzung, Versandung und Verkleinerung des Sees; knapper werdende Ressourcen haben Konflikte mit äthiopischen Stämmen zur Folge.

Der See liefert 1000 t Fisch pro Jahr; u. a. Nilbarsch, Tilapia und Tigersalmler. Neuerdings wird in der Region Erdöl gefördert und eine große Windfarm betrieben.

Safari in den Norden

Mehrere Wege führen in den unwirtlichen Norden des Landes, der zu den bevölkerungsärmsten Gebieten der Welt zählt. Einer der Gründe für die verzögerte Entwicklung des Tourismus in Nordkenia war eine Bestimmung der Kolonialregierung, welche diese Provinz zur *restricted area* (Sperrgebiet) erklärte

Links: Respektabler Nilbarsch-Fang aus dem Turkana-See.

AREA IN DISPUTE
1246
Kakelaiw
Namuruputh
Todenyang
Gingero
ETHIOPIA
Chew Bahir
(LIABLE TO FLOOD)
Lake Chew Bahir
Chew Bahir Wildlife Res.
ETHIOPIA
KENYA
Banya
Kokilis
47
1481
Lapurr
LAPUR RANGE
Lokitaung
MURUA RITH HILLS
Lake Turkana
Ileret
Sele Guble Pass
Sabarei
Jibisa
1544
Buluk
559
Karori
Sibiloi National Park
(Lake Turkana National Parks)
6
NORTH ISLAND
(Soda L.)
(375)
Derati
Koobi Fora
Alia Bay
KENYA
Camp Turkana
Ferguson's Gulf
Lake Turkana Lodge (closed)
4
MARSABIT
Moiti Hill
1067
Kalokol
Namoratunga Stones
Kalakol
5
Central Island National Park
(Lake Turkana National Parks)
CENTRAL I.
Gajos
88
El Bes
Hurran Hurra
Eliye Springs Resort
60
Eliye Springs
3
(Lake Rudolf)
Turwel
C77
North Horr
155
Lodwar
Gusi
TURKANA
Eliye Point
NAPEDET HILLS
Lokichar
NACHORUGWAI DESERT
668
El Molo Bay
Oasis Lodge, El Molo Camp
2285
MOUNT KULAL
LOCHEREESOKON HILLS
KAMUTILE HILLS
1
Loiyangalani
NANAT
Gametrackers Campsite
SOUTH ISLAND
800
ENWOITI
1130
A1
1175
KALIGITHIGIRIA HILLS
2
South Island National Park
(Lake Turkana National Parks)
C77
Loichangamatak
Kalabata
986
Lokichar, Kitale
Marsabit
Kerio
Kalabata
Balesa
South Horr, Baragoi, Maralal, Isiolo
TURKANA-SEE
0
30 km
© Nelles Verlag GmbH, München

und nur Beamten und professionellen Jagdgesellschaften den Zugang gestattete. Heute kann man ohne Einschränkungen reisen (nur auf den Straßen zwischen **Isiolo** und **Marsabit** muss zeitweise im polizeigesicherten Konvoi gefahren werden).

Für eine Safari durch diese ursprüngliche Wildniss benötigt man Ausdauer, aber die grandiose Landschaft und die Wildtiere lohnen die Mühen. Eine Fahrt mit dem Auto in diese Gegend ist bis heute ein Abenteuer.

Nur wer entsprechend ausgerüstet und über die dortigen Lebensverhältnisse gut informiert ist, sollte eine Safari auf eigene Faust zum Turkana-See unternehmen. Selbstfahrer sollten genügend Verpflegung, Wasser und Benzin mit sich führt, denn die Lodges in diesem Gebiet liegen weit auseinander. Auch zum Campen benötigt man adäquate Ausrüstung. Ein absolutes Muss sind: Ersatzräder, Flickzeug für Reifenpannen, eine Auswahl an Ersatzteilen, ein Wagenheber, eine Schaufel und mindestens zwei Sandbleche, falls man im Morast oder in einer Sandwehe steckenbleibt. Die Tagesetappen nach den Kilometer-Entfernungen auf der Landkarte zu planen ist kaum möglich, denn auf dem zerklüfteten Terrain kommt man häufig nur langsam vorwärts. Je nach Straßenzustand und Wetter kann eine 80 km-Strecke bis zu einem ganzen Tag dauern.

Ansonsten gibt es perfekt organisierte Safaris mit 6 bis 8 Teilnehmern, bei der man in relativ bequemen Geländewagen fährt und in komfortablen Lodges übernachtet, oder Touren, bei denen man mit bis zu 20 Mitreisenden auf der Pritsche eines umgebauten Lastwagen fährt und unterwegs campt. Auch Flugsafaris zum Turkana-See werden angeboten.

Meist sind die Einheimischen, denen man begegnet, sehr freundlich und sprechen etwas Englisch. In der Regel freuen sie sich über den Kontakt mit Fremden und geben gern Auskunft.

Da es hier kaum öffentliche Transportmittel gibt, ist es üblich, Fußgänger ein Stück des Wegs im Auto mitzunehmen. Die Männer der **Samburu** und **Rendille** sind oft mit einem Kurzschwert (*simi*) und einer Art von Schlagstock (*rungu*) ausgerüstet, die **Turkana** und **Boran** dagegen tragen Speere, die Merille und Gabbra meist ein altes Gewehr und um die Taille einen ledernen Kugelbeutel. Diese Waffen sind vorbeugende Maßnahmen nicht nur gegen Banditen, sondern auch gegen herumstreunende Löwen. Nimmt man einen Einheimischen im Auto mit, darf man nicht vergessen, ihm als Zeichen der Gastfreundschaft einen Schluck Wasser anzubieten: Wasser ist im trockenen Norden eine Kostbarkeit.

Viele Wege führen zum Ziel

Nordkenia erstreckt sich in etwa zwischen einer gedachten Ost-West-Linie durch den Baringo-See über die Region des Turkana-Sees bis zur sudanesischen und äthiopischen Grenze. Im Osten wird es durch Somalia, im Westen durch Uganda begrenzt. Wie auch im übrigen Kenia führen die großen Straßen in den Norden über die jeweiligen Distrikthauptstädte, in diesem Falle also über **Lodwar** sowie über **Maralal**, **Isiolo** und **Marsabit**.

Eine neue, jedoch äußerst anstrengende Asphaltstraße führt ganz im Westen des Landes über **Kitale** nach Lodwar zur Mitte des Westufers des Lake Turkana. In der Regel benötigt man für die 400 km lange Strecke von Nairobi nach Kitale ca. 5 Stunden und für das zerklüftete Terrain von Kitale zum Turkana-See weitere 5 Stunden. Die Fahrt kann aber auch wesentlich länger dauern. Am besten ist es, wenn man sie auf zwei Tagesetappen aufteilt. Aus Sicherheitsgründen ist auf Nachtfahrten in jedem Fall zu verzichten.

Von Kitale kommend, fährt man auf der Straße zur Kleinstadt **Lokichar** zwischen den beiden fast unberührten

Wildreservaten Nasalot und **South Turkana** durch (keine Übernachtungsmöglichkeit). Danach wird die Ebene immer karger. Schließlich senkt sich die steinige Straße in die heiße Region des Turkana-Sees hinunter und führt bei **Lodwar**, dem Verwaltungszentrum und Markt der Gegend, in nordöstliche Richtung bis **Kalokol** am Turkana See.

Die Strecke über Isiolo nach Marsabit führt über den *Trans-East-African-Highway*. Nordwestlich von Marsabit durchquert man die **Chalbi-Wüste**, und inmitten dieser unwirtlichen Gegend liegt **North Horr**. Ein paar Wellblech-Hütten, ein Polizeiposten und eine Missionsschule – sonst gibt es hier nichts.

Eine der interessantesten Pisten zum Turkana-See ist die über Maralal. Sie führt durch ausgedörrte Gegenden mit Rindern, Straußen und Zebras bis nach **Baragoi**, einem pittoresken Ort, an dem sich viele Nomaden treffen, um sich im bunten Getümmel des Marktes mit allem Nötigen zu versorgen.

Hinter Baragoi bringen vereinzelt Inselberge Abwechslung ins flache Land. Die Straße führt auf die bis zu 2848 m hohe **Ng'iro Range** zu, im Osten sieht man die **Ndoto Mountains** mit dem 2637 m hohen Gipfel des Ndoto.

Die Landschaft, durch die sich die ebene Sandpiste zieht, ist jedoch nur scheinbar öd und verlassen: Bei einem kurzen Stopp erscheinen Samburu-Krieger wie aus dem Nichts, um die Fremden zu begrüßen. Von Zeit zu Zeit muss man die Piste für die vorbeiziehenden Kamelkarawanen der Nomaden freimachen. Und ab und zu tut sich dabei auch ein kleines Geschäft auf: Selbstgefertigter Schmuck gegen Kugelschreiber beispielsweise.

Auch sonst hat die Straße immer wieder Überraschungen parat, halbausgetrocknete Flussbetten, die es zu durchqueren gilt oder spitze Steine, die man den Reifen nicht antun möchte. Oft ist die Fahrt im Schritttempo das einzig Richtige.

South Horr entpuppt sich als eine Oase mit üppiger Vegetation. Hier gibt es eine Forstverwaltung, eine Kirche und kleine Hotels mit Lehmfußboden, wo man sich mit Tee und Schmalzgebäck nach Suaheli-Art stärken kann.

Die Piste windet sich nun in reizvoller Umgebung zwischen den zerklüfteten Hängen der **Ng'iro-** und der **Mara Range** hindurch und sobald man das Horr Valley verlassen hat, nimmt die Landschaft dramatische Formen an: Eine unendlich weite, mit schwarzen Basaltkugeln übersäte Ebene geht langsam in eine surreale Mondlandschaft aus schwarzen Brocken über. Und plötzlich erscheint der Jade-See. Nach stundenlanger Fahrt durch schwarze Lavafelder und öde Felswüsten wirkt das saftige Grün der unter einem liegenden Oase am See wie ein Wunder.

Am Turkana-See

Rote Erde erstreckt sich bis zum Ufer des fischreichen **Lake Turkana**, das mit Flamingos, Pelikanen, Ibissen, Kiebitzen, Stelzvögeln, Kranichen und Kormoranen gesäumt ist. Weiter hinten ragen Inseln aus dem blaugrünen Wasser; alkalisches Natrium-Karbonat ist für die Farbe verantwortlich. Es handelt sich um den größten permanenten Wüstensee der Welt. Nur 375 m über dem Meeresspiegel liegt der alkalische See, an dessen Ufern die Temperaturen auf 50 °C im Schatten steigen können. Und die starken Winde, die nachts über den See fegen, haben schon Manchem den Schlaf geraubt.

In der kaum von Menschen besiedelten Umgebung des Sees leben neben über 300 Vogelarten auch Löwen, Zebras, Gazellen und Nashörner. Der Bestand an Krokodilen ist in den letzten Jahrzehnten zurückgegangen – hauptsächlich wegen der Luo-Fischer.

Mit nur noch ca. 700 Stammesangehörigen bilden die noch bis vor hundert

Rechts: Ein Turkana-Hirte mit seinen Kamelen im trockenen Norden Kenias.

» Karte S. 224, Info S. 229

Foto: Aprescindere (Dreamstime)

Jahren ausschließlich von Jagd und Fischerei lebenden **El Molo**, die am südöstlichen Ufer des Turkana-Sees leben, die kleinste Volksgruppe Kenias. Durch Heirat mit den benachbarten Samburu konnten sie zwar ihre Anzahl in den letzten Jahrzehnten wieder vergrößern, ihre alte ostkuschitische Sprache dagegen ist mittlerweile fast ausgestorben. Die meisten El Molo sprechen heute Maa – die Sprache der Samburu – oder Turkana.

Neben den El Molo leben in dieser Region auch die Rendille, Boran, Gabbra und die nomadischen Hirten der Merille. Die mit den Somali verwandten **Rendille** sind ebenfalls an der Südostseite des Sees zu finden. Die Männer, Frauen und Kinder der Rendille leben in jahreszeitlich genutzten Siedlungen, in denen nur einige Milchkamele als Nahrungsquelle gehalten werden. Auf der Suche nach guten Weideplätzen für ihre großen Kamelherden sind die Knaben und jungen Männer des Stammes mit ihren mobilen Lagerstätten in ständiger Bewegung, während die Mädchen Schafe und Ziegen hüten. Heute noch treiben zwar einige nomadische Rendille wie in vergangenen Zeiten ihre Herden über das Dorngestrüpp der Wüste, aufgrund von Dürre und Viehdiebstählen ist aber ein großer Teil der Rendille mittlerweile sesshaft geworden und zum Teil von Nahrungsmittelhilfe abhängig. In den letzten Jahren erbaute Schulen sollen künftige Generationen auf ein Leben in der Neuzeit vorbereiten.

Die Piste verläuft am Ufer entlang nach **Loyangalani** ❶ und zur **Oasis Lodge**. Vermietet werden Bungalows, auch als Tagesbesucher kann man gegen eine Gebühr den schönen Pool benutzen oder in der Bar kalte Getränke genießen. Die Lodge organisiert auch Ausflüge zum **South Island National Park** ❷. Auf den vulkanischen Erhebungen dieser Insel leben zahlreiche Wasservögel, Krokodile und verwilderte Ziegen, allerdings auch viele Giftschlangen.

Der attraktivste Ort am Westufer des Sees ist **Eliye Springs** ❸, das man allerdings nur von Kalokol oder Lodwar

Foto: Jennifer Watson (iStockphoto.com)

(jeweils 40 km) mit Geländewagen erreicht. Der Ort war in den 60er und 70er Jahren mit seinen Palmen und heißen Quellen direkt am Seeufer das Ziel vieler Rucksackreisender. Heute bietet hier das **Eliye Springs Resort** einladende Rundhütten und ein Restaurant.

Den einfachsten Zugang zum Westufer des Turkana-Sees bietet der **Ferguson's Gulf** ❹ nördlich von Eliye Springs bei **Kalokol**. Der Wasserstand des Sees geht in manchen Jahren so weit zurück, dass man zu Fuß zur Lake Turkana Lodge gelangt (derzeit geschlossen). Man muss in Trockenperioden einen längeren Fußweg zurücklegen, bevor man das Wasser erreicht. Zu einem erfrischenden Bad sollte man sich erst entschließen, nachdem man die örtlichen Fischer über den augenblicklichen Aufenthaltsort der **Flusspferde** (Hippos) und **Krokodile** befragt hat! Nirgendwo sonst auf der Welt gibt es so viele Hippos und Nilkrokodile wie am Turkana-See – man schätzt die Zahl der Krokodile auf 12 000.

Oben: Rundhütten der halbnomadischen Turkana bei Eliye Springs, am Ostufer des Turkana-Sees.

Auf **Central Island** ❺, einer als **Nationalpark** ausgewiesenen Vulkaninsel in der Mitte des Turkana-Sees, befindet sich ein malerisches Vogelschutzgebiet, das stellenweise von einer einzigen rosa Wolke aus Flamingos bedeckt ist. Der paradiesische **Flamingo Crater Lake** ist ihr bevorzugter Brutplatz, während es sich Tausende von **Nilkrokodilen** am zweiten Vulkansee der Insel gemütlich gemacht haben. Um zur Central Island zu gelangen, muss man eine Fährfahrt mit den Fischern aushandeln, wobei wegen der gefährlichen Sturmböen auf dem See darauf zu achten ist, dass das Boot sich in einem seetüchtigen Zustand befindet.

Sportfischern läuft das Wasser im Mund zusammen, wenn sie an die reiche Beute im Turkana-See denken, vom heißbegehrten riesigen **Nilbarsch** bis zum **Tilapia** und **Tigerfisch**. Man kann sowohl mit der Spinnrute am Ufer als auch mit der Schleppangel in einem Fischerboot auf dem See angeln.

» Karte S. 224, Info S. 229

Sibiloi National Park

Am Nordostufer des **Lake Turkana** erstreckt sich der **Sibiloi National Park** ❻ (1570 km²) in das Gewässer des Sees hinein. Man erreicht das Wildschutzgebiet von Loyangalani aus über eine sehr schlechte Piste, die nur mit Geländewagen zu bewältigen ist. Im Sibiloi-Park leben Tausende von **Nilkrokodilen** und unzählige **Flamingos** bevölkern das Seeufer. Sibiloi ist Afrikas wichtigstes Brutgebiet für Nilkrokodile. Trotz der Ödnis und der jähen und häufigen Böen, die einem die Hitze ins Gesicht peitschen, hat Sibiloi eine erstaunliche Vielfalt in freier Wildbahn lebender Tiere zu bieten, so auch eine Unterart der Topi-Antilope, den **Tiang**.

Eine Pilgerstätte für Paläontologen ist die für Laien kaum zugängliche Ausgrabung **Koobi Fora**. Sie hielt man lange – bis im Jahr 2002 am Tschad-See 7 Mio. Jahre alte Hominiden-Überreste entdeckt wurden – für eine der „Wiegen der Menschheit". Richard Leakey, der Sohn von Louis und Mary Leakey, die auf der Suche nach dem Urmenschen jahrzehntelang die Olduvai-Schlucht in Tansania erforscht hatten, machte 1972 hier am Ufer des Turkana-Sees einen sensationellen Fund: den fast vollständigen Schädel eines ***Homo rudolfensis***, unseres ersten direkten Vorfahren, 1,9 Mio. Jahre alt. Außerdem fand man fossile Reste von über 80 noch älteren Hominiden, auch Fußabdrücke. Die Funde von Koobi Fora sind ungefähr ein bis vier Millionen Jahre alt.

TURKANA-SEE OST

LAKE TURKANA SAFARIS: Buchungen u. a. über: **Let's Go Travel**, Standard Str., Tel. (020) 340331, Fax (020) 336890, www.letsgosafari.com. **Bushbuck Adventures**, Nairobi, Peponi Rd., Tel. (020) 532090, Fax (020) 521505, www.kilimanjaro.com/safaris/bushbuck.

Loyangalani

AUSFLÜGE: **Oasis Lodge**, organisiert Bootsfahrten zum **South Island National Park**, **Bootsverleih** für Angeltrips (mit Angellizenz), **Wanderungen** auf den Mt. Kulal, Tel. (07) 29954672, www.oasis-lodge.com.
INFORMATION zum **Sibiloi National Park** bei: **National Museums of Kenya**, Nairobi, Tel. (020) 742131. Anreise zum Park auch von Ferguson's Gulf (Westufer) mit einem Boot des **KWS**, Tel. (020) 600800, www.kws.org.

TURKANA-SEE WEST

Ferguson's Gulf

AUSFLÜGE: **Central Island National Park**, Bootsfahrten über Lake Turkana Fishing Lodge oder mit Einheimischen (unbedingt Zustand des Boots überprüfen). Auskunft zu Booten zum **Sibiloi National Park** bei KWS, Tel. (020) 600800, oder bei der Kalokol Tours Lodge & Hotel in Kalokol (hohe Preise). **Eliye Springs**, Palmen und heiße Quellen direkt am See. Anfahrt mit gemietetem Geländewagen ab Lodwar / Kalokol oder ab Ferguson's Gulf mit dem Boot (ca. 5-6 Stunden, teuer).

Lodwar

Salama, somalische Küche, billig, empfehlenswert. **Turkwel Lodge** u. **Nature Hotel**, gute westliche Gerichte.

BUS: Von Lodwar nach Kitale, Matatus nach Kalokol und Lokichokio (sudanesischen Grenze). Die Fahrt in Richtung Grenze ist wegen der unsicheren Lage meist nicht möglich.
TANKEN: In Lodwar unbedingt auftanken und Reservekanister füllen!

» Karte S. 224

© Natasha Owen [Fotolia]

Teepflücker bei Kericho

Foto: Ivkuzmin (Dreamstime)

WESTLICHES KENIA

KERICHO
KITALE
MOUNT ELGON
KAKAMEGA FOREST
VIKTORIA-SEE
KISUMU

DER WESTEN

Der Westen Kenias wird wenig besucht. Man findet hier keine riesigen Tierreservate, aber die abwechslungsreiche Landschaft macht diesen Mangel wett. Allerdings kam es aufgrund von Fehden zwischen verschiedenen Ethnien in Westkenia in letzter Zeit öfter zu Unruhen. Vor einer individuellen Fahrt sollte man sich deshalb informieren, ob es aus Sicherheitsgründen besser ist, sich einer organisierten Tour anzuschließen. Die Hauptsehenswürdigkeiten Westkenias sind der Viktoria-See, der Mount Elgon, die Nationalparks Kakamega Forest und Saiwa Swamp sowie das Teeanbaugebiet um Kericho.

Kericho

Von Nakuru aus gelangt man in westlicher Richtung in das Dorf **Molo**. Molo-Lamm ist in Kenia berühmt für seine Qualität, zweifelhaft ist aber, ob es auch von hier stammt. Hinter der Ortschaft zweigt man nach Kericho ab. Durch sanftes Hügelland, vorbei am riesigen **Mau-Forstschutzgebiet** erreicht man die ruhige, gepflegte 46 000-Einwohner-Stadt **Kericho** ❶, das Zentrum des Teeanbaus. So weit das Auge reicht, ist man von grünen, duftenden ★**Teeplantagen** umgeben. Das Klima um Kericho, das über 2000 m hoch liegt, bietet die idealen Bedingungen für den Teeanbau. Kaum ein Tag vergeht dort ohne den zur Bewässerung nötigen Regenschauer.

Das ordentliche, hübsche Städtchen kann sich rühmen, Zentrum des größten Teeanbaugebiets in Afrika zu sein. Seit 1952 besteht das einst weithin bekannte, früher zum britischen Konzern *Brooke Bond* gehörende **Tea Hotel** – mit schönem Garten, Restaurant, Bar und abendlichem Kaminfeuer, allerdings nicht mehr britisch-tiptop.

Kitale

Kitale, das Tor zum Mt Elgon und einer der Ausgangspunkte für eine Safari zum Turkana-See, liegt 380 km nordwestlich von Nairobi in einem der landschaftlich schönsten Gebiete Kenias.

Von Nakuru aus nach Nordwesten führt die asphaltierte A 104, zieht sich am Südrand des **Menengai Crater** entlang und folgt der Kammlinie durch den Wald am **Mount Londiani**. Die Strecke führt durch von Viehwirtschaft geprägte Landschaft mit saftigen grünen Wiesen und Nadelwäldern und erinnert eher an nördliche Breitengrade. Wenn man **Mau Summit** passiert hat, erklimmt

Links: Der Mount-Elgon-Nationalpark – tropischer Bergwald mit Höhlen und Wasserfällen.

» Karte S. 234-235, Info S. 243

die Straße die südlichen Abhänge des **Nandi Plateaus**, überquert im **Tinderet Forest** den Äquator und führt über das eintönige **Uasin-Gishu-Plateau** zur Agrar- und Industriemetropole **Eldoret** ❷. Die lebhafte Handelsstadt hat zwar keine besonderen Attraktionen zu bieten, man kann hier aber gut einen Zwischenstop auf dem Weg nach Norden einlegen und im empfehlenswerten **Sirikwa Hotel** übernachten. Nach weiteren 70 km erreicht man schließlich die Stadt Kitale.

Vor **Kitale** ❸ (54 000 Einwohner) säumen gigantische Blaugummi- und leuchtende **Flammenbäume** die Straße. Gleich hinter dem **Kitale Club** im Zentrum liegt links das **Kitale Museum**, das dem Mount Elgon und den Volksgruppen dieses Gebietes gewidmet ist. Das 1972 eröffnete Museum stützt sich in erster Linie auf die Sammlung des verstorbenen Lt. Col. H. F. Stoneham, eines Farmers aus den nahen Cherangani Hills. Neben vielen regionalen Ausstellungsstücken beherbergt es auch einen kleinen **Kunsthandwerksladen**.

Zum Museum gehört ein 750 m langer **Naturpfad**, der sich durch den Regenwald von Trans Nzoia windet, über klippenreiche Bachläufe und Quellen führt und vorbeigeht an Bäumen mit Girlanden aus Kletterpflanzen und Lianen, dichtem Unterholz, verschiedenen Moosarten, Orchideen, Flechten, Farnen und wild wachsenden Bananen. Der Pfad verlässt den Wald an der Stelle des Museumsgeländes, an der **Hütten** nachgebaut wurden, welche die unterschiedliche Bauweise der Nandi, Luo, Abaluhya, Sabaot, Pokot und der Turkana zeigen.

Es gibt hier auch ein Schlangen- und Schildkrötengehege sowie einen kleinen Krokodilteich.

Der Museumsbesuch, für den man zwei bis drei Stunden einplanen sollte, wird durch einen großartigen Film abgerundet: Er demonstriert, wie Elefanten auf der Suche nach Salz im Lauf von Jahrtausenden mit ihren Stoßzäh-

» Karte S. 234-235, Info S. 243

12 Westliches Kenia

Foto: Sergey Uryadnikov (Dreamstime)

nen mineralienreiches Gestein aus dem Berg gebrochen haben und so zur Entstehung der Höhlen am Mt. Elgon beigetragen haben sollen.

Saiwa Swamp National Park

Nördlich von Kitale zweigt von der Straße nach Lodwar ein Weg zu Kenias kleinstem Nationalpark ab. Der **Saiwa Swamp National Park** ❹ ist nur 1,9 km² groß. Seine Besonderheit besteht v. a. darin, dass man ihn zu Fuß durchstreifen darf. Das Sumpfgebiet wurde zum Schutz der **Sitatunga** (Sumpfantilope), die nur in dieser Gegend in Kenia zu finden ist, zum Nationalpark erklärt. Die vom Aussterben bedrohte Antilopenart lebt halb im Wasser und halb auf dem Land. Die Antilopen, die sich bei Gefahr unter Wasser verstecken können, lassen sich am besten von einer der **Aussichtsplattformen** in den Bäumen am Rande des Sumpfes aus beobachten. Ansonsten ist es einfach ein Vergnügen, durch den unberührten Dschungel des Parks zu streifen. Auf einem Rundgang kann man Meerkatzen, Colobus- oder Stummelaffen begegnen, und auf den Bäumen oder am Flussufer einige der zahlreichen Vogelarten wie den Turako oder den Haubenkranich entdecken. Ein schöner Campingplatz bietet Übernachtungsmöglichkeit.

32 km von Kitale Richtung Norden kommt man zum wenig attraktiven Dorf **Kapenguria**, dessen Schule eine nationale Gedenkstätte ist. An diesem Platz wurde der spätere kenianische Präsident Jomo Kenyatta, in einer Gerichtsverhandlung der Kolonialregierung, 1953 als angeblicher Anführer der Mau-Mau-Bewegung zu sieben Jahren Zwangsarbeit verurteilt.

Mit einem Führer kann man die landschaftlich überwältigenden **Cherangani Hills** ❺ besuchen. Der nordöstlich von Kitale gelegene Bergzug erreicht Höhen über 3000 m und ist mit Eukalyptus, Kiefern und Pinien bewachsen.

Oben: Kronenkranich im Saiwa Swamp National Park. Rechts: Die Diademmeerkatze kommt am Mount Elgon und im Kakamega Forest vor.

» Karte S. 234-235, Info S. 243

★Mount Elgon

Foto: Steffen Foerster (Shutterstock.com)

Die Straße von Kitale Richtung Westen ist die Hauptroute zum ★**Mount Elgon National Park** ❻. Der 4321 m hohe **Mount Elgon**, dem der Park seinen Namen verdankt, „sitzt" auf der Grenze zu Uganda. Er ist der zweithöchste Berg Kenias und ein erloschener, stark erodierter Vulkan. Im Gipfelbereich befindet sich eine große **Caldera** mit heißen Quellen am Kraterboden.

In Abhängigkeit von Höhe, Niederschlagsmenge und Temperatur haben sich hier unterschiedliche Vegetationszonen ausgeprägt. An den **Tropischen Bergwald** der unteren Hänge mit beeindruckenden Exemplaren von Podo-Bäumen und ostafrikanischen Zedern, deren Äste von Flechten und Orchideen berankt sind, schließt sich ab 2400 m ü. M. **Bambusdschungel** an. Darüber erstrecken sich alpine Moorlandschaften und felsige Regionen im Gipfelbereich. Außergewöhnlich in den oberen Regionen ab 3500 m ü. M. sind riesige **Lobelien**, **Kreuzkraut** und **Baumheide**, die hier enorme Ausmaße erreichen. Hier ist noch ein Teil der Flora und Fauna aus der Zeit erhalten, als sich der Regenwald Zentralafrikas vom Kongo bis nach Westkenia erstreckte. Die Unterarten der im Mount-Elgon-Gebiet lebenden Elefanten und Nashörner etwa sind ausschließlich in dieser Region zu finden.

Eine Fläche von ca. 170 km² wurde an der Ostseite des Mt. Elgon, angrenzend an Uganda, als Nationalpark ausgewiesen. Es bieten sich herrliche Trekkingmöglichkeiten, der Berg wird aber nur selten bestiegen. Es gibt außer Camps im Parkeingangsbereich (die u. a. Reitsafaris anbieten) und der etwas heruntergekommenen **Mt. Elgon Lodge** (ca. 1 km außerhalb, nahe dem **Chorlim Gate**) keine Infrastruktur wie z. B. Hütten. Vor einer Exkursion in dieses Gebiet sollte man sich über die aktuelle Sicherheitslage informieren! Ogiek und Sabaot streiten sich an den Rändern des Nationalparks um das immer knapper werdende Agrarland. Hauptattraktion in den tiefer gelegenen, bewaldeten Gebieten des Parks sind die zahlreichen geheimnisvollen **Höhlen**, von denen man bisher etwa 60 entdeckt hat und die z. T. tief in den Berg hineinführen. Während prähistorischer Vulkanausbrüche wurde feiner Ascheschlamm in Schichten abgelagert, die die schlecht entwässerte Oberfläche des Lavabrocken-Agglomerates bildeten. In diesen Schichten entstanden Höhlen. Filmaufnahmen, die im Museum in Kitale gezeigt werden (s. S. 234), bekräftigen die Theorie, dass Elefanten auf ihrer Suche nach Salz zu ihrer Entstehung beitrugen. Aber auch Verwitterungsprozesse spielten eine Rolle.

Es kursieren viele Gerüchte und Sagen über die Höhlen. Allerdings sind sie noch nicht vollständig erforscht, und ein tieferes Vordringen in die Höhlen ohne Sauerstoffmasken, Lampen und sonstige Höhlenausrüstung ist nicht möglich. Viele von ihnen sind so labyrinthisch und weitläufig, dass man Größe und Tiefe nicht abschätzen kann.

» Karte S. 234-235, Info S. 243

Foto: Victor Lapaev (Shutterstock.com)

Für Besucher zugänglich sind die vier Haupthöhlen: **Kitum Cave**, **Mackingeny**, **Chepnyali** und **Rongai**. Die Kitum-Höhle ist die geräumigste, und die Chance, „**Höhlen-Elefanten**" zu sehen, ist hier am größten. Die Mackingeny-Höhle ist mit ihrem **Wasserfall**, der über den hohen Eingang stürzt, spektakulär. Naturpfade führen zu den Höhlen und auch zu den lohnenden Aussichtspunkten **Elephant Platform** und **Endebess Bluff**.

In dieser Gegend gab es in der Vergangenheit Ebola-Verdachtsfälle. Diese unheilbare, zu Tod führende Viruserkrankung wird u. a. durch Affenurin übertragen.

Schon in alten Zeiten waren die Höhlen des Mt. Elgon bewohnt, noch bis in die Kolonialzeit lebten hier Angehörige des Volkes der *El Koni*. In den großen Höhlen konnten allerdings nur die Eingangsbereiche genutzt werden, da nur hier ausreichend Frischluftzufuhr vorhanden war. Die Menschen fanden hier Schutz in unsicheren Kriegszeiten und vor wilden Tieren, außerdem einen sicheren Platz für ihr Vieh. Felsmalereien in manchen Höhlen zeigen, dass sie als Kultstätten dienten, in denen Opfer dargebracht und Rituale vollzogen wurden. Derartige Kultplätze wurden auch an felsgeschützten Unterständen oder exponierten Felsformationen entdeckt.

Aufgrund der archäologischen Erforschung der Höhlen, bei der Böden, Wände und Decken untersucht wurden, gilt es als gesichert, dass sie schon seit der Jungsteinzeit von Menschen bewohnt waren. Hochinteressant ist zu diesem Thema eine Studie über neuzeitliche Höhlenbewohner am Mount Elgon, in deren Rahmen man Menschen befragte, die tatsächlich noch bis vor einigen Jahrzehnten in den Höhlen lebten.

Die Höhlen waren unterteilt in einen Feuerplatz, einen Schlafbereich, einen Ziegenstall und einen Stall für das übrige Vieh. Als Schutz vor wilden Tieren diente ein Zaun aus Zweigen am Höhleneingang. Außerdem gab es ein Tor,

Oben: Kenias letzter Regenwald – Kakamega.
Rechts: Fischerfrauen am Viktoria-See.

» Karte S. 234-235, Info S. 243

Foto: Jen Watson (Shutterstock.com)

das nachts geschlossen wurde, ein Feuer brannte Tag und Nacht am Eingang.

★Kakamega Forest

Fährt man vom Mount Elgon in Richtung Viktoria-See, kommt man etwa 20 km südöstlich der Stadt **Kakamega** zum **★Kakamega Forest** ❼. Dieses Waldgebiet ist bei Zoologen und Botanikern in aller Welt bekannt. Denn hier ist ein Stück **Regenwald** erhalten, wie er sich bis vor etwa 400 Jahren über den ganzen Kontinent bis zum Atlantik erstreckte. Eine vergleichbare Vegetation gibt es heute nur noch in Westafrika. Der tropische Urwald des Kakamega Forest ist Heimat vieler Tier- und Pflanzenarten, die es in Ostafrika nur in diesem etwa 45 km^2 großen Gebiet gibt. Hunderte von Vogelarten und mehrere Affenarten (u. a. Blue Monkey/ Diademmeerkatze) leben hier. Bei Wanderungen durch den rund 1600 m hoch liegenden Regenwald sollte man bedenken, dass es einen weiteren Grund für die Berühmtheit des Kakamega Forest gibt: Nirgends sonst in Kenia gibt es so viele Giftschlangen – von Mambas bis zu Vipern und Kobras.

Eine Übernachtungsmöglichkeit besteht im einfachen **Forest Rest House**, das allerdings nur vier Doppelzimmer hat. Vorbestellung ist vor allem an Wochenenden ratsam. Bester Ausgangspunkt für eine Wanderung durch den Wald und für die Anfahrt zum Forest Rest House ist das Dorf **Shinyalu**.

★Viktoria-See

Als der britische Forscher John Hanning Speke 1858 als erster Weißer seinen Blick über die schier unendliche Weite des **★Viktoria-Sees** ❽ schweifen ließ, war er schwer beeindruckt, und so taufte er ihn auf den majestätischsten Namen, der ihm in den Sinn kam – den seiner Königin Viktoria. Während der folgenden Jahre geriet der See allerdings wieder in Vergessenheit, bis der berühmte britische Afrika-Reisende H. M. Stanley ihn 1875 wieder besuchte und per Boot umrundete.

Foto: Jen Watson (Shutterstock.com)

Der größte Teil des Viktoria-Sees liegt in Uganda und Tansania, deren Grenzen zu Kenia mitten durch den See verlaufen. Er hat fast die Form eines Quadrates mit 350 km Seitenlänge, nur in Kenia schneidet der **Winam-Golf** tief in das vulkanische äquatoriale Tafelland. In der Sprache der ansässigen Luo bedeutet *Winam* „Kopf des Sees". Sich selbst nennen die Luo *Jonam*, das „Seevolk".

Die gastfreundlichen Luo heißen Fremde meist willkommen, zumal wenn sie ihre Vorliebe für den schmackhaften Tilapia (Buntbarsch) teilen, den die Luo *ngege* nennen. Sie sind bekannt als geschickte Bootsbauer und Fischer. Doch ganz ungefährlich ist der Fischfang auf dem fünftgrößten See der Welt nicht, häufig gibt es heftige Stürme und Unwetter. Eine unliebsame Folge der starken Regenfälle ist, dass die Uferränder abgerissen werden und als schwimmende Inseln über das Wasser treiben.

Am Ostende des Winam-Golfs liegt Kisumu, die bedeutendste Stadt Westkenias.

Am Viktoria-See – oben: Blick von Bao auf die Nationalparkinsel Ndere; rechts: Takawiri Island Resort.

Kisumu

Von Nairobi kann man das 350 km entfernte **Kisumu** ❾ in einer Nachtfahrt mit dem Schlafwagen oder mit einem einstündigen Flug der *Kenya Airways* erreichen. Die Überlandfahrt auf der guten Asphaltstraße von Nairobi über Nakuru, Molo und Kericho ist anstrengend, denn diese Hauptverkehrsstrecke nach Uganda befahren viele LKW.

Die Engländer tauften die Stadt am Viktoria-See *Port Florence* – nach der Frau eines britischen Eisenbahningenieurs, der am Bau der Uganda-Bahn beteiligt war. Heute heißt sie Kisumu und ist immerhin mit etwa 400 000 Einwohnern die drittgrößte Stadt Kenias. Zu aktiveren Zeiten der *East African Community*, der Wirtschaftsgemeinschaft zwischen Kenia, Uganda und Tansania, hatte sie mehr Bedeutung als heute. An Sehenswürdigkeiten gibt es neben einem bunten **Obst- und Gemüsemarkt**

» Karte S. 234-235, Info S. 243

Foto: Jen Watson (Shutterstock.com)

einige Kirchen, einen Tempel und das **Kisumu-Museum**, das sich mit einer ausgezeichneten Sammlung vor allem der **Kultur der Luo** widmet. Dort an der Hauptstraße (rechts aus Richtung Nairobi kommend) liegt ein großer **Nakumatt-Supermarkt** mit Restaurants.

Die Stadt besitzt zwei gute Hotels: das vollklimatisierte **Imperial** und das imposante **Sunset** am Seeufer, abends ein traumhafter Logenplatz für den Sonnenuntergang am Viktoria-See.

An abendlicher Unterhaltung fehlt es nicht: Neben einem kleinen **Casino**, wo man Blackjack und Roulette spielen kann, gibt es zwei gute Nachtclubs, **Octopus Bottoms Up** und, nördlich der Stadt, **Kimwa Grand**. Um den Rest der Clubs, die zu allen Tages- und Nachtzeiten ihren Service anbieten, sollte man besser einen großen Bogen machen.

Vom Hafen in Kisumu kann man Bootsfahrten zu Orten am Südufer des Winam-Golfs und zu Inseln unternehmen; so zur Nationalparkinsel **Ndere** (Anfahrt auch auf der Straße bis zum Headquarter am Bao Beach möglich):

Ex-US-Präsident Barack Obamas Verwandtschaft lebt etwa 65 km westlich von Kisumu in **Alego** nahe Nyang'oma-Kogello (bei Siaya), wo man natürlich sehr stolz auf Barack ist.

Am Südufer des Winam-Golfs

Man verlässt Kisumu auf der A 1 Richtung Kisii, nach 24 km überquert man kurz hinter dem Ort **Ahero** den Nyando River und biegt dann in **Katito** rechts von der Hauptstraße ab. Man fährt nun durch das sumpfige Mündungsgebiet des Nyando und es eröffnen sich immer wieder schöne Ausblicke auf den Viktoria See. 4 km westlich von **Kendu Bay** kann man sich den sagenumwobenen **Simbi-See** ❿ ansehen. Der kreisrunde See mit seinem hellgrünen Wasser sieht aus, als wäre er durch Meteoriteneinschlag entstanden, ist aber wohl das Ergebnis einer Gaseruption.Der See spielt in den örtlichen Mythen eine wichtige Rolle. Man kann ihn auf einem Fußweg umrunden, v. a. im Juni und Juli halten sich hier und im nahen **Ondango**

» Karte S. 234-235, Info S. 243

Foto: PROMA (Fotolia)

Swamp Tausende von **Flamingos** auf.

Südwestlich von Kendu Bay befindet sich der kleine Fischerort **Homa Bay** ⓫ an der gleichnamigen Bucht, die der 1752 m hohe **Mt. Homa** überragt, der auch zu besteigen ist. Die Aussicht über den See und die umliegende Landschaft ist recht eindrucksvoll. Nachts bietet sich in Homa Bay ein außergewöhnliches Schauspiel: Die hell durch die Nacht leuchtende **„Omena-Stadt"**, die sich rasch vergrößert, wenn die Fischer ihre Bootslampen entzünden, um die sardinenähnlichen *Omenas* in ihre Netze zu locken und immer mehr Boote sich dazu gesellen. Im Gegensatz zu Kisumu kann man hier richtigen Erholungsurlaub machen – viel weniger und zugleich sehr freundliche Menschen.

Lohnend ist ein Besuch des 194 km² großen, landschaftlich reizvollen ★**Ruma National Park** ⓬, der früher als Lambwe River National Reserve bekannt war. Der Park schützt die vom Aussterben bedrohte **Rappenantilope** und die gefährdete **Rothschild-Giraffe**. Hier leben auch die seltenen Bleichböckchen, eine kleine Antilopenart, und Leoparden. In Rangerbegleitung kann man die ursprüngliche, einsame Savannenlandschaft und den vogelreichen Galeriewald am Lambwe River auch zu Fuß durchstreifen. Campen im Park ist erlaubt, aber wegen der Tsetse-Fliege nicht unbedingt zu empfehlen.

Auf ★**Rusinga Island** ⓭, die man über einen Fahrdamm von **Mbita** erreicht, liegt eine **Prähistorische Ausgrabungsstätte**, wo Louis und Mary Leakey einen 17 Mio. Jahre alten Hominidenschädel, den *Proconsul Africanus* fanden – das „Missing Link" der Menschwerdung? Die Insel ist ein Vogelparadies mit riesigen **Afrikanischen Fischadlern**.

Die benachbarte Insel **Takawiri** lockt mit einem **Sandstrand** mit Liegen und, daran angeschlossen, dem **Takawiri Island Resort**.

Oben: Afrikanischer Fischadler auf Rusinga Island.

» Karte S. 234-235, Info S. 243

Eldoret (☎ 053)

Elcove, gute indische, westliche u. chinesische Küche, Cocktailbar, Oloo Rd.
Dorinyo Lessos Creameries Cheese Factory, Käseauswahl, Eis, Yoghurt, Kenyatta St.

Homa Bay (☎ 059)

Tourist Hotel, schöner Garten (Bar und Restaurant), guter Tilapia, Seeblick; östlich des Hafens.

AUSFLÜGE: **Ruma National Park**, 23 km südwestl. von Homa Bay, Infos bei der Verwaltung, Homa Bay, Tel. 22656, Fußsafaris mit Ranger, schlechte Pisten erschweren den Besuch während der Regenzeit März bis Mai.
Rusinga Island, Anfahrt über den Fahrdamm bei Mbita oder per Boot ab Homa Bay.
Mt. Homa, Bergtour mit schöner Aussicht.
Tabaka, Specksteinbruch und Speckstein-Schnitzerdorf bei Kisii (60 km südöstl. von Homa Bay, Busverbindung).

BUS: Guardia-Busse fahren 2 x tgl. nach Nairobi, auch nach Kisii.

Kakamega (☎ 056)

AUSFLÜGE: **Kakamega Forest**, zwei Ausgangspunkte für Wanderungen: Isecheno Forest Station im Süden und Buyangu KWS Station im Norden, hier gibt es ausgezeichnete Führer und Kartenmaterial (*Kakamega Forest – the Official Guide*), Tel. 0331/20425.

Kericho (☎ 052)

AUSFLÜGE: Besichtigung von Teeplantagen, Wanderung ins Kimugu Valley (mit Botanischem Garten beim Chakaik Damm), Angeltrips, Flusswanderungen: Auskunft im **Tea Hotel**, Tel. 30004, und **Kericho Lodge & Fish Resort**, Tel. 20035.

Kisumu (☎ 057)

Kimwa Annexe, Selbstbedienung, gute, einheimische Küche, günstig.
Nyanza Club, feine indische und chinesische Küche zu angemessenen Preisen.

Octopussy, Ogada Street, beliebte Bar und Disco.

Kisumu Museum, naturkundliche u. ethnograf. Sammlung, empfehlenswert, tgl. 8.30 bis 18 Uhr, Nairobi Rd., www.museums.or.ke.

AUSFLÜGE (wenige km südl. von Kisumu): **Hippo Point**, Flusspferde, Bootsfahrten, **Dunga**, malerisches Fischerdorf mit Fischmarkt, **Impala Sanctuary**, Schutzgebiet mit zahmen Impalas, am Ende der Teerstraße nach Dunga.
SEERUNDFAHRTEN: **Lake Victoria Safaris**, Bootsfahrten und Angeltrips, im Hotel Royale, Yomo Kenyatta Hwy., Tel. 40924.

FLUG: **Kenya Airways** fliegt 3-4 x tgl. nach Nairobi, 1 x tgl. nach Mombasa, Büro: Oginga Odinga Rd., Alpha House, Tel. 44055, Fax 43339, www.kenyaairways.com.
BUS: mehrmals tgl. nach Nairobi, Mombasa, Eldoret und Kampala (Uganda). Easycoach, www.easycoach.co.ke.
MATATUS: nach Nairobi, Eldoret, Kakamega, Kericho, Kisii, Kendu Bay und Homa Bay.
FÄHRE: unregelmäßige Verbindungen nach Homa Bay, Mbita und Asembo.

Kitale (☎ 054)

The Lantern, bestes Restaurant in der Stadt, Cocktailbar, Kenyatta Str.

Kitale Museum, ethnografische Ausstellung, Naturlehrpfad, tgl. 8-18 Uhr.

AUSFLÜGE: **Saiwa Swamp National Park**, nördl. von Kitale, nur für Fußgänger, Infos zum Park, Karten, Touren bei **Sirikwa Safaris** (Camping/Guesthouse 23 km nördl. v. Kitale a. d. Straße nach Kapenguria), Zelten im Park möglich. **Cherangani Hills**, Treks u. Vogelsafaris: Sirikwa Safaris (s.o.).

Mount Elgon National Park

Geöffnet 6.30-19 Uhr, Infos: **KWS**, Nairobi, Tel. (020) 600800, oder bei **Mt. Elgon National Park**, Kitale, Tel. (054) 31456. *Mt. Elgon Map & Guide* von A. Wielochowski in Nairobis Buchläden erhältlich. **Sirikwa Safaris** (s.o., Tel. 0737133170) vermittelt Führer u. Träger, www.kws.org. **Angeln**, Angellizenz beim Headquarter; außerdem: Höhlenerkundung, geologische Safaris.

VORBEREITUNGEN

Klima / Reisezeit

Kenia hat unterschiedliche Klimazonen. Durch die gewaltigen Höhenunterschiede – von der Meeresküste bis zu den über 5000 m hohen Bergen – weichen Temperatur und Luftfeuchtigkeit in den verschiedenen Landesteilen sehr voneinander ab. Die Küstenregion hat ein feuchtheißes Tropenklima mit Tagestemperaturen von 22°-35° C und relativ hoher Luftfeuchtigkeit, während im Hochland ein trockenes und kühleres Klima herrscht. Die Wüstenregionen im Norden sind trocken und heiß.

Es gibt zwei Regenzeiten: die „langen Regenfälle", die normalerweise von April bis Mai fallen, und die „kurzen Regenfälle" von Ende Oktober bis Ende November. Die Monate Juni, Juli und August sind die kühleren, Januar und Februar die wärmeren Monate. Die unterschiedlichen Klimazonen erlauben es, das ganze Jahr über nach Kenia zu reisen. Hochsaison ist in den Monaten Januar - März und Juli - September.

Kleidung / Ausrüstung

Kenia ist ein Land ohne strenge Kleidervorschriften. Nur in den teuersten Hotels und Restaurants werden Jackett, Schlips und Abendgarderobe verlangt. Bei Safaris vermeiden Sie besser grelle Farben; lange Hosen für Mann und Frau, Hemden bzw. T-Shirts, eine leichte Regenjacke und ein leichter Pulli für kühle Abende sollten Sie für eine Safari einpacken. An der Küste empfiehlt sich leichte Baumwollkleidung.

Die nötige starke Sonnencreme bringt man am besten von zuhause mit.

Bedenken Sie, dass die Küste fast nur von Moslems bewohnt wird. Reisende sollten darauf Rücksicht nehmen und außerhalb der Hotelanlagen ihr Verhalten sowie ihre Bekleidung entsprechend anpassen. Nackt- oder Obenohne-Baden ist generell verboten!

Ein langes Telezoom ist für Tierfotos sehr hilfreich.

Einreisebestimmungen / Visum

Infos: http://kenyaembassyberlin.de. Kinder unter 16 Jahren brauchen, wenn sie in Begleitung ihrer Eltern reisen, kein Visum, nur einen Reisepass. Über 16-Jährige benötigen ein **Visum** (als E-Visum, Visum bei Ankunft oder von der Botschaft).

E-Visum (51 USD): Alle Antragsteller, mit Ausnahme von Kindern unter 18 Jahren, müssen sich mit einer eigenen Emailadresse registrieren. Jeder Antragsteller muss im Besitz folgender Unterlagen sein, um ein E-Visum bei **www.ecitizen.go.ke** zu beantragen: Einen Reisepass mit einer Gültigkeit von mindestens 6 Monaten bei Einreise; ein digitales biometrisches Passfoto, eine Kreditkarte (VISA oder Master), die Flugbestätigung und/oder Reiseplan. Das E-Visum am besten erst frühestens zwei Monate vor Einreise beantragen; ab Ausstellungsdatum hat man 90 Tage Zeit um einzureisen, ab Einreise ist das Visum dann 90 Tage gültig. Es ist bei der Immigration in Nairobi um weitere 90 Tage verlängerbar.

Visum bei Ankunft: Wird kostenpflichtig (40 Euro oder 50 $) an den Grenzstationen, z. B. an den Flughäfen Nairobi und Mombasa erteilt und kann etwas zeitraubend sein.

Andere **Visa** sind vorab bei der **Botschaft der Republik Kenia** zu beantragen, Markgrafenstr. 63, 10969 Berlin, Tel. (030) 2592660, Fax (030) 25926650; für einen Abstecher nach Tansania ist ein **Multiple Entry Visum** nötig (ca. 80 Euro); es gibt außerdem das **Ostafrikavisum** für Kenia-Uganda-Ruanda-Rundreisen (100 USD).

Währung / Geldwechsel / Devisen

Währungseinheit ist der **Kenianische Schilling**, *Kenya Shillingi*, abgekürzt KSh oder KES. Er ist in 100 Cents unterteilt.

Es gibt 1000-, 500-, 200-, 100- und 50-Schilling-Noten, Münzen im Wert von 1, 5, 10, 20 und 40 Schillingen. Der Wechselkurs des Schillings beträgt für 1 Euro etwa 110-120 KES; aktueller Tageskurs z. B. unter www.oanda.com.

Gängigste Fremdwährungen sind Euro und US-Dollar. Es empfiehlt sich, einige kleine Euronoten parat zu haben. Beim Geldwechsel nicht nur auf den Kurs, sondern auch auf die Gebühren achten! Einen Schwarzmarkt gibt es nicht. Man sollte nicht in der Ankunftshalle des Flughafens Nairobi wechseln, da die Gefahr besteht, dass man von Kriminellen beobachtet und verfolgt wird.

Die meisten Hotels, Safari-Agenturen und Autoverleiher akzeptieren Kreditkarten wie *MasterCard* oder *Visa*, selten *American Express*. **Kreditkartenbetrug** kommt vor. An **ATM-Automaten** der Banken kann man mit Visa-Karte oder MasterCard Geld abheben, oft auch mit europäischer EC-Maestro-Karte – diese muss jedoch vorab für das außereuropäische Ausland freigeschaltet werden. V-Pay-Karten werden nicht akzeptiert. Es besteht die Gefahr, nach dem Automatenbesuch beraubt zu werden!

M-Pesa: Für Individualreisende empfiehlt sich das Mobiltelefon-Bezahlsystem M-Pesa, das bargeldloses Bezahlen in Kenia revolutioniert hat. In der **Safaricom-SIM-Karte** ist das M-Pesa-Menü integriert. Nach Registrierung erhält man eine vierstellige PIN zur Aktivierung des Dienstes. Dann kann man sein M-Pesa-Konto mit dem mit Bargeld gekauften Guthaben aufladen. Man bezahlt Rechnungen, indem man per SMS Guthaben auf die SIM-Karte des Geschäftspartners sendet. Ein einfaches Handy genügt. Akzeptiert wird M-Pesa fast überall, auch im Taxi oder beim Einkaufen; ein Drittel der Kenianer nutzt es.

Gesundheitsvorsorge

Wichtig ist eine **Auslandskrankenversicherung**, die auch den Krankenrücktransport per Flug einschließt.

Empfohlen wird der **Impfschutz** gegen Tetanus, Diphtherie, Polio und Hepatitis A. Eine Gelbfieberimpfung ist anzuraten, bei Einreise aus einem Gelbfiebergebiet ist sie vorgeschrieben. Erkundigen Sie sich vor Abreise bei einem Tropeninstitut oder unter www. reisemed. de nach den neuesten Bestimmungen.

Wichtig ist in jedem Fall eine individuelle Malariaprophylaxe. **Malaria** gehört zu den größten Gesundheitsrisiken in Kenia, besonders in den Touristenzentren an der Küste und an den Seen im Norden und Westen. Doch auch im kenianischen Hochland (oberhalb von 1400 m Höhe), früher malariafrei, kommt es nun öfter zu Malariaerkrankungen. In Höhen über 2500 m besteht nur ein sehr geringes Infektionsrisiko. Malaria wird durch die Stiche der Anopheles-Mücke übertragen; bis heute gibt es keinen wirksamen Impfstoff. Die einzige Vorkehrung ist die prophylaktische Einnahme von Medikamenten (wie z. B. Lariam), die jedoch manchmal Nebenwirkungen haben. Die Tabletten müssen vor, während und nach dem Aufenthalt in Kenia eingenommen werden. Malaria ist eine schwere Fieberkrankheit, und es gibt Formen mit tödlichem Ausgang. Wichtig ist die Früherkennung und rechtzeitige Behandlung. Sollte man nach der Reise Fieberanfälle bekommen oder andere unspezifische Beschwerden haben, muss man unbedingt einen Arzt aufsuchen und ihn darauf hinweisen, dass man in den Tropen war. Eine Blutuntersuchung kann klären, ob man infiziert ist. Aber auch die Einnahme eines Prophylaxemittels bietet keinen absoluten Schutz gegen Malaria. Abends sollte man körperbedeckende Kleidung tragen, sich mit Mückenschutzmittel einreiben (v. a. in der Dämmerung) und in Risikogebieten unter einem Moskitonetz schlafen.

Eine Gefahr, der man aus dem Weg gehen kann, ist **Aids**. Die Seuche ist in Ostafrika weit verbreitet, die meisten der weiblichen und männlichen Prostituierten in Kenia sind infiziert; auch unsaubere Spritzen, Nadeln oder Bluttransfusion stellen Infektionsrisiken dar.

Die meisten Binnengewässer Kenias sind mit **Bilharziose** verseucht und deshalb zum Baden nicht geeignet! Das Problem ist, dass die Krankheit meist nicht erkannt wird. Symptome sind u. a. Müdigkeit, Durchfall und Juckreiz.

Achten Sie unbedingt auf Nahrungsmittel- und Trinkwasserhygiene, um **Durchfallerkrankungen** zu vermeiden: **„Boil it, peel it or forget it“**, d. h. kochen, schälen oder vergessen. Der Kenianer kocht deshalb vernünftigerweise alles durch, und „Medium-Steaks" isst kaum ein Einheimischer. Bezüglich Durchfallerkrankungen ist die Gefahr gerade bei renommierten Restaurants/Hotels groß, da man sich dort sicher fühlt und eher einen verführerisch angerichteten Salat, geschältes Obst oder womöglich ein Steak *rare* (blutig) probiert – aber die tolle Optik bedeutet nicht Keimfreiheit! Auch Eiswürfel können Keime enthalten, ebenso frisch gepresster Fruchtsaft, falls dieser mit Leitungswasser gestreckt wurde.

REISEWEGE NACH KENIA

Der *Jomo Kenyatta International Airport* in Nairobi wird von der kenianischen Luftfahrtgesellschaft Kenya Airways und von ca. 30 ausländischen Fluglinien regelmäßig angeflogen. Auch Mombasa verfügt über einen Flughafen mit guten internationalen und nationalen Verbindungen. Je nach Saison fliegen u.a. Thomas Cook und Condor mehrmals wöchentlich von Deutschland nach Mombasa.

REISEN IN KENIA

Mit dem Flugzeug

Kenya Airways und die Billigfluglinie Fly 540 fliegen regelmäßig von Nairobi nach Mombasa, Malindi und Kisumu sowie nach Tansania. Chartergesellschaften am Wilson Airport bieten Flüge nach Lamu, Diani Beach, zu den Nationalparks Amboseli und Masai Mara, nach Nyeri und zum Turkana-See an.

Mit der Eisenbahn

Moderne Schnellzüge aus chinesischer Produktion verkehren täglich zwischen Nairobi und Mombasa.

Mit Bus und Taxi

Stadtbusse sind meist überfüllt. Außerdem ist es nicht leicht, herauszufinden, wohin die Busse fahren. Die Fernbusse zwischen Mombasa und Nairobi verkehren tagsüber und nachts. Leider kommt es immer wieder zu schweren Unfällen wegen überhöhter Geschwindigkeit und Übermüdung der Fahrer. Fernbusse sind auch nicht besonders luxuriös, dafür aber sehr billig.

Es gibt viele **Taxis**, die nicht immer besonders zuverlässig sind. Doch auf die anerkannten *Kenatco-* und *Bunson-*Taxis ist Verlass. Die übrigen Taxis erkennt man an der seitlichen gelben Linie. Den Fahrpreis sollten Sie generell vor Abfahrt aushandeln, um hitzige Diskussionen am Ziel zu vermeiden. Die Fahrt vom Nairobi Airport ins Stadtzentrum kostet etwa 20 Euro. **Taxi-Apps** wie die einheimische MARAMOJA oder internationale wie Easy Taxi und Uber werden in Nairobi immer beliebter.

Eine kenianische Besonderheit sind die *matatus*, **Sammeltaxis**, die von festen Haltestellen abfahren, wenn der Wagen voll ist, aber relativ oft in Unfälle verwickelt sind. Die Gefährte sind Kleinbusse mit 14 Sitzen. Kurze Strecken an der Küste kann man mit Matatus bewältigen, in Nairobi und anderen Gegenden sollte man das aber aus Sicherheitsgründen unterlassen.

Mit dem Auto

Selbstfahrer brauchen den **Internationalen Führerschein** sowie den **Natio-**

nalen Führerschein aus dem Heimatland. In Kenia herrschen **Linksverkehr** und ein gefährlicher, draufgängerischer Fahrstil. Nach Einbruch der Dunkelheit sollte man möglichst nicht mehr auf den Landstraßen unterwegs sein, da unbeleuchtete Fahrzeuge, Tiere und schlechte Straßenverhältnisse eine sehr große Gefahr darstellen können. Beim Kenianischen Automobilclub kann man sich über die Straßenverhältnisse informieren: *Automobile Association of Kenya*, Nairobi, Tel. (020) 2720382, Fax 2723199, Union Towers, Moi Avenue, www.aakenya.co.ke.

Autovermieter in Mombasa und Nairobi bieten eine breite Palette – vom 4WD für Safaris mit Chauffeur bis zur klimatisierten Limousine mit Fahrer für Stadtfahrten. Leihwagenfirmen wie Avis, Hertz und Europcar haben in Kenia Niederlassungen; daneben gibt es auch seriöse inländische Autovermieter. Die Preise der internationalen Firmen sind höher, doch die Autos besser in Schuss, und bei Unfall, Diebstahl oder Panne hat man mit ihnen weniger Ärger. Generell ist das Preisniveau für Mietwagen hoch, der Zustand aber nicht immer perfekt.

Für eine Safari in einen Nationalpark oder in den Norden sollte man ein geländegängiges Fahrzeug mit Allradantrieb wählen. Zwei Ersatzreifen und eine große Taschenlampe sollten dabei sein.

PRAKTISCHE TIPPS

Alkohol

Alkohol darf an Wochentagen nur zwischen 17 und 23 Uhr ausgeschenkt werden. Touristenhotels und viele Bars besitzen Ausnahmegenehmigungen.

Apotheken

Apotheken in den Städten sind gut bestückt und teils 24 Std. geöffnet. Wer jedoch auf ein bestimmtes Medikament angewiesen ist, sollte es von zuhause mitbringen oder den Wirkstoff kennen.

Es gibt keine konsequente Rezeptpflicht, man kann für Safaris sinnvolle **Notfall-Antibiotika** billig vor Ort beschaffen, aber Vorsicht: Manche können eine schwere **Sonnenallergie** hervorrufen, z.B. Tetrazykline wie Doxycyclin.

Elektrizität

Das Stromnetz entspricht europäischer Norm (220-240 V), die Steckdosen britischer Norm mit rechteckigen Kontaktstiften. Die 3. Steckdosenöffnung oben in der Mitte ist Schutzkontakt und mechanische Kindersicherung. Jeder Nakumatt- oder Uchumi-Supermarkt verkauft den nötigen **Adapter**.

Feiertage

In Kenia gibt es insgesamt elf gesetzliche Feiertage:
1. Januar: *Neujahr*
März/April: *Karfreitag* und *Ostermontag*
1. Mai: *Tag der Arbeit*
1. Juni: *Madaraka-Tag*
10. Oktober: *Moi-Tag*
20. Oktober: *Kenyatta-Tag*
12. Dezember: *Jamhuri* (Tag der Unabhängigkeit)
25./26. Dezember: *Weihnachtsfeiertag* und *Boxing Day*
Beweglicher Feiertag: *Eid al-Fitr* (am Ende des Ramadans)

Fällt ein kenianischer Feiertag auf einen Sonntag, ist der nächste Tag arbeitsfrei.

Fliegender Doktor

Für Reisen im Landesinneren Kenias empfiehlt es sich, dem *Flying Doctor Service* beizutreten (www.amref.org). Das Büro ist im Wilson Airport in Nairobi. Mitgliedschaft ab 15 Euro, dadurch hat man Anspruch auf kostenfreie inländische Evakuierung im medizinischen Notfall, z. B. bei einer Safari. AMREF Deutschland: Mauerkircherstr. 155, 81925 München, Tel. 089/981129, www.amrefgermany.de. Eine **Auslandskran-**

kenversicherung ist wichtig für die spätere Erstattung der bar zu bezahlenden Behandlungskosten; diese sollte auch die Rückführung nach Deutschland abdecken – sehr wichtig dabei ist, dass sie auch für die *medizinisch sinnvolle* (!) Rückführung und nicht nur für den äußersten Notfall gilt.

Fotografieren

Respektieren Sie die Obrigkeit – das Fotografieren des Präsidenten oder anderer prominenter Persönlichkeiten ist nicht gestattet. Dies gilt auch für Polizisten, die Armee und sicherheitsrelevante Einrichtungen wie Flughafen oder Regierungsgebäude. Fotografieren Sie nie Menschen ohne deren Einwilligung. Auf dem Land sieht man häufig Leute in farbenprächtiger traditioneller Tracht; z. B. Masai, die ihre Rinder- oder Ziegenherde hüten. Sie wissen jedoch, dass sie ein beliebtes Foto-Objekt sind und verlangen dementsprechende Bezahlung. Verhandeln Sie zuvor freundlich mit ihnen über den Preis eines Fotos.

Eine Spiegelreflexkamera mit langem Tele macht bei Tiersafaris Sinn. In bewohnten Gegenden jedoch kann solch eine Ausstattung Begehrlichkeiten wecken; dort ist eher eine kleine Digitalkamera zu empfehlen, die unauffällig in der Hosentasche verschwindet.

Bilderservice und Fotozubehör bieten alle größeren Einkaufszentren.

Geschäftszeiten / Einkaufen

Die Öffnungszeiten der Geschäfte und Büros sind uneinheitlich. Banken: meist Mo-Fr 9-15, Sa 9-11 Uhr.

Einige Supermärkte der Ketten Nakumatt und Uchumi haben 24 Stunden geöffnet, z.B.: **Nakumatt Mega**, Uhuru Highway (gegenüber Nyayo-Stadion), Nairobi; **Nakumatt Nyanza**, Oginga Odinga Road, Kisumu; **Nakumatt Cinemax**, New Nyali Road, Mombasa.

Maße und Gewichte

Die Maße und Gewichte entsprechen dem metrischen System.

Nationalpark-Eintrittsgebühren

Der **Kenya Wildlife Service** (www.kws.org) verwendet ein elektronisches Ticketsystem mit aufladbarer Karte für die wichtigsten Nationalparks: Nairobi National Park, Lake Nakuru, Aberdare, Amboseli, Tsavo East und Tsavo West National Park, Mombasa- und Malindi Marine Park; der Eintritt für diese darf nur mit der bei einer KWS-POIPOS-Verkaufsstelle erworbenen und in bar oder mit Visa- oder Mastercard aufgeladenen **Safari Card** bezahlt werden. Die großen Parks verfügen über **KWS-Safari-Card-Verkaufsbüros** (POI/POS), in der Regel am Haupteingang; so auch am Nairobi National Park (Main Gate und East Gate).

Für **Masai Mara** ist ein anderes E-Ticket nötig, erhältlich online mit Visa Card bei www.kapstickets.com (Erwachsene: 80 $, Kinder bis 18 u. Studenten bis 23: 45 $). Oder man bezahlt bar oder mit Visa Card bei Ankunft im Mara Triangle: bei einem KAPS-Angestellten an der Purungat Brücke, am Oloololo Gate oder am Serena-Flugplatz. Infos zu Mara-Tickets unter http://www.aps.co.ke/modules/themara/index.php

Eintrittspreise:

Nationalparks Lake Nakuru und Amboseli: Erwachsene 70 US$; Kinder, Jugendliche und Studenten 40 Dollar.

Tsavo Ost und West: Erwachsene 60 US$, Kinder 40 US$.

Meru und Kora N. P.: Erwachsene 60 US$, Kinder 40 US$.

Aberdare N. P.: Erwachsene 60 US$, Kinder 30 US$.

Mount Kenya (Kihari Gate): 50 US$ für Erwachsene und 30 US$ für Kinder.

Nairobi N. P. 50 (25) US$.

Alle übrigen Parks 25 US$ für ausländische Besucher über 18 Jahre. Fahrzeuge bis 6 Sitze: 350 KSh, bis 12 Sitze 1200 KSh pro Tag.

Als Hauptsaison für die Nationalparks gelten die Monate Januar, Februar, August, September und Oktober.

Naturschutz / Plastiktüten

Tierfreunde können kenianische Verbände unterstützen: **East African Wildlife Society**, PO Box 20110, Nairobi, Tel. 020-3874145, www.eawildlife.org.**East African Natural History Society**, PO Box 40658, Nairobi, Tel. 742132, www.naturekenya.org. Es besteht ein allgemeines **Verbot von Plastiktüten**. Selbst der Besitz ist unter Strafe gestellt. Es drohen hohe Geldstrafen.

Preisniveau

Kenia ist kein Billigreiseland. Europäischer Standard kostet auch hier. Gemüse und lokale Lebensmittel sind günstig. Auch die Restaurantpreise sind, wegen der geringen Lohnkosten, günstig. In den letzten Jahren zog das Wirtschaftswachstum an, Preissteigerungen blieben nicht aus. Auch das Benzin wurde teurer. Mit einem Euro je Liter zahlt man dennoch weniger als in Europa.

Für einen halben Liter Bier legt man im Restaurant um die 2 Euro hin; in einer Touristen-Lodge etwa 4-5 Euro. Zigaretten kosten pro Packung zwischen 1 und 2 Euro.

Sicherheit

Es hat bereits mehrere **terroristische Anschläge** von Islamisten und auch von vollverschleierten Islamistinnen gegeben. Meist hatten diese einen somalischen Hintergrund (Al-Shabaab). Beträchtliche **Sicherheitsprobleme** gibt es in den **nördlichen Landesteilen** Kenias sowie in der **Küstenregion nördlich von Malindi,** insbesondere im Nordosten nahe und nördlich von **Lamu** (u. a. Überfallgefahr durch somalische Banditen, die Schnellboote benutzen). Ein Sicherheitsabstand von mindestens 60 km zur somalischen Grenze sollte eingehalten werden. Reisen auf dem Landweg in Gebiete nördlich und nordöstlich von Isiolo einschließlich des Samburu National-Parks und der Shaba National Reserve, nördlich des Baringo-Sees, von Kitale sowie zum Turkana-See, in die Nordostprovinz sowie in die nördliche Küstenprovinz an der somalischen Grenze unterliegen erhöhten Sicherheitsrisiken. Reisen in diese Gebiete, z. B. auch solche nach Lamu, sollten mit dem Flugzeug durchgeführt werden. Bei Fahrten mit dem Auto in die genannten Regionen sollte Schutz in einem bewachten Konvoi gesucht werden.

Aktivitäten von Banditen können aber auch im Grenzgebiet zwischen Kenia und Tansania – Masai Mara, Amboseli-Park, Natron-See und Namanga – nicht ausgeschlossen werden. Individualtouristen sollten in Nationalparks in Lodges oder nur auf gut bewachten Zeltplätzen übernachten.

Der Straßenverkehr ist generell sehr **unfallträchtig** und Nachtfahrten sind äußerst gefährlich. Auf Safarifahrten können der riskante Fahrstil mancher Driver und mangelhafte Wartung der Fahrzeuge eine Gefahr darstellen.

Die **Gewaltkriminalität** in Kenia ist hoch. Es geschehen Verbrechen wie bewaffnete Raubüberfälle und „Expressentführung", nachdem das Opfer beim Geldabheben mit Karte beobachtet wurde, Kreditkartenbetrug, Car-Jacking, Einbrüche und Taschendiebstähle, und zwar nicht nur in „Nairobbery".

Vorsicht und gesundes Misstrauen sind angebracht. Gehen Sie nicht nachts durch die Straßen, etwa vom Strandhotel zu einem externen Restaurant oder zum Strand. Die **Innenstadt von Nairobi** ist nachts generell zu meiden, bestimmte Gegenden Nairobis (wie Tom Mboya Street, River Road, Machakos Bus Terminal) auch tagsüber. Am besten, Sie nehmen ein Taxi auch für Kurzstrecken! Wegen erhöhter Kriminalität ist von Aufenthalten in Nairobis Stadtteilen **Eastleigh**, **Pangani** und aller **Slum-Gebiete** abzuraten!

Verbergen Sie Ihre Habe wie Kamera, Geld, etc., lassen Sie nichts sichtbar im Wagen oder im Hotelzimmer liegen. Teuren Schmuck sollte man erst gar nicht mit auf die Reise nehmen; ansonsten im Hotelsafe deponieren. Außerhalb der bewachten Badehotelzonen gilt: Was man am Strand liegen lässt, ist weg. Meiden Sie einsame Strände, Nachtspaziergänge, schummrige Kneipen und Angebote für besonders billige Führungen. Von Unbekannten angebotene Getränke oder Speisen könnten K.O.-Tropfen enthalten.

Vor dem Baden in **Seen oder Flüssen** Einheimische fragen, ob Gefahr von Krokodilen, Flusspferden oder eventuell Bilharziose droht!

Telefon

Die Auslandsvorwahl für Kenia ist **00254**, die Ortsvorwahl für Nairobi 020 und für Mombasa 041 (bei Anruf vom Ausland die erste Null der Ortsvorwahl weglassen). Für Anrufe von Kenia nach Deutschland wählt man 00049 vor, also 49 mit drei (!) Nullen.

Mobiltelefon: Viele Netzbetreiber haben Roaming-Abkommen mit den kenianischen Anbietern *Safaricom* und *Airtel* (den beiden größten) sowie *Yu* und *Orange*. **Prepaid-Karten** gibt es überall (auch Billig-Handys). In die Safaricom-SIM-Karte ist das **M-Pesa**-Menü für bargeldloses Bezahlen mit dem Handy integriert.

Trinkgeld

In den meisten Restaurants ist die Bedienung schon im Preis inbegriffen, ansonsten wird diese separat – eventuell mit Steuern – hinzugerechnet. Zusätzlich sind Trinkgelder zwischen 50 und 100 KSh eine gute Richtlinie. Gepäckträger erwarten mindestens 20 KSh.

Touristen geben, bei gutem Service, auch ihrer Safari-Crew, Taxifahrern und Stadtführern ein Trinkgeld.

Zeit

In Kenia gilt die „Ostafrikanische Normalzeit" , und es gibt keine Sommerzeitumstellung. Das heißt, im Sommerhalbjahr ist es in Kenia eine Stunde später, im Winterhalbjahr zwei Stunden später als in Mitteleuropa. Bei Ankunft muss man also seine Uhr umstellen.

Zoll

Foto- und Videokameras etc. können zollfrei eingeführt werden. Erlaubt ist mit Angabe beim Zoll die Einfuhr von 200 Zigaretten, 50 Zigarren, einem Liter Alkohol und 250 ml Parfüm. Die Einfuhr von Waffen, Elektroschockern und Pfefferspray nach Kenia ist verboten.

ADRESSEN

Touristeninformation

Kenya Tourist Board für Deutschland, Österreich, Schweiz: C/O TravelMarketing Romberg TMR GmbH, Schwarzbachstr. 32, 40822 Mettmann, Tel. 02104/832919, Fax 02104/912673, www.magicalkenya.com, e-mail: kenia@travelmarketing.de. Weitere Auskünfte im Internet unter: www. kenya tourism.org oder http://visit-kenya.com

Weiterhin kann man Informationen schriftlich anfordern bei:

Botschaft der Republik Kenya, Markgrafenstr. 63, D-10969 Berlin, Tel. 030-2592660, Fax 030-259266-50.

Kenya Tourist Board in Nairobi: Kenya Re-Towers, Ragati Road, Tel. (020) 2711262.

Botschaften / Konsulate

Die meisten Botschaften sind in Nairobi. Einige haben auch ein Konsulat in Mombasa.

Die wichtigsten Botschaften:

Äthiopien: State House Av., Tel. Nairobi (020) 3732050.

Deutschland: in Nairobi: Riverside Drive 113, Ludwig Krapf House, P.O. Box 30180, Tel. (020) 4262100, Fax (020) 4262129, e-mail: info@nairobi.diplo.de. In Mombasa: Honorarkonsul Sidiq S.E. Ghalia, Bank of India Building, 2.Etage, Nkrumah Road, Mo-Fr 9-12 Uhr, Tel. (041) 228781, 314732, Fax (041) 314504, e-mail: mombasa@germanconsul.com.

Niederlande: Riverside Lane, Tel. Nairobi (020) 4288000.

Österreich: 2nd Floor, City House, Wabera Street, Tel. Nairobi (020) 319076, austria@africaonline.co.ke. Tel. Mombasa 313386.

Schweiz: International House, Mama Ngina Str., Tel. Nairobi (020) 2228735. Tel. Mombasa 312461.

Tanzania: Re-Insurance Plaza, Tel. Nairobi (020) 311948.

Uganda: Riverside Paddocks, Tel. Nairobi (020) 4445420.

SPRACHFÜHRER

Die offiziellen Landessprachen sind Englisch und Kisuaheli. Fast überall versteht man zwar Englisch, aber oft sind ein paar Worte in Kisuaheli nützlich und die Einwohner begierig, ihre Sprache einem Interessierten beizubringen. Das Ursprungs- und Hauptverbreitungsgebiet des Kisuaheli liegt an der ostafrikanischen Küste, und dort versteht es jeder. Kisuaheli ist eine Bantu-Sprache mit zahlreichen, vor allem arabischen Fremdwörtern. Die Missionare liebten die einfache Sprache und übertrugen sie ins lateinische Alphabet.

Suaheli wird genauso ausgesprochen wie es geschrieben wird. Einige nützliche Sätze und Ausdrücke:

Hallo ... *jambo*
Willkommen! ... *karibu!*
Was gibt es neues? ... *habari yako?*
Mir geht es gut ... *nzuri*
Danke ... *asante*
Danke sehr ... *asante sana*
Kein Problem ... *hakuna matata*
Auf Wiedersehen ... *kwaheri*
Gute Reise ... *safari njema*
Einfaches Restaurant ... *hoteli*
Essen ... *chakula*
Trinken ... *kunywa*
Kaffee ... *kahawa*
Tee ... *chai*
Heiß (oder warm) ... *moto*
Kalt ... *baridi*
Bier ... *bia*
Brot ... *mkate*
Fleisch ... *nyama*
Obst ... *matunda*
Gemüse ... *mboga*
Fisch ... *samaki*
Butter ... *siagi*
Zucker ... *sukari*
Salz ... *chumvi*
Jetzt ... *sasa*
Heute ... *leo*
Morgen ... *kesho*
Schnell ... *haraka*
Langsam ... *pole pole*
Wo? ... *wapi?*
Warum? ... *kwanini?*
Was? ... *nini?*
Wer? ... *nani?*
Ja ... *ndiyo*
Nein ... *hapana*
Wieviel? ... *ngapi?*
Wie teuer ist das? ... *bei gani?*
Schlafen ... *kulala*
Gehen ... *kwenda / kuenda*
Anhalten ... *kusimama*
Kaufen ... *kununua*
Verkaufen ... *kuuza*
Geschäft/Laden ... *duka*
Hilfe! ... *saidia!*
Wo ist ...? ... *iko wapi?*
Toilette ... *msalani* oder *choo*
Rufen Sie... ... *niitie ...*
einen Arzt ... *dakitari*
die Feuerwehr ... *wazima moto*
die Polizei ... *polisi*
Feuer! ... *moto!*
Gehen Sie weg! ... *enenda huko!*
Halten Sie an! ... *simama!*
Hören Sie damit auf! ... *wacha!*
Dieb! ... *mwizi!*
Ich habe das nicht getan ... *sijafanya hivyo*

Eins	*moja*
Zwei	*mbili*
Drei	*tatu*
Vier	*nne*
Fünf	*tano*
Sechs	*sita*
Sieben	*saba*
Acht	*nane*
Neun	*tisa*
Zehn	*kumi*
Elf	*kumi na moja*
Zwanzig	*ishirini*
Dreißig	*thelathini*
Vierzig	*arobaini*
Fünfzig	*hamsini*
Sechzig	*sitini*
Siebzig	*sabini*
Achtzig	*themanini*
Neunzig	*tisini*
Einhundert	*mia moja*
Eintausend	*elfu moja*
Morgen	*asubuhi*
Abend	*jioni*
Tagsüber	*mchana*
Nachts	*usiku*
Montag	*Jumatatu*
Dienstag	*Jumanne*
Mittwoch	*Jumatano*
Donnerstag	*Alhamisi*
Freitag	*Ijumaa*
Samstag	*Jumamosi*
Sonntag	*Jumapili*

AUTOREN

Eva Ambros wirkte an den Artikeln über *Nairobi, Tierparadiese, Richard Leakey, Entwicklungsland Kenia* mit.

Angela Anchieng wirkte mit an: *Nairobi, Ngong Hills, Gikomba, Tsavo National Park, Taita Hills, Jipe-See* und *Chala-See*.

Zdenka Bondzio bereist seit vielen Jahren Kenia. Von ihr stammt der Artikel *George Adamson*.

Barbara Credner ist Diplom-Geografin und reiste ein Jahr auf ihrem Motorrad durch Afrika. Sie hat an allen regionalen Reisekapiteln als Autorin und Redakteurin mitgewirkt.

Michie Gitau schrieb *Masai Mara, Turkana-See, Bedrohte Wildnis, Richard Leakey, Bergabenteuer*.

Eric Hanna ist Koautor von *Küste, Malindi* und *Archipel Lamu*.

Jean Hartley ist Koautorin von *Tauchen, Safari auf dem Meer* u. *Küste*.

Brigitte Henninges, Reisejournalistin, wirkte an fast allen Artikeln mit.

Clive Mutiso aus Nairobi schrieb als Co-Autor über *Naivasha-See, Elmenteita-See, Nakuru-See, Bogoria-See, Baringo-See, Thika, Sport*.

Clement Obare schrieb *Kakamega Forest, Viktoria-See* und *Kisumu*.

Prof. Osaga Odak, Anthropologe, ist Koautor von *Kenias Völker, Kericho, Kitale, Kulinarischer Ausflug* und *Entwicklungsland Kenia*.

Philip Okwaro ist freier Autor und Fotograf in Kenia. Er wirkte mit bei *Amboseli National Park*.

Mourine Wambugu war Co-Autorin von *Rund um den Mount Kenya, Die Aberdares, Mount Kenya National Park, Meru National Park* und *Samburu, Maralal und Marsabit*.

Rupert Watson, Rechtsanwalt und freier Autor, ist Mitverfasser von *Magadi-See und Olorgasailie, Nairobi National Park* und *Seen im Great Rift Valley*.

Harald Mielke, „Unterwasserjournalist", ist Mitverfasser von *Tauchen*.

ÜBERSETZUNG

A. Gläser, **G. Banck**, **S. Braun**,
A. Meimeth, B. Müller

Nelles Verlag

Foto: Paul Hampton (Dreamstime)

Kenia

Hotelverzeichnis

HOTELVERZEICHNIS

Die Einteilung der Preiskategorien in diesem Hotelverzeichnis entspricht ungefähr dem folgenden Schema:

$$$	über 70 Euro
$$	20-70 Euro
$	bis 20 Euro

3 MOMBASA

MOMBASA (☎ 041)

Mombasa-Insel

$$ **Sapphire**, chinesisches u. indisches Restaurant, Pool, Fitness, Sauna, Dampfbad, Mwembe Tayari Rd., in Bahnhofsnähe, Tel. 2491411.
Royal Court, Dachterrassenbar mit schönem Blick über die Stadt, Pool, Haile Selassie Rd., www.royalcourtmombasa.co.ke.

$ **Glory Guest House**, Restaurant, kein Parkplatz, Kwa Shibu Road, Tel. 2223239.
Manson Hotel, gepflegt, gutes Preis-Leistungs-Verhältnis, Mohdhar Mohd Habib Road / Moi Avenue.
New Peoples Hotel, gutes, günstiges Restaurant, Verkehrslärm, nördlich des Zentrums in der Abdel Nasser Road.
Metric Inn, saubere, kleine Zimmer, Seitenstraße der Moi Ave nahe den Tusks, Wakatwa Road.

Vorort Nyali

Nyali bietet komfortable, ruhige Übernachtungsmöglichkeiten direkt am Strand.

$$$ **Nyali Beach**, klassisches Luxushotel im englischen Kolonialstil, zwei Pools, Windsurfing, Tauchschule, Golf und Squash im Nyali Golf Club, beste Fischgerichte am Muita-Grill abends, www.nyali-international.com.
Reef Hotel, auf einer Klippe über dem Sandstrand, architektonisch ansprechend, kinderfreundlich, gute Wassersportmöglichkeiten, www.reefhotelkenya.com.
Voyager Beach Resort, eine weitläufige parkartige Anlage mit dreistöckigen Bauten im afrikanischem Stil, 9 km nördlich von Mombasa, www.voyagerresorts.com.ke.
Tamarind Village, luxuriöse Apartmentanlage im Suaheli-Stil für Selbstversorger, Blick auf den Alten Hafen, Cement Silo Rd., Tel. 474600, Fax 473073, www.tamarind.co.ke.

$$ **Mombasa Beach**, nüchterner Stil, aber schöner Meerblick, Tel. 4718615, Fax 472970.
Bahari Beach Club, Zimmer ohne Meeresblick, schmaler Strand, Tennis, Fitness, 12 km von Mombasa am nördlichen Rand des Nyali-Strandes, Tel. 4472822, www.baharibeach.net.
Fisherman's Inn, einfacher und intimer als die Großhotels, gutes Preis-Leistungs-Verhältnis, Mwamba Drive, Tel. 473143.

4 SÜDKÜSTE

Tiwi Beach (☎ 040)

$$$ **Amani Tiwi Beach Resort**, sehr große Anlage mit 215 Zi. für Pauschaltouristen, tropischer Garten, riesiger Pool, 3 Restaurants, 5 Bars, breites Sportangebot, Ausflüge zum Travellers Mwaluganje Elephant Camp, www.kenyaluxuryhotel.com.

$$ **She She Baharini Beach Hotel**, gutes Restaurant, Bar, Pool, komfortable Zimmer, Cottages für mehrere Personen, www.sheshebeach.com.
Sand Island Beach Cottages, gut ausgestattete Selbstversorger-Cottages in schönem Garten am Meer, bei Ebbe ist eine Sandinsel vorgelagert, Schnorchelausrüstung umsonst, frische Früchte aus dem eigenen Garten, www.sandislandbeach.com.

$ **Twiga Lodge & Camping**, der Treffpunkt für Traveller, einfache Bungalows, schöne Campmöglichkeit unter Palmen am Strand, Restaurant und Bar, Tel. 0721577614.

Diani Beach (☎ 040)

Bei Ebbe zieht sich das Meer bis zum vorgelagerten Korallenriff zurück.
DIANI NORD: $$$ **Leopard Beach Resort**, beliebte, Luxusanlage mit 158 Zi. im afrikanischen Stil, auf den Klippen über dem Strand, schöner tropischer Garten, mehrere Restaurants, darunter das ausgezeichnete „Chui Grill" mit Fisch, Meeresfrüchten und Grillspezialitäten, Poollandschaft, Tauchen etc., Tel. 3202721, Fax 3203424, www.leopardbeachresort.com.

Diani Reef Beach Resort, tropischer Garten mit künstlich angelegter Süßwasserlagune, 144 Zimmer mit Meeresblick, 3 Restaurants wie z. B. das Sake Oriental mit indischer, chinesischer und japanischer Küche, 5 Bars, Nirvana Health and Welness Spa (Verjüngungskuren, Aromatherapie, Schlammwickel, Entgiftungsbehandlungen, Ayurveda), Jacuzzi Jetbad, Dampfräume, Sauna, Salzwasserpool, Fitnesscenter, riesiges Angebot an Sport- und Freizeitaktivitäten, Kinderbetreuung im Kids Club Komplex, Wasserrutschen, Tel. (040) 3202723 / 3203308, Fax (040) 3202196 / 3203067, www.dianireef.com.

The Sands at Nomad, erst vor wenigen Jahren eröffnet, 18 Zimmer, 12 Luxussuiten (z. T. mit Jacuzzi) und 7 exklusive Strandcottages im Küstenwald direkt hinter dem Strand, 5 m tiefer Pool (auch für Tauchanfängerkurse), „Forest Breeze" Center bietet traditionelle Massagen, Ayurveda- und Schönheitskuren, Tauchbasis, Red Pepper Restaurant serviert tropisches Frühstücksbuffet und Thai-Küche mittags und abends, traditionelle italienische Küche und Fisch im Nomad Beach Bar & Restaurant, Tapas in der Riva's Bar am Pool, www.thesandsatnomad.com/de.

Afrochic Boutique Hotel, jeder der 10 Superior Seaview Rooms im individuellen Design, à-la-carte-Menüs, schön angelegter Garten mit üppiger Vegetation zwischen Strand und Hotel, Tel./Fax (020) 2026064.

Leisure Lodge, sehr hübsche weitläufige Anlage (140 Zi.) mit zwei Schwimmbadlandschaften und Bauten im afrikanischen Stil, Casino, Golfplatz, Tauchschule, Tel. 3203624, Fax 3202046, www.leisurelodgeresort.de. **Leisure Lodge Club**, Schwesterhotel der benachbarten Leisure Lodge, 113 Zi.

Jacaranda Indian Ocean Beach Resort, traditionsreiches Luxushotel mit allen Annnehmlichkeiten, 100 Zi. in Bungalows im Lamu-Stil, mehrere Pools, Kinderclub, www.jacarandahotels.com.

Southern Palms Beach Resort, 300 Zi. in 2-stöckigen Bauten im Suaheli-Stil, schöne Poollandschaft, Tel. 3203721, Fax 3203381.

Kaskazi Beach, All-inclusive-Anlage im maurischen Stil, www.kaskazibeachhotel.com.

DIANI SÜD: \$\$\$ **Papillon Lagoon Reef Hotel**, All-inclusive-Hotel mit 120 Zi., preiswert, kinderfreundlich, angenehme Atmosphäre, viele Zi. mit Meerblick, www.rexresorts.com/papillon-lagoon-reef.

Shaanti, luxuriöse Wellness-Einrichtung, vornehmlich für den mentalen Bereich, Yoga, Meditation, Ayurveda, Aromatherapie, Reflekologie, allg. Schönheitspflege, Tanztherapie, Holistic Health Retreat, Tel. (040) 3202064.

\$\$ **Baobab Beach Resort**, früher Robinson-club, Wellness-Hotel, komplett renoviert, 239 Zi., nachgebildetes afrikanisches Dorf an schönem Strandabschnitt, in ursprünglichem Wald mit vielen Affenbrotbäumen und Affen, Tel. 3202623, Fax 3202032, www.baobab-beach-resort.com.

GALU BEACH: \$\$\$ **Neptune Paradise Village**, 2-stöckige afrikanische Rundbauten mit spitzem Kegeldach, Pools, Restaurants und Bars am Strand, Kinderbetreuung, 5 km südl. von Diani, Tel. 3202350, Fax 3203019.

Pinewood Village Beach Resort, das Resort liegt inmitten eines tropischen Waldes, besonders für ruhesuchende Gäste und Wassersportler geeignet, 58 Zi., Tel. (020) 2080981, Fax (040) 3300045.

Shimoni

\$\$ **Pemba Channel Lodge**, spezialisiert auf Sportfischen, auch Tauchschule und Fahrten auf dem Ramisi River, elegante Häuschen im Kolonialstil, Pool, gutes Essen, Apr. bis Juli geschlossen, www.pembachannel.com.

Shimoni Reef Lodge, schön gelegen auf einem Riff über dem Wasini-Kanal, Meerwasserpool, Treffpunkt für Taucher, www.shimonireeflodge.com.

Shimba Hills (☎ 041)

\$\$ **Shimba Hills Lodge**, „Baumhotel", Zimmer mit Blick auf das Wasserloch, Jungle Bar und Beobachtungsplattform, Kinder unter 7 Jahren nicht erlaubt, sehr empfehlenswerte organisierte Spaziergänge zum Sonnenuntergang, www.shimbalodge.net.

Mwaluganje Elephant Sanctuary (☎ 040)

Travellers Mwaluganje Elephant Camp, gut ausgestattete Zelte, Wasserloch, vor allem organisierte Touren vom Amani Tiwi Beach Resort, www.amanitiwibeachresort.com/de.

5 NORDKÜSTE

Bamburi- und Shanzu-Beach (☎ 041)

$$$ **Serena Beach Hotel & Spa**, Tophotel der Region, das schon wegen seiner außergewöhnlichen Architektur einen Besuch wert ist, Gebäude im Lamu-Stil gehaltenen, prachtvolle Holzschnitzereien im Inneren, exzellentes Essen, die meisten Sportangebote inkl., Shanzu Beach, www.serenahotels.com, Buchung über Serena-Büro Nairobi.
Traveller's Beach Hotel, riesige Anlage, zahlreiche Restaurants (z. B. mit guter indischer Küche), Bars und Geschäfte, Nachtclub, verschiedenste Sport- und Wellnessangebote, mehrere Pools und Kanäle, in denen man fast überall hinschwimmen kann, Bamburi Beach, www.travellersbeach.com.
White Sands, weitläufige Anlage mit 720 Betten u. beeindruckender Garten- und Poolgestaltung, nicht alle Zimmer haben Meerblick, Tauchbasis, exzellenter Service, sehr gutes Essen, Bamburi Beach, www.sarovahotels.com.
Severin Sea Lodge, sehr malerisch in einem Kokospalmenhain, Restaurant in einer umgebauten Dhau, Tennisplätze, Tauchbasis, 18-Loch-Golfplatz, Bamburi Beach, www.severin-hotels.com.
Neptune Beach Resort, mit 78 Zimmern eine der kleineren Hotelanlagen, gemütliche Atmosphäre, Bamburi Beach, www.neptunehotels.com/de.

$$ **Bamburi Beach**, All-inclusive-Anlage mit fantasievoll gestaltetem Pool, an schönem Strandabschnitt, Fitnessgeräte, Squash Courts, Nachtclub, www.bamburibeachkenya.com.

Watamu (☎ 042)

$$$ **Hemingway's Hotel**, bei Hochseefischern beliebt, Zimmer mit Meeresblick, schöner Strand, Schnorchel- und Dhautouren, www.hemingways-watamu.com.
Turtle Bay Beach Club, häufig ausgebuchte, weitläufige All-inclusive-Anlage, familienfreundlich, Kinderbetreuung, großes Freizeitangebot, www.turtlebay.co.ke.

Malindi (☎ 042)

$$$ **Kilili Baharini Resort**, empfehlenswerte Anlage direkt am Silver Sands Strand, mit großem und mehreren kleineren Pools, Casuarina Road, www.kililibaharini.com.
Tropical Beach Resort, schöne, große All-inclusive-Anlage am Silver Sands Strand, *Makuti*-Hütten in tropischem Garten, großes Wassersportangebot, 3 km vor der Stadt, Tel. 2120444, Fax 2131872, www.planhotelresorts.com.
Lawford's Beach Hotel, deutsche Leitung, Tauchbasis, am Ortsrand, Tel. 20440, Fax 20459.
Driftwood Beach Club, angenehme Bungalowanlage am Südstrand, Tauchschule und Bar, www.driftwoodclub. com.
Blue Marlin, renovierte Hotelanlage mit 145 Zimmern, Tauchbasis, Harambee Road, Tel. 0733363875, www.bluemarlinmalindi.com.
Stephanie Sea House, herrlicher, tropischer Garten, direkt am Strand des Unterwassernationalparks, Beach Club mit Vollpension, Lodge Cottages mit Übernachtung und Frühstück, Aktivitäten: Tauchen, Surfen, Fotosafari, Hochseefischen, Unterwasserexkursionen; Restaurant mit Blick auf den Indischen Ozean, italienische und einheimische Küche, italienische Leitung, www.stephanieresort.com.

$$ **Scorpio Villas**, 50 m vom Silver Sands Strand in einem weiten tropischen Garten mit 3 Pools, gutes Restaurant, Organisation von Safaris und Ausflügen, Tel. 20194, Fax 21250, www.scorpio-villas.com.

$ **Tana**, einfach, Zimmer mit Ventilator u. Moskitonetz, beliebt bei Rucksacktouristen, Tel. 20234.
Silversands Campsite, Campen und Vermietung sehr einfacher Bandas am Strand, herrliche Aussicht, 2 km südlich der Stadt, Tel. 20412.

Lamu (☎ 042)

$$$ **Peponi**, Tophotel, direkt am Strand, bestes Restaurant am Ort, fantastische Fischgerichte, umfangreiches Wassersportangebot, Exkursionen, am Ortsrand von Shela Village, Tel. 07220382, www.peponi-lamu.com.
Kipungani Explorer, kleine, romantische Anlage am kilometerlangen Sandstrand, 4 Stelzenhäuser und 13 Strandhütten mit Wänden aus traditionellen Grasmatten und Dächern aus Palmwedeln, innen komfortabel, Getränke und Speisen werden auf der privaten Veranda mit Blick auf den Ozean serviert, Frischwasserpool, Schnorcheln, Tauchen,

„Schwimmen mit Delfinen", Dhau-Fahrten, Kayak, Surfen, Hochseefischen, an der Südwestspitze der Insel Lamu, Buchung über: Heritage Hotels Nairobi, Tel. 0204447929, www.heritage-eastafrica.com.
Kizingo Bandas, ruhiges „no news, no shoes" Beach Resort mit nur 8 Bandas im traditionellen Stil, direkt am Strand, www.kizingo.com.

$$ **Petley's Inn**, bestes Hotel der Stadt Lamu, Pool, Bar mit Dachterrasse, direkt am Hafen, www.romantichotelskenya.com/de/petleys-inn.
New Lamu Palace, für örtlichen Standard groß, modern und teuer, Dachterrassenrestaurant, Alkoholausschank, an der Uferpromenade, Tel. 633272, Fax 633104.
Stone House, Dachrestaurant mit schönem Blick über die Stadt, besonders empfehlenswert sind die Meeresfrüchte, Tel. 633544, Fax 633149.
Island Hotel, 14 Zimmer im traditionellen Lamu-Stil, romantisches Dachrestaurant mit schmackhaften Curries und Fischgerichten, im Zentrum von Shela Village, Tel. 633290, Fax 633568, kisiwani@swiftkenya.com.
Shela Bahari Guest House, kleines, malerisches Haus in wunderbarer Lage, mit nettem Restaurant, Shela Village, Tel. 632046.

$ **Lamu Guest House**, einfach, sauber, in der Nähe des Lamu-Museums, Tel. 633338.
Casuarina Rest House, luftige Zimmer mit schöner Aussicht und Ventilator, im alten Polizeipräsidium, Tel. 633123.

Manda / Kiwayu

$$$ **Manda Bay Resort**, ein Erlebnis für 500 US$ die Nacht, Insel Manda, inklusive Dhau-Fahrt, Windsurfing, Segeln, Birdwalks, www.mandabay.com.

$ **Camp Site**, einzige Übernachtungsmöglichkeit auf Manda, wenn man vom Blue Safari Club absieht.
Kiwayu Camping Site, Übernachtung in einfachen Hütten, in den letzten Jahren hat sich der Zustand der Camp Site verschlechtert, auf der Insel Kiwayu.

6 NAIROBI

Nairobi (☎ 020)

$$$ **Villa Rosa Kempinski Nairobi**, von Westlands in Richtung Central Business District (CBD) auf der linken Seite gelegen, bestens bewacht, quasi ein Hochsicherheitstrakt, verschiedene internationale Restaurants, beheizter Pool, www.kempinski.com/en/nairobi/hotel-villa-rosa.
Windsor Golf & Country Club, vor den Toren der Stadt, gehört angeblich zu den feinsten Hotels der Welt, Zimmer mit Kamin und englischen Stilmöbeln, in der Umgebung Golfplatz, Kaffeeplantagen und Wald, www.windsorgolfresort.com.
Norfolk, ältestes Hotel in Nairobi mit unvergleichlichem Charme, ein Platz für Nostalgiker, Ibis Restaurant (eins der besten Kenias), Lord Delamere Bar, Harry Tuku Rd., www.fairmont.com/norfolk-hotel-nairobi.
Nairobi Safari Club, modernes Gebäude mit eindrucksvoller Lobby, nur Suites, Koinange St./University Way, www.nairobisafariclub.com.
Nairobi Serena, Luxushotel mit allem Komfort, den man von einem Serena-Hotel erwartet, Fitnessclub im arabischen Stil, oberhalb des Central Parks, www.serenahotels.com.
Safari Park, einige km außerhalb in einem 25 ha großem Areal, architektonisch ansprechende Bauten im afrikanischem Stil, Casino, jeden Abend Live-Shows – auch für Nichthotelgäste – von 19.15-21.45 Uhr (inklusive Grillfleisch soviel man essen kann für rund 50 € p.P., auch Kamel, Strauß und Krokodil); in der Nyama Choma Ranch, Bustransfer ins Stadtzentrum, Thika Road, www.safariparkhotel.com.
The Sarova Stanley, Pool auf dem Dach, Restaurant und das berühmte *Thorn Tree Café*, zentral gelegen Ecke Kenyatta Ave./ Kimathi St., www.sarovahotels.com.
Hilton, zentral, Pool auf dem Dach, Mama Ngina Street, www.hilton.com.
Intercontinental, zentrale Lage am Uhuru Highway, www.intercontinental.com.
Panafric, moderner Hochbau, etwas außerhalb des Zentrums in der Kenyatta Ave., www.sarovahotels.com.
Jacaranda Hotel, Bustransfer, in Westlands, www.jacarandahotels.com.
Panari, Luxushotel zwischen Zentrum und Flughafen im Panari Sky Center (mit Einkaufsmeile,

Eislaufbahn, Kinos, Theater etc.), 136 geschmackvoll eingerichtete Zimmer, Blick auf den Nairobi National Park (Sundowner Cocktails mit Blick auf das Wild im Park), Mombasa Road, www.panari-hotels.com.
Ole Sereni, Luxushotel mit beheiztem Schwimmbad auf dem Dach, mit Blick auf den Nairobi Nationalpark, vom Flughafen in Richtung City auf der linken Seite vor dem ersten Kreisverkehr gelegen, www.ole-sereni.com.
Tribe Hotel, beim Village-Market, somit in der Nähe der Deutschen Schule in Gigiri und der UN gelegen, www.tribe-hotel.com.

$$ **Boulevard**, Tennis, Pool, Biergarten, Restaurant, Harry Thuku Road, nahe dem National Museum, www.sentrim-hotels.com.
Six Eighty, zentral gelegen in der Kenyatta Ave Ecke Muindi Mbingo Str., www.senterim-hotels.com.
Fairview, schöner Garten, in der Preisklasse eins der besten, Bishops Street hinter dem Panafric Hotel, www.fairviewkenya. com.

$ **Africana**, saubere Zimmer, Restaurant mit indischer Küche, Dubois Rd., Tel. 220654.
Blue Springs Hotel, an der Thika Road, Exit 7, vor dem Safari Park Hotel in Richtung Nyeri auf der linken Seite gelegen, mit Pool und Gym, Tel. 0722335260.
The Luke Hotel, gleiche Ausfahrt wie das Blue Springs Hotel, im Kreisverkehr vor dem Uchumi links abbiegen, dann kommt die Einfahrt zu Roasters (Grillrestaurant und Biergarten}, dahinter befindet sich das Hotel mit Schwimmbad, Garden Estate Raad, Off Thika Raod, Tel. 0723 581736.
Sun Star Hotel, vorbei am Luke Hotel auf der gleichen Seite weiter unten in der Garden Estate Road, gegenüber des Mukima Estates, gutes und preiswertes Essen, www.sunstarhotelnairobi.com.
Iqbal, sehr beliebt bei Rucksackreisenden, empfehlenswert für die Preisklasse, Gepäckaufbewahrung, günstige Safaris über *Iqbal Tours*, Latema Rd.
Parkside, alle Zimmer mit Bad, freundliches Personal, Restaurant, Monrovia Str. gegenüber den Jevanjee Gärten.
Nairobi Youth Hostel, Treffpunkt für Reisende, Anschlagbrett, saubere Zimmer, Ralph Bunche Rd.
YMCA, State House Road.
Flora Hostel, 5th Ngong Road.
Nairobi Backpackers, Milimani Road.

Umgebung von Nairobi

$$$ **Giraffe Manor**, exklusive, außergewöhnliche Herberge in einem alten englischen Landhaus. Im großen Garten leben Giraffen, die gerne mal in die Fenster der Zimmer schauen, exzellentes Essen, Langata, Tel. 0731914732, www.giraffemanor.com.
Whistling Thorns, sehr empfehlenswerte Unterkunft mit Cottages, Campsite, Pool, Restaurant, Wandermöglichkeiten, Pferdesafaris, Ngong Hills, Isinya/Kiserian Pipeline Rd., www.whistlingthorns.com.

7 SÜDLICH VON NAIROBI

Amboseli National Park

$$$ **Amboseli Serena Lodge**, 196 Zi., architektonisches Meisterstück, luxuriöse Rundbauten im Stil von Masaihütten, Veranda mit Wasserloch, dschungelartiger Garten, Pool, nahe bei den Enkongo Narok Sümpfen mit viel Wild, *Game Drives*, Vogelbeobachtungen, Vorträge, Masai-Tänze, www.serenahotels.com.
Kibo Safari Camp, am Kimana Gate, 61 Zelte, www.kibosafaricamp.com.
Ol Tukai Lodge, sehr gut eingerichtete Bungalows aus Naturstein, mit Terrasse, die Bungalows auf der einen Seite der Anlage mit fantastischem Blick auf den Kilimandscharo, auf der anderen Seite mit Blick auf die endlose Savanne mit ihren Elefantend, ein hervorragendes Essen, guter Service und abendliches Lagerfeuer runden den angenehmen Aufenthalt in dieser Lodge ab, Tel. Nairobi (020) 4445514, Fax (020) 4448493, www.oltukailodge.com.
Tortilis Camp, 15 traumhaft gelegene, luxuriöse Zelte mit perfektem Blick auf den Kilimandscharo, Pool, „Ökotourismus"-Konzept: Warmwasser durch Solarenergie, Öko-Gemüse-Garten, Unterstützung der ansässigen Masai-Gemeinden, von Masais geführte Buschwanderungen; Buchung über Cheli & Peacock Safaris, Nairobi, www.tortilis.com.
Kilima Safari Camp, Eröffnung Okt. 2009, 72 Zelte, nahe Kimana Gate, www.madahotels.com.
AUSSERHALB DES PARKS: **Amboseli Sopa Lodge**, im Jagdschutzgebiet 30 km östlich des Nationalparks, Pool, Kilimandscharo-Blick, www.sopalodges.com.

$$ **Namanga River Hotel**, preiswerte Alternative zu den teuren Lodges im Park, im Grenzort Namanga, Tel. 0734591444.

Tsavo National Park West

$$$ **Finch Hatton's Safari Camp**, absoluter Luxus mit chinesischem Porzellan, Kerzenlicht und klassischer Musik, Kolonialstil-Atmosphäre, mehrere Quellen und nachts beleuchtete Hippopools, exzellentes Essen, am Westrand des Parks, www.finchhattons.com.
Ngulia Lodge, herrliche Lage in 900 m Höhe, angenehmes Klima, keine *Game Drives*, 2 Wasserstellen, aber weniger Tiere, Tel. 0722139393, ngulialodge@kenya-safari.co.ke.
Kilaguni Lodge, schöne, vielbesuchte Anlage im Zentrum der bedeutendsten Sehenswürdigkeiten, schöner Blick auf Chyulu Hills und Kilimandscharo, nachts beleuchtete Tränke mit reichem Tierleben, Visitor Centre, Restaurant und Bar für Tagesbesucher, Reservierung über Serena, Nairobi, www.serenahotels.com.
Severin Safari Camp, das Camp verfügt über 27 luxuriös ausgestattete Unterkünfte und 8 Bandas für Selbstversorger und ein eigenes Wasserloch zur Beobachtung der Wildtiere; beim Blick auf den Kilimandscharo oder am abendlichen Lagerfeuer stellt sich Safari-Romantik ein; angeboten wird auch ein Hochzeits-Arrangement à la „Out of Africa", inklusive Organisation der Formalitäten und der Hochzeitszeremonie; das Camp liegt in der Nähe des Tsavo River, eingebettet in Dornbusch-Savannen und ist auch Ziel von Flugsafaris, www.severin-hotels.com.
Kitani Safari Camp, renoviert, die geräumigen Zelte sind mit allem modernen Komfort ausgestattet, die abseits gelegene Kibo Suite ist das ideale Versteck für Hochzeitsreisende, www.severin-hotels.com.
Voyager Ziwani, 25 komfortable Zelte, im Schatten des Kilimandscharo gelegen, man erreicht das Camp nach 2stündiger Fahrt durch wildes Buschland von Voi oder Mtito Andei aus oder mit dem Flugzeug von Mombasa oder Nairobi, www.heritage-eastafrica.com.

$$ **Ngulia Safari Camp**, renoviert, Bandas und Luxuszimmer, Campingplatz, Tel. (043) 30050, Fax (043) 30255.

Tsavo National Park Ost

$$$ **Voi Safari Lodge**, traumhafte Lage mit weitem Blick über die Savanne, ein unterirdischer Gang endet direkt am Elefanten-Wasserloch, www.voiwildlifelodge.com.
Galdessa Safari Camp, kleines, teures, umweltfreundliches Luxuscamp (Strom aus Sonnenkollektor), am Galana-Fluss, 15 km westlich der Lugard-Fälle, Wander-, Kamel- und Angelsafaris, www.galdessa.com.
Satao Camp, Luxuszeltlager an einem Wasserloch, das in der Trockenzeit viele Elefanten besuchen, geführte Buschwanderungen, Jeepvermietung, www.sataoelerai.com.
Crocodile Camp, am östlichen Parkrand, 3 km außerhalb des Sala Gate am Galana-Fluss, Krokodilfütterung, African Safari Club, www.crocodilecamp.co.ke.
Kilalinda, in einem 8 km^2 großen, privaten Schutzgebiet am Rande des Tsavo East, sechs luxuriös ausgestattete Bungalows am Athi River mit Blick auf das Yatta Plateau, privater Veranda und eigenem Garten, am sandigen Flussufer kann man Krokodile, Flusspferde und Impalas beobachten, Sonnenaufgangsfrühstück auf einer Plattform hoch oben in den Ästen eines alten Baobab-Baums, Aktivitäten: Bush Drives, Exkursionen in die Parks Tsavo East und West, Schlauchbootfahrten auf dem Athi River, Fußsafari, Vogelbeobachtung, Pool, Buchung: Private Wilderness, www.tsavopark.com/entries/kilalinda-safari-camp.
Voi Wildlife Lodge, außerhalb des Parks gelegenes Luxushotel, idealer Ausgangspunkt für Exkursionen in den Park, www.voiwildlifelodge.com.
Epiya Chapeyu Tented Camp, 15 Luxuszelte mit Blick auf den Galana River, nicht weit entfernt von den Lugard's Falls und dem Crocodile Point, gilt als das spektakulärste Camp im Tsavo Ost und ist vergleichsweise preiswert, www.epiya-chapeyucamp.com.
Ashnil Aruba Lodge, 40 Deluxe-Zimmer, www.ashnilhotels.com.

$$ **Ndololo Safari Camp**, am dicht bewaldeten Ufer des Voi Rivers, preiswertes Tented Camp, Buchung bei Tsavo Park Hotels, www.tsavopark.com/entries/ndololo-camp.

Chyulu Hills

$$$ **Campi ya Kanzi** (Suaheli: „Camp verborgener Schätze"), luxuriöses Zeltcamp im Stil des 19. Jh. in den Chyulu Hills, 8 Zelte auf Holzplattformen und eine Zeltsuite „Hemingway" gruppiert um ein zentrales, aus Lavafels errichtetes Gebäude mit Panoramaterrasse, Blick auf den Kilimandscharo, abwechslungsreiche Landschaft durch die unterschiedlichen Höhenlagen, Game Drives, Exkursionen in die umliegenden Nationalparks, Fußsafaris, Vogelbeobachtung, Restaurant mit italienischen und lokalen Spezialitäten, das Camp wird zusammen mit den Masai vor Ort geführt. Das Camp nimmt maximal 14 Besucher auf und befindet sich auf einem Areal, das 2/3 der Größe der Masai Mara entspricht (die insgesamt Betten für über 5000 Touristen bereithält); das Camp hat einen eigenen Landeplatz für Kleinflugzeuge, Gäste können sich direkt vom Nairobi Airport abholen lassen; die Exklusivität hat natürlich ihren Preis, 1 Tag Vollpension mit Safariprogramm in der Hemingway Suite: 900 US$; dafür wird garantiert, dass die angebotenen Fußsafaris abseits jeglichen Massentourismus stattfinden können; Direktbuchung: Campi ya Kanzi, Mtito Andei, wwwcampiyakanzi.com.

Taita Hills

$$$ **Salt Lick Lodge**, architektonisch außergewöhnliche Anlage mit Luxus-Rundhütten, durch Hängebrücken verbunden, im Halbkreis um ein Wasserloch angeordnet, Wildbeobachtung auch nachts bei Scheinwerferlicht, Kinder unter 5 Jahren nicht erlaubt, www.sarovahotels.com/saltlick.

Lion's Bluff Lodge, die Lage des Camps auf dem Mwashoti-Hügel ermöglicht einen 360°-Rundumblick über die Weiten des Taita-Gebiets; das Camp mit seinen 12 komfortablen Bandas, ein Gemeinschaftsprojekt der Lumo-Gemeinde, ist 50 km von Voi und 5 km vom Maktau Gate entfernt, es werden Fußsafaris mit bewaffnetem Ranger angeboten, www.tsavopark.com/entries/lions-bluff-lodge.

8 MASAI MARA (☎ 050)

Masai Mara Game Reserve

Lodges unbedingt telefonisch oder über Internet (mit Bestätigung!) reservieren! Man kann dies auch über eines der Reisebüros in Nairobi erledigen, hier sind oftmals günstige Angebote erhältlich; diese findet man in den großen Einkaufszentren.

$$$ **Olare Mara Kempinski Masai Mara**, neues Luxuscamp der Extraklasse, der Name verpflichtet, rund 1000 US$ pro Nacht, spezielle Hochzeitsangebote, www.kempinski.com/en/masai-mara/olare-mara.

Kichwa Tembo Camp, sehr teures Luxuscamp etwas außerhalb des Parks am Oloololo Gate, ausgezeichnete Küche, Pool, wegen der hohen Wilddichte eingezäunt, www.kichwatembo.com.

Bateleur Camp, 9 luxuriöse Zelte, eigener Butler, exklusive Lage am Mara River, Ballonflüge, Pool, nobler „Ableger" des Kichwa Tembo Camp.

Governors Camp, teures Luxuszeltlager im westlichen Parkteil, aber im Preis ist vieles enthalten, was anderswo extra bezahlt werden muss, www.governorscamp.com.

Little Governors' Camp, klein, edel und in romantischer Lage, kein Pool, Wasserstelle, vom Governors' Camp aus mit dem Boot zu erreichen.

Governors' II Moran, das neueste der Governors' Camps, 10 Zelte direkt am Mara River, exklusivstes Safari Ambiente, absolute Privatsphäre, großes Angebot an Aktivitäten, u. a. Ausflug zum Lake Victoria mit dem Charterflugzeug.

Mara Intrepids Club, teures Luxuscamp am Talek River, Bar mit Blick auf den Fluss, Safaris mit Nachtsichtgeräten, Leoparden werden tgl. mit Fleisch angelockt, Tel. 22321, Reservierung über Heritage Hotels Nairobi, www.heritage-eastafrica.com.

Siana Springs Camp, neugestaltete Anlage mit herrlichem Pool, schattig, viel Wild, bei Kenianern sehr beliebt, früher Cottar's Camp genannt, außerhalb des Parks, etwa 15 km vom Sekenani Gate an der Straße nach Narok, Reservierung ebenfalls über Heritage Hotels Nairobi.

Mara Sarova Lodge, großes Zeltcamp mit Teich, Ballonflüge, kleines Museum, kinderfreundl., 3 km v. Sekenani Gate, Reservierg.: Sarova Hotels Nairobi, www.sarovahotels.com.

Fig Tree Camp, 170 Zi., wunderbare Lage auf einer Insel im Talek River, etwas einfacher, Baumhausbar, Pool, Ballonflüge, Pferdesafaris, Buchung über Mada Hotels Nairobi, www.madahotels.com.

Mara Buffalo Camp, rustikale Bandas, abends Lagerfeuer, www.maasaimara.com/entries/mara-buffalo-camp.

Keekorok Lodge, älteste Lodge im Park, zentral

gelegen, komfortable Zimmer, Bar mit Blick auf Hippo Pool, umfangreiches Serviceangebot vom Leihwagen bis zu Ballonfahrten, Buchungen über Sun Africa Hotels, www.sunafricahotels.com.
Mara Serena Lodge, recht große Bungalow-Anlage im Stil eines Masaidorfes, schön gelegen am Rand eines Escarpments mit fantastischer Aussicht auf den Mara River und die Savanne, Ballonflüge, eine der besten Küchen in der Mara, www.serenahotels.com.
Olkurruk Mara Lodge, auf dem Oloololo Escarpment mit toller Aussicht, 10 km schlechte Piste bis zum Park, www.maasaimara.com/entries/olkurruk-mara-lodge.
Cottars 1920's Camp, kleines, nostalgisches Camp (nur 12 Gäste) in exklusivster Lage in einem Privatareal an der Grenze zur Serengeti, mit atemberaubender Aussicht, an einer Quelle gelegen, luxuriös möblierte Canvas-Zelte, exzellent geführte Game Drives, Wanderungen und Nachtsafaris, Champagner-Brunch in der Wildnis, Leopardenbeobachtung, Massagen, Auszeichnung „Best Small Business in the Africa Tourism", Cottars Safari Service, www.cottars.com.
Siana Springs Camp, die 38 geräumigen Zelte genügen höchsten Ansprüchen, das Camp besitzt auch einen Swimmingpool, es werden Fußsafaris, nächtliche Game Drives und diverse Vorträge geboten, am östlichen Rand der Masai Mara, www.heritage-eastafrica.com.
Richard's Camp, im Herzen der Masai Mara, am Rand eines kleinen Waldes, ein Tented Camp der Sonderklasse, die kleine Anzahl von nur sechs Zelten garantiert eine intensive Betreuung der Gäste, www.richardscamp.com.
Mpata Safari Club, als beste Safari Lodge Kenias von Kenya Association of Travel Agents ausgezeichnet, die Lodge liegt auf einem Hügel und gewährt einen atemberaubenden Blick über die Masai Mara, www.mpata.com.
Mara Explorer, das exklusive, geschmackvoll gestaltete Camp, das nur zehn luxuriöse Zelte umfasst, befindet sich an einer dicht bewaldeten Biegung des Talek Rivers in der Mitte der Masai Mara, von jedem Zelt hat man einen freien Blick über den Fluss, Early Morning Tea, Frühstück und Abendessen im Busch, Game Drives, Fußsafaris, Ballonflüge, Besuch eines Masai-Dorfs, Vorträge, exklusive Betreuung durch einen persönlichen Butler rund um die Uhr, www.heritage-eastafrica.com.
Mara Leisure Camp, wie Mara Explorer Camp am Talek River gelegen, hält als besonderes Angebot ein exklusives „Honeymooners Tent" bereit, www.maraleisurecamp.co.ke.
Ilkeliani Camp, Eco-Luxuscamp, ebenfalls am Talek River, wird auch den höchsten Ansprüchen gerecht, Fuß- und Ballonsafaris, Ilkeliani ist der Name einer Altersgruppe junger Masai-Krieger, www.ilkeliani.com.
Mara Timbo Camp, bestehend aus 7 geräumigen Luxus-Zelten, liegt unterhalb des Oloololo Escarpment mitten im unberührten Busch, direkt am Mara River mit Blick auf 2 große Flusspferd-Familien, 24-Stunden-Butlerservice, www.maratimbo.com.
Mara Bushtops Camp, 12 Zelte, soll das Luxuriösteste Bushcamp in Kenia sein (Einzelzimmer in der Hochsaison über 500 Euro), das Camp liegt in Hanglage in dem der Masai Mara angrenzenden Mara-Siana-Wildlife-Schutzgebiet, campeigenes Wasserloch, Fußpirsch, Butler-Service rund um die Uhr, www.bushtopscamps.com/mara.

Dream Camp, 18 Zelte mit Blick auf den Talek-Fluss, preisgünstig, ökologisch, Buchung: Dream Travel, Nairobi, www.eco-resorts.com

Einfache **Campsites**, zum Teil in sehr schöner Lage gibt es bei allen Parkeingängen am Sand River und an der Serena Lodge. Vorsicht vor den gierigen Pavianen!

9 GREAT RIFT VALLEY

NAIVASHA (☎ 050)

La Belle Inn, etwas herabgewirtschaftet aber immer noch bestes Hotel der Stadt, Restaurant mit großer Terrasse, sehr gutes und üppiges Frühstück, Bar, bewachter Parkplatz, Moi Ave., Tel. 2021007.
Silver, Bar, Restaurant, Kenyatta Ave.

Naivasha-See

Lake Naivasha Country Club, herrlicher Garten mit Zugang zum See, Bootsausflüge, Fahrradverleih, Vogelbeobachtung, Cessna-Flüge, kinderfreundlich, Buchungen über Sun Africa Hotels, www.sunafricahotels.com.
Crater Lake Tented Camp, romantisches Luxuszeltlager am Ufer des Green Crater Lake mit wunderbarer Aussicht, gutes Restaurant, nächtli-

che *Game Drives*, geführte Wanderungen, https://hotelsinnaivasha.co.ke/crater-lake-camp.
Lake Naivasha Simba Lodge, neu errichtete Lodge in einem weitläufigen Park mit Seezugang, in dem Büffel, Nilpferde, Giraffen und eine Vielzahl an Vogelarten zu Hause sind, www.marasimba.com.
The Great Rift Valley Lodge, die Lodge der Luxusklasse ist mit dem Auto von Nairobi aus in weniger als 2 Stunden zu erreichen und bietet einen fantastischen Rundblick über das Rift Valley, sie eignet sich gut als Basis für Fahrten zu den Seen Baringo, Bogoria und Nakuru und zum Hell's Gate Park, außerdem Reiten, Mountain Bike Safaris, 2 Tennisplätze, 18-Loch-Golfplatz, großer Swimmingpool, Buchung bei Heritage Management, www.heritage-eastafrica.com.

ⓢⓢ **Elsamere Conservation Centre**, ruhige Cottages mit Terrasse und Seeblick, Ausflüge zum Hell's Gate und zum Mt. Longonot Nat.park, an der Südseite des Sees, www.elsatrust.org.

ⓢ **Fisherman's Camp**, direkt am See oder Top-Camp mit Blick auf den gesamten See, Zeltplatz, Miethütten, Fahrrad- und Bootsverleih, Südufer, www.fishermanscamp.com.

Elementeita-See

ⓢⓢ **Lake Elementeita Lodge**, 33 Zimmer, Blick über den See und das Rift Valley, Pool, Reiten, Ausflüge, www.sentrimhotels.net/index.php/sentrim-lake-elementaita-lodge-hotels.

NAKURU (☎ 051)

ⓢⓢ **Midland**, bestes Hotel in der Stadt, Geoffrey Kamau Rd., Tel. 2212125, Fax 44517.
Waterbuck, Zimmer z. T. mit Balkon, Ecke Government Ave. / West Rd., Tel. 215672.
Kunste, moderner Bau, etwas außerhalb an der Straße nach Nairobi, Tel. 221240.

ⓢ **Shik Parkview**, einfach, zentral, Kenyatta Av., Tel. 212345.
Carnation, organisiert Ausflüge zum Nationalpark, Mosque Rd., Tel. 43522.

Nakuru-See

ⓢⓢⓢ **Lake Nakuru Lodge**, Luxusherberge mit herrlicher Aussicht, schattig, Pool, 3 km südlich des Sees, www.lakenakurulodge.com.
Sarova Lion Hill Lodge, beste Lodge im Park, hervorragende Küche im open-air Restaurant, Pool, Sauna, Tel. 850235, Tel. Nairobi (020)713333, www.sarova.co.ke.

ⓢⓢ **Naishi House**, klein (für 8 Personen) und friedlich im Süden des Parks, schöne Aussicht, organisierte Safarifahrten, Reservierung über KWS Tourism Department, www.kws.org.

⛺ Mehrere Plätze, auch Hütten für Selbstversorger. **Makalia Campsites**, schön gelegen am Wasserfall im Süden des Parks.

NYAHURURU (☎ 065)

ⓢⓢ **Thomson's Falls Lodge**, reizvolle Anlage im Stil schottischer Landhäuser, oberhalb der Fälle, Campingmöglichkeit, www.thomsonsfallslodge.co.ke.

ⓢ **Kawa Falls**, ordentlich, Restaurant, außerhalb an der Straße Richtung Gilgil, Tel. 32295.

Baringo-See (☎ 053)

ⓢⓢⓢ **Island Camp**, luxuriöse Anlage an der Südspitze der Ol Kokwe Insel, 23 Zelte in herrlicher Lage mit Blick auf den See, inkl. Bootstransfer von Kampi ya Samaki (bew. Parkplatz), Wassersport, Vogelbeobachtungstouren, www.islandcamp.co.ke.
Samatian Island, kleine, sehr teure Anlage auf einer winzigen Insel, höchstens 12 Gäste, www.samatianisland.com.

ⓢⓢ **Lake Baringo Club**, 3-Sterne-Hotel mit moderaten Preisen in schönem Garten, Paradies für Vogelfreunde, Pool, Badminton, Tischtennis, Pferde- und Kamelritte, Tel. 51401, Buchungen über Sun Africa Hotels, www.sunafricahotels.com.

ⓢ **Lake Breeze**, schlicht, Zelten möglich.
Robert's Camp, Camping, Bandas, ein Cottage, Bar, nachts grasen Flusspferde zwischen den Zelten, neben Lake Baringo Club direkt am See, Tel. 0733-207775.

Bogoria-See (☎ 051)

$$ **Lake Bogoria Hotel**, schöne Lage, Thermalpool, Parkausflüge, 3 km vor dem Loboi Gate, www.lakebogoria-hotel.com.

$ **Papyrus Inn**, einfach, mit Restaurant und Bar, Camping erlaubt, am Loboi Gate, Tel. 43279.

Drei Plätze an der Südseite des Sees: **Acacia**, **Riverside** und **Fig Tree** (besonders schöne Lage), Geländewagen erforderlich.

10 ZENTRALES KENIA

Thika (☎ 067)

$$ **Blue Post**, bestes Hotel am Platz, an der Straße zu den Chania-Fällen, auf die man von einigen Zimmern einen großartigen Blick hat, 2 km außerhalb, Tel. 0733280000.
December 12th Hotel, Restaurant, Café, Commercial Str., in der Nähe der Post.

Nyeri (☎ 061)

$$$ **Outspan**, Luxushotel, Transferstation zum berühmten Treetops Hotel, herrlicher Park, *Game Drives* in den Aberdare N.P., Wanderungen, Vogelbeobachtung, 1 km außerhalb der Stadt, www.aberdaresafarihotels. com.
Aberdare Country Club: der Hotelbetrieb wurde eingestellt. Einst Treffpunkt der weißen Farmer, jetzt nur noch **Rezeption** und Basissation für **The Ark** (siehe unten) in den Aberdares. 17 km nördl. an der Straße nach Nyahururu, Tel. 55620, www.fairmont.com.

$$ **Green Hills Hotel**, schöner Garten und abends Kaminfeuer, www.greenhills.co.ke.

$ **Wajee Nature Park & Camp**, gut ausgestatteter Campingplatz in herrlicher Natur, Bandas, 18 km südl. von Nyeri.

Aberdare National Park

$$$ **The Ark**, teure Luxuslodge, in 2300 m Höhe mitten im Bergwald des Parks gelegen mit Aussichtsterrassen und Blick auf den Mt. Kenya, nachts beleuchtete Wasserstelle, Zimmer klein und dunkel, Buchung über www.fairmont.com.
Treetops, architektonisch ausgefallenes, teures Baumhaushotel, am Rand des Parks, nicht mehr im Bergwald, große Büffel- und Elefantenherden an der beleuchteten Tränke und folglich starke Zerstörung der Vegetation, enge Räume, Gemeinschaftsbad, Transfer vom Outspan Hotel in Nyeri, Buchungen über www.aberdaresafarihotels.com.

$ **Kiandongoro Fishing Lodge**, im Hochmoor über dem Gura River gelegen, 2 große Steinhütten mit Kamin, Veranda, Bad, beliebte Ausgangsbasis für Angler, Buchungen beim KWS Park Headquarter, www.kws.org.

Nanyuki (☎ 062)

$$$ **Fairmont Mount Kenya Safari Club**, Luxusherberge mit Golfplatz, schöne Sicht auf den Mt. Kenya, Pool, Golf, Tennis, Angeln, privates Wildschutzgebiet, der Club wurde von William Holden gegründet, zu den Mietgliedern zählten u. A. Winston Churchill und Bing Crosby, 10 km östlich von Nanyuki, Tel. 30000, www.fairmont.com/mount-kenya-safari.
Sweetwaters Tented Camp, die luxuriös ausgestatteten Zelte liegen alle um eine Wasserstelle, so dass man von der Veranda eines jeden Zeltes aus die dort versammelten Tiere beobachten kann, die Unterkunft und die hervorragenden Möglichkeiten zur Tierbeobachtung geben dem Camp eine besondere Attraktivität, www.serenahotels.com.
Die in der Nähe befindliche **Ol Pejeta Lodge**, ist von gleicher Qualität, maximal 12 Gäste.
Trout Tree Restaurant, Selbstversorger-Cottage mit 4 Doppelzimmern und gut ausgestatteter Küche, angeschlossen an das sehr zu empfehlende Restaurant, unter einem riesigen Feigenbaum werden exzellente Forellengerichte, frische Salate und auch Fleisch serviert, Blick auf die hauseigenen Forellenteiche, 12 km südlich von Nanyuki, www.trout-tree.com.

$$ **Sportsman's Arms Hotel**, traditionsreich, gepflegt, Pool, am Ostrand von Nanyuki in parkähnlichem Gelände, www.sportsmansarmshotels.com.
Simba Lodge, ruhig, komfortabel, Simba Rd., am Nordrand von Nanyuki, Tel. 31723.

$ **Nanyuki Riverside**, zentralgelegen, preisgünstig, Tel. (0722) 899950.

Naro Moru (☎ 062)

$$$ **Naro Moru River Lodge**, organisiert Trekking Touren auf den Mt. Kenya und andere Exkursionen (Angeln, Ausritte), Verleih von Bergausrüstung, auch Camping möglich, erstklassige Unterkunft 2 km nördl. von Naro Moru, Tel. 62023, Buchungen über Alliance Nairobi, www.naromoruriverlodge.com.
Serena Mountain Lodge, luxuriöses romantisches Tierbeobachtungshotel im Regenwald mit wildreichem Wasserloch, das „Fenster zum wilden Afrika", www.serenahotels.com.

$$ **Mountain Rock Lodge**, Ausgangspunkt für die Besteigung des Mount Kenya, 7 km nördl. von Naro Moru, www.mountainrockkenya.com.

Meru (☎ 064)

$$ **County**, Zimmer z. T. mit Balkon, gepflegt, Restaurant, Kenyatta Hwy., Tel. 20432, Fax 31264.
Pig & Whistle, schattige Anlage mit Cottages, gutes Preis-Leistungs-Verhältnis, Tel. 31411.

Meru National Park

$$$ **Elsa's Kopje**, exklusivstes Camp im Park (Doppel über 600 US$), mit 9 individuell gestalteten Hütten, fantastische Lage auf einer der Kopje's, Veranden und Pool mit herrlicher Aussicht, Service und Ausstattung perfekt, Fußsafaris, nächtliche Tierbeobachtung, Rafting, eigener Airstrip, www.elsaskopje.com.
Leopard Rock Lodge, neuere Anlage am Murera River, 15 Luxuscottages, Pool, Fußweg am Fluss entlang (Hippos, Krokodile), *Game Drives*, Fußsafaris, Bootsfahrten, www.leopardmico.com.

$ **Murera Bandas**, direkt am Parkeingang, für Selbstversorger. **Campsites** im Park, www.kws.org.

Chogoria (☎ 064)

$ **Transit Motel**, tolle Dachterrasse mit Blick auf den Berg, Ausgangspunkt für eine der schönsten Routen zum Mt. Kenya, Restaurant, Campen möglich, in Chogoria, einem kleinen Ort am Osthang des Mt. Kenya, Tel. 0721973133.

Embu (☎ 068)

$$ **Izaak Walton Inn**, nicht die Holzhütten zur Hauptstraße buchen, an der Straße nach Meru, www.izaakwaltoninn.co.ke.

Isiolo (☎ 064)

$$$ **Lewa Wilderness Lodge**, hervorragender Service, tolle Aussicht, Lewa Downs, 12 km südl. Isiolo, http://lewawilderness.com.

$ **Mocharo**, preiswert, sichere Parkmöglichkeit, kein Restaurant.

Samburu / Shaba / Buffalo Springs (☎ 064)

$$$ **Larsens Camp**, teures Luxuszeltlager am Ewaso Ngiro Fluss, *Game Drives*, Vogelbeobachtung, Besuch im Samburu-Dorf, Buchung über www.wildernesslodges.co.ke.
Samburu Intrepids Club, Luxuszelte am Fluss, Restaurant und Bar mit Holzterrassen in herrlicher Lage, schöner Pool, Kamelritte, Rafting, Buschfrühstück, Buchung über www.heritage-eastafrica.com.
Samburu Lodge, besonders beliebte Lodge am Ufer des Ewaso Ngiro, Cottages mit Veranda und Flussblick, Vogelbeobachtung, Krokodilfütterung, traditionelle Tänze, einzige Lodge im Park mit Tankstelle, Buchung über www.wildernesslodges.co.ke.
Samburu Serena Lodge, am Südufer des Flusses, d. h. im Buffalo Springs Gebiet; 62 Zimmer, viele Aktivitäten, Buchung über Serena Hotels Nairobi, www.serenahotels.com.
Sarova Shaba Game Lodge, gepflegte Anlage in spektakulärer Lage, üppiger Garten mit Teichen (Quelle in der Nähe der Lodge !), Pool, Buchung über Sarova Hotels Nairobi, www.sarova.co.ke.
Joy's Camp, 10 Zelte, in abgeschiedener Idylle an einer Quelle im Shaba gelegen, auf Joy Adamsons ehemaligen Camp errichtet, Buchung über www.joyscamp.com.

Es gibt **Campsites** für Selbstversorger.

Laikipia Plateau

$$$ **Ol Malo**, winziges Camp in absolut spektakulärer Lage am nördlichen Felsabbruch des

Laikipia-Plateaus, über dem Ewaso Ng'iro River, mitten in unberührter, wildreicher Landschaft. 4 luxuriöse, strohgedeckte Cottages aus Naturstein und Olivenholz, fantastische Aussicht von den privaten Veranden und den Badezimmern, Pool direkt an der Kante des Steilabbruchs mit atemberaubendem Blick, Restaurant mit offenem Kamin, nachts beleuchtetes Wasserloch, Game Drives, Ausflüge zu den Karisa Hills, Kamel-Touren mit Übernachtung am Fluss, www.olmalo.com
.

$$ **El Karama Ranch**, Zeltunterkunft, Pferdesafaris, www.laikipiasafaris.com.

Maralal (☎ 065)

$$$ **Maralal Safari Lodge**, Restaurant und Bar mit Terrasse direkt vor einem Wasserloch, das Tiere aus dem Maralal National Sanctuary anlockt, 3 km nördlich von Maralal, Tel. 62060, Nairobi (020) 211124, Fax (020) 211125.

$ **Jamaru**, vermutlich das beste der einfacheren Hotels im Ort Maralal, gutes Restaurant, Tel. 62215.
Yare Safari Club & Camp, Camping, strohgedeckte Bandas, Restaurant, Kamelsafaris, Wanderungen, Mountainbike-Touren, 4 km außerhalb Richtung Isiolo, Tel. 62295, Nairobi Tel./Fax (020) 214099.

Marsabit / Marsabit National Reserve (☎ 069)

$$ **Marsabit Lodge**, luxuriöses Safarihotel hoch über dem Kratersee, einzige Unterkunft im Schutzgebiet, wenig besucht, häufig geschlossen, www.marsabitlodge.com.

$ **JJ Centre**, einfach, aber doch beste Unterkunftsmöglichkeit im Ort, in der Nähe der Tankstelle, Tel. 2296.
Marsabit Highway Hotel, im Zentrum, www.crossovertours.com.

Moyale

Einfache Unterkunft im **Hotel Medina**, im **Barissah Hotel** und im **Bismillahi Boarding & Lodging**.

11 TURKANA-SEE

Turkana-See West

$$ **Eliye Springs Resort**, nette Strohhütten, authentisches Restaurant, in Eliye Springs, http://eliyespringsresort.com.
$ **Turkwel**, einfach, im Zentrum von Lodwar, Tel. (054) 21235.

Turkana-See Ost

$$$ **Oasis Lodge**, einzige Luxusunterkunft am See, Pool und Bar auch für Tagesgäste, Bootsfahrten zum South Island Nationalpark, Angeltrips, Autoverleih, Wanderungen, Übernachtung 190 US$, in Loyangalani, www.oasis-lodge.com.

El-Molo Camp, schöner schattiger Campingplatz mit Thermalwasserpool, in Loyangalani.

South Horr

$ **Mt. Nyiro Hotel** und **Good Tourist Hotel**, zwei sehr einfache, an der Hauptstraße gelegene Häuser.

Kurungu Campsite, Zeltplatz mit Duschen/Toiletten, 15 km nördlich von South Horr.

12 WESTLICHES KENIA

Kericho (☎ 052)

$$ **Tea Hotel**, 1950 für die Manager der umliegenden Tee-Plantage erbaut, heute ein Hotel für Nostalgiker, an der Straße nach Nakuru, www.teahotel.co.ke.
Kericho Lodge & Fish Resort, sehr empfehlenswertes Restaurant, umfangreiches Angebot an Aktivitäten, Campen möglich, 2 km außerhalb, am Hang über dem Kimugu River, Tel. 20035.

$ **Kericho Garden Lodge**, sehr einfache Unterkunft an der Straße nach Nakuru, Camping, Tel. 20878.
Midwest, gute Ausstattung, wenig Charme, Tel. 30196.

Eldoret (☎ 053)

$$$ **Sirikwa**, bestes Hotel der Stadt, Pool, Tel. 2062499.

Eldoret Wagon Hotel, einst Treffpunkt der weißen Siedler, gemütliche Bar, Restaurant mit Büffets, Oloo Rd., Tel. 2062270.
New Lincoln, oft gelobt, preiswert, Oloo Rd., Tel. 822093.

Kitale (☎ 054)

Kitale Club, ehemals Treffpunkt weißer Siedler mit vielen Sportmöglichkeiten, Golf, Pool, ca. 1 km außerhalb in Richtung Eldoret, Tel. 31330.

Alakara, einfach, dennoch das beste Hotel innerhalb der Stadt, gutes Restaurant, sicherer Parkplatz, Kenyatta St., Tel. 20395.
Bongo, einfaches Hotel, empfehlenswert, Moi Ave., Tel. 20593.
Sirikwa Safaris (Barnley's House), Zimmer im Farmhaus, eingerichtete Zelte, Campmöglichkeit, organisiert Vogelsafaris und Wanderungen in den Cherangani Hills und im Mt. Elgon N. P., 23 km nördl. von Kitale an der Straße nach Kapenguria, Tel. (0733) 793524.

Mount Elgon (☎ 054)

Mount Elgon Lodge, einzige hotelartige Unterkunft in einem alten Farmhaus 1 km vom Parkeingang, Tel. (0722) 866480, Tel. Nairobi (020) 330820.
Delta Crescent Farm, Bandas und Zelte auf einer Farm, Transport zum Parkeingang, Parkexkursionen mit Geländewagen, Pferde für Ausritte, 5 km vom Chorlim Gate, Tel. (0722) 610222.

Kapkuru Bandas and Camp Site, bietet Zeltmöglichkeiten und Hütten für Selbstversorger, gleich hinter dem Chorlim Gate, Tel. 30456.

Kakamega (☎ 056)

Golf, bestes Hotel am Platz, Pool, schöner Garten, Benutzung des benachbarten Sportclubs, Tel. 20125.
Sheywe Guest House, angenehme Atmosphäre, gutes Restaurant, empfehlenswert, etwas außerhalb, am Ortsrand, Tel. 30320.

Bendera, beste Unterkunft der Billigkategorie, Tel. 20380.

Kakamega Forest (☎ 056)

Rondo Retreat, Cottages in schönem Garten, wildreiche Umgebung, gutes Essen, organisiert Transfer von Kakamega und Wanderungen, Isecheno Area, Tel. 30268, reservations@kws.org.

Udo's Bandas & Campsite, Bandas und Camping für Selbstversorger, Buyangu Area, Tel. (020) 600800, Fax (020) 607424.
Forest Rest House, günstige Zimmer, Veranda, Camping, Isecheno Area.

Kisumu (☎ 057)

Imperial, bestes Haus am Platz, Jomo Kenyatta Hwy., Tel. 2020002, www.imperialhotel-kisumu.com.
Royale, kolonialzeitlicher Bau mit Atmosphäre, Jomo Kenyatta Hwy., Tel. 40924.
Sunset, schön gelegen am Hang über dem See, Pool, moderate Preise, bester Platz, um einen Sonnenuntergang über dem Viktoria-See zu erleben, 2 km südl. der Stadt, Tel. 2020464, Fax 22745.
New Victoria, einfach, Zimmer z. T. mit Seeblick, Kendu Lane Ecke Gor Mahia Rd., Tel. 21067.

Wilson Coffee House Boarding and Lodging, sauber, Restaurant mit schönem Blick, nettes Personal, Gor Mahia Rd.

Homa Bay (☎ 059)

Tourist Hotel, von der Innenstadt links neben dem Hafen, direkt am Seeufer gelegen, entweder Hotelzimmer oder Zelte sind mietbar; schöner Restaurant-/Bar-Garten, gute Tilapia-Fischgerichte, Tel. 22173.
Hippo Buck Hotel (Tel. 22241) und **Hill View Lodge** bieten die beste Übernachtungsmöglichkeit, beide etwas außerhalb an der Straße nach Mbita. Im Ort eine Reihe von Billigsthotels.

Kisii (☎ 058)

Zonic, besseres, neues Hotel, gute Zimmer, auch mit Balkon, Hospital Rd.

Kisii, schöner Garten, Restaurant, Bar und angenehme Atmosphäre, bewachter Parkplatz, Moi Hwy., Tel. 20715.

Sawaka Towers, modernes Gebäude, angenehme Bar, Zimmer z. T. mit schöner Aussicht, aber etwas vernachlässigt, Tel. 21218.
Mwalimu, gutes Restaurant, aber heruntergekommene Zimmer, am Ortsrand an der Straße nach Kericho. Tel. 31636.

Rusinga Island

ⓈⓈⓈ **Rusinga Island Fishing Club**, schattige Anlage mit schöner Aussicht auf den See, Aktivitäten: verschiedene Wassersportmöglichkeiten, vor allem Sportfischen, Besuch der Ausgrabungsstätte oder eines Fischerdorfs, *Game Drive* im Ruma National Park, Buchung über www.rusinga.com. Das Camp wird auch im Rahmen von Flugsafaris vom Masai-Mara-Park aus angeflogen.

Mfangano Island

ⓈⓈⓈ **Mfangano Island Camp**, exklusives Luxuscamp im traditionellen Luo-Stil gebaut, Angeltrips mit campeigenen Speedbooten, wird vom Governors Il Moran Camp (Masai Mara) im Rahmen einer Flugsafari angeflogen, Reservierung über Governors Camps, Nairobi, www.governorscamp.com.

LIEFERBARE TITEL

- EUROPE -

Madeira *1:60,000*

- ASIA -

Afghanistan *1:1,500,000*
Burma ⇨ **Myanmar**
Bangkok and Greater Bangkok *1:15,000 / 1:75,000*
Bangladesh — India North-East — Bhutan *1:1,500,000*
Cambodia - Angkor *1:1,500,000*
Central Asia *1:1,750,000*
China:
  Central *1:1,750,000*
  South *1:1,750,000*
Hong Kong *1:22,500*
Himalaya *1:1,500,000*
India:
  India (Subcontinent) *1:4,500,000*
  Ladakh - Zanskar *1:350,000*
  North *1:1,500,000*
  North-East ⇨ **Bangladesh**
  East *1:1,500,000*
  West *1:1,500,000*
  South *1:1,500,000*
Indonesia:
  Indonesia *1:4,500,000*
  Bali - Lombok *1:180,000*
  Java - Jakarta *1:750,000 / 1:22,500*
  Kalimantan ⇨ **Malaysia - East**
  Papua - Maluku *1:1,500,000*
  Sulawesi - Nusa Tenggara — East Timor *1:1,500,000*
Iran *1:1,750,000*
Japan *1:1,500,000*
Korea *1:1,500,000*
Malaysia - East — Brunei — Indonesia - Kalimantan *1:1,500,000*
Malaysia - West — Singapore *1:1,500,000 / 1:15,000*
Myanmar (Burma) *1:1,500,000*
Nepal *1:480,000 / 1:1,500,000*
Pakistan *1:1,500,000*
Philippines - Manila *1:1,500,000 / 1:17,500*
Southeast Asia *1:4,500,000*
Sri Lanka *1:500,000*
Taiwan *1:400,000*
Thailand *1:1,500,000*
Vietnam — Laos — Cambodia *1:1,500,000*

- AFRICA -

Egypt *1:2,500,000 / 1:750,000*
Kenya *1:1,100,000*
Namibia *1:1,500,000*
South Africa — Namibia — Botswana — Zimbabwe *1:2,500,000*
Tanzania — Rwanda — Burundi *1:1,500,000*
Tunisia *1:750,000*
Uganda *1:700,000*

- AMERICAS -

Argentina:
  North — Uruguay *1:2,500,000*
  South — Patagonia — Uruguay *1:2,500,000*
Bolivia — Paraguay *1:2,500,000*
Brazil:
  Amazon *1:2,500,000*
  Central and South *1:2,500,000*
Caribbean:
  Lesser Antilles *1:2,500,000*
Central America *1:1,750,000* (Costa Rica *1:900,000*)
Chile — Patagonia *1:2,500,000*
Colombia — Ecuador *1:2,500,000*
Cuba *1:775,000*
Mexico *1:2,500,000*
Peru — Ecuador *1:2,500,000*
South America - The Andes *1:4,500,000*
Venezuela — Guyana — Suriname — French Guiana *1:2,500,000*

- AUSTRALIA / PACIFIC -

Australia *1:4,500,000*
Hawaiian Islands:
  Hawaiian Islands *1:330,000 / 1:125,000*
  Hawaii - The Big Island *1:330,000 / 1:125,000*
  Honolulu - Oahu *1:35,000 / 1:150,000*
  Kauai *1:150,000 / 1:35,000*
  Maui - Molokai - Lanai *1:150,000 / 1:35,000*
New Zealand *1:1,250,000*
South Pacific Islands *1:13,000,000*

Nelles Maps in europäischer Spitzenqualität!
Reliefdarstellung, Kilometrierung, Sehenswürdigkeiten.
Immer aktuell!